KB049267

미리 끝내는
통합사회
개념 레시피

예비 고등부터 고1까지

미리 끝내는 통합사회 개념 레시피

유소진 지음

상상아카데미

머리말

통합사회가 뭐길래?

강의를 진행할 때 "사회는 외울 것이 너무 많아 힘들어요."라는 학생들의 이야기를 종종 들어요. 그동안 우리 교육 현실은 '지식 위주의 암기식 교육'을 해 왔던 것이 사실이에요. 이 때문에 무조건 외우고, 반복하는 방식으로 사회라는 과목에 접근한 학생들이 많아요.

하지만 이제 많은 것이 바뀌었어요. 2015 **개정 교육과정**은 미래 사회가 요구하는 인문 · 사회 · 과학기술의 기초 소양을 갖춘 **창의 · 융합형 인재를 양성하는 것을 목표**로 해요. 우리가 사회에서 필요하다고 생각하는 인재상도 달라졌고, 사회 교과서 속의 내용도 **미래 사회의 핵심 역량을 함양**할 수 있는 창의적이고 비판적인 사고력과 해결 능력을 키울 수 있는 주제들로 가득해요.

이 책은 우리 친구들이 학교에서 통합사회를 배우기에 앞서 그에 대한 배경 지식을 갖추고 배움의 즐거움을 얻을 수 있기를 바라며 만들었어요.

지금까지 우리나라 고등학생들은 인문 과정과 자연 과정으로 구분된 교육과정에서 자연히 과학 교과와 사회 교과 중에서 하나에 대한 공부를 소홀히 하는 경향을 보여 왔어요.

이러한 지식 편식 현상은 전 세계적으로 학문적인 융합을 강조하는 추세와 맞지 않아요. 그래서 균형 있는 지식 습득을 보장하는 방안으로 공통 과목인 '통합사회'와 '통합과학'이 개발되었어요.

꼭 필요하고 꼭 알아야 할 지식으로 가득 채워진 '통합사회' 교과서는 '한국사'와 함께 모든 **고등학교 1학년 학생들이 반드시 공통 과정으로 이수하여야 하는 필수 과목**이에요.

'통합사회' 과목에서는 무엇을 배우나요?

'통합사회'는 학생들이 삶 속에서 중요하게 다루어야 하는 9개의 핵심 개념을 중심으로 만들어졌어요.

행복 · 자연환경 · 생활 공간
인권 · 시장 · 정의
문화 · 세계화 · 지속 가능한 삶

9개의 개념을 보며, '어, 어디서 많이 봤는데?' 하거나 '아!'하고 무릎을 치는 친구들도 분명 있을 거예요.

맞아요. 바로 중학교 사회에서 모두 다루었던 핵심 개념들이에요. 우선 **'통합사회'는 중학교 사회와 도덕 교과와 연계**되어 만들어졌어요. 내용 대부분이 중학교에서 배운 내용이라고 생각해도 무방할 정도로 그 개념들을 배경 지식으로 삼고 좀 더 시간적, 공간적, 사회적, 윤리적 측면에서 다각도로 사고할 수 있도록 개발되었어요.

이 책은 어떤 책인가요?

앞에서 이야기하였듯이 '통합사회'는 중학교 사회(역사 포함)와 도덕 교과와 긴밀하게 연계되어 있어요. 따라서 **중학교 때 배운 배경 지식을 잘 갖춘 학생들이라면 '통합사회'는 굉장히 친근하고 쉬운 과목**으로 느껴질 것이에요.

하지만 안타깝게도 많은 중학생들이 그동안 수학이나 영어에 중점을 둔 학습을 해 왔고 사회 과목에 대한 중요도를 소홀히 한 경우가 많았어요. 그래서 '통합사회'를 배울 때 생소하다고 느끼거나 이해에 어려움을 겪는 학생들이 많아요.

제가 사회를 가르치며 꼭 하는 말이 **"사회는 우리가 살아가는 이 세상의 안내 책자이다."**라는 것이에요. 우리가 사는 세상의 구성과 질서, 함께 살아가기 위해 알아야 할 가장 기초적이고 중요한 지식들을 소개하는 것이 바로 사회 과목이 존재하는 이유예요. 어렵고 부담스러운 과목이 아닌 사회에 대한 참 재미를 찾고 **제대로 통합 사회 지식을 갖출 수 있도록 하는 것**이 이 책을 출간한 목표이기도 해요.

이 책은 우리 친구들이 재미있고 친근하게 사회에 다가갈 수 있도록 도움을 줄 거예요. 조금 서툴지만 제가 직접 정감 있게 삽화도 그려 가며 실제 우리 생활 속 다양한 사례들을 생생하게 소개하고 있어요.

또한 '통합사회'에서 배워야 할 개념들에 하나하나 다가갈 수 있도록 친절하게 내용을 설명하였고, 창의적이고 비판적으로 사고할 수 있도록 다양한 주제의 이슈들을 뽑아서 구성하였어요.

이 책이 친절한 안내 책자가 되어 우리 친구들에게 세상을 바로 볼 수 있는 안목을 키워주는 살아있는 지식이 될 수 있기를 진심으로 바랄게요.

EBS 대표강사
유소진

이 책의 구성과 특징

통합사회의 흐름을 읽는 28개의 핵심 주제

12 자본주의와 합리적 선택

'검은 목요일'이란 말을 들어 본 적이 있나요? 1929년 10월 24일 목요일에 미국은 물론 자본주의 경제가 발달한 많은 국가들에서 경제를 혼란에 빠뜨린 '대공황'이 시작되었기 때문에 생겨난 말이에요. 하루아침에 주식 가격이 바닥으로 떨어지고, 회사나 공장은 문을 닫았으며 실업자가 넘쳐 났어요. 회사에 돈을 빌려 준 은행들도 돈을 돌려받을 수 없어 파산하게 되었고, 문을 닫은 은행들 앞에는 통장 예금을 잃은 사람들이 몰려들었어요. 눈부시게 발전해 가던 자본주의의 선두에 있던 나라들에 대체 무슨 일이 있었던 것일까요?

쉽고 친절한 EBS 선생님의 명강의

자본주의의 전개 과정

자본주의는 사유 재산 제도에 바탕을 두고, 자유로운 경쟁을 통해 개인의 경제적 이익을 추구하는 시장 경제 체제를 말해요. 자본주의 체제에서는 개인이 경제적 이익을 추구할 수 있어 경제 주체들이 자발적으로 경쟁을 하게 되지요. 또한 개인과 기업이 시장에서 자유롭게 재화와 서비스를 거래할 뿐 아니라 이를 통해 효율적인 자원 배분이 이루어져요.

하지만 자본주의가 발전해 가는 과정 속에서 여러 가지 문제점이 드러났어요. 많은 국가에서 이러한 문제를 수정 · 보완하여 자본주의 체제

볼 수 있어요. 당사자가 원하지 않는데도 많은 사람들이 이러한 개인 정보들을 보게 되는 것을 일종의 사생활 침해라고 여겨 인터넷상의 자신의 정보를 지워달라는 '잊힐 권리'에 대한 목소리가 나오고 있어요. 이와 같이 정보화 시대에서는 개인 정보가 노출되거나 악용되는 사생활 침해 사례가 더욱 늘고 있어요.

이러한 문제를 해결하기 위해서는 사회적으로 개인 정보에 대한 관리를 강화하고, 개인 정보 도용에 대한 처벌 수준을 높이는 등의 법적 장치가 필요해요. 또 개인적으로는 자신의 정보 노출을 최소화하고, 비밀번호를 주기적으로 바꾸는 등의 노력을 해야 해요.

2부 인간과 공동체

선생님이 직접 그린 삽화로 이해 쏙쏙!!

그래프 속 한줄 논술

#타인 존중 #배려 #윤리적 자세

Q 다음과 같은 문제를 막기 위해 필요한 자세는?

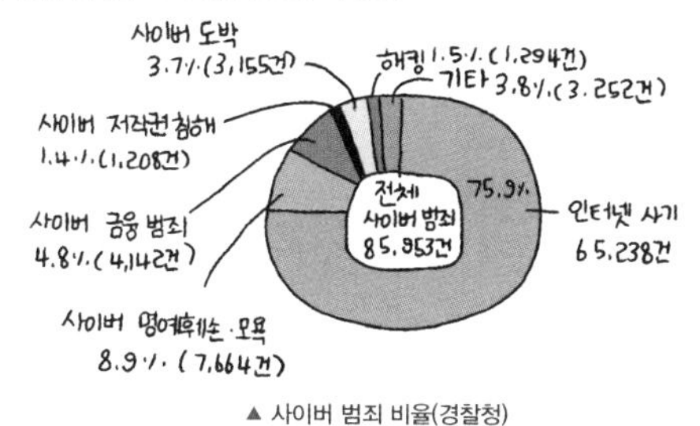

▲ 사이버 범죄 비율(경찰청)

그림과 그래프로 풀어보는 한줄 논술

개념 정리로
내용 이해를 업!

시민 불복종은 먼저 공공의 이익 증진을 위해 수행되어야 한다는 공익성, 폭력적인 수단이 배제되어야 한다는 비폭력성, 최후의 수단으로 시행하며 위법 행위에 대한 처벌 감수를 통해 법을 존중한다는 사실을 분명히 한다는 조건을 갖출 때 정당화될 수 있어요.

개념 쏙 사회 상식

시민 불복종

《시민 불복종》은 미국의 헨리 데이비드 소로의 책 이름이기도 하다. 그가 책에서 주장한 부당한 국가에 대한 시민 불복종의 정신은 이후 간디, 마틴 루터 킹, 넬슨 만델라 등 많은 이들에게 영향을 주었다.

다양한
사례 제시로
상식이 쑥쑥!!

간디의 소금 법 거부 운동

1900년대 초반, 영국은 식민지인 인도에서의 소금 생산을 금지하고 반드시 영국에서 소금을 수입해서 쓰도록 하는 소금 법을 만들었어요. 소금에 붙는 세금이 너무 비싸 일반 국민들이 소금을 사 먹지 못하는 상황이 벌어지자 간디(Gandhi, M.)는 소금 법의 부당함을 알리고자 시민 불복종 행위를 계획하였어요. 61세의 간디는 약 1개월 동안의 행진 끝에 동쪽 해안 단디에 도착하였고 수많은 사람들이 동참하면서 그 숫자가 수만 명에 이르렀다고 해요. 간디 일행은 바닷물로 소금을 직접 채취하는 행동을 하였고 이후 영국 경찰의 폭력적인 진압으로 약 6만여 명이 투옥되었지만, 소금 만드는 것을 멈추지 않았어요. 결국 영국 정부는 인도에서의 소금 생산을 허용하였어요.

배운 내용을
바로바로 체크

내신 필수 체크

1 (   )은 국가의 의사 결정 과정에 참여할 수 있는 권리이다.
2 (   )란 시민이 정치 과정이나 사회의 공공 문제에 적극적으로 개입하는 것을 말한다.
3 준법 의식은 (   )를 유지하고, 개인의 자유와 권리를 보호한다.

답 1. 참정권 2. 시민 참여 3. 사회 질서

탐구 서·논술

내신 만점을 향한 서·논술 유형 대비

Ⓠ 우리나라의 인구 구조 변화를 보고, 앞으로 필요한 인구 문제 해결을 위한 노력에 대해 서술하시오.

자료 1 우리나라 인구 구조의 변화와 예측(257쪽 그래프 참조)

우리나라는 1960년대까지만 해도 출생률이 높아 유소년층의 인구 비중이 컸다. 산업화와 경제 성장이 진행되며 2015년에는 출생률이 낮아져 유소년층의 인구 비중이 급격히 감소하였음을 알 수 있고 2060년에는 이러한 현상이 지속되어 생산 연령 인구 가 감소하고, 노년층 인구 비중은 더욱 커질 것으로 예측된다.

생각을 넓히고 논리를 키우는 알찬 예시

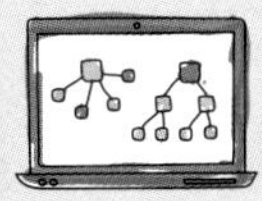

자료 2 우리나라의 잠재 성장률 변화

잠재 성장률이란 한 국가의 경제가 과도한 물가 상승을 유발하지 않고, 자본, 노동, 총요소 생산성 등을 최대한 효율적으로 사용하여 달성할 수 있는 국내 총생산(GDP) 증가율을 말한다.

총요소 생산성 / 자본 투입량 / 노동 투입량
(%p)
[산업연구원, 2016]
잠재 성장률(%)
4.6, 3.6, 2.5, 1.7
2000~09, 2010~14, 2015~19, 2020~30(년)

우리나라의 잠재 성장률과 추이 ▶

예시답안

우리나라는 다른 선진국들과 마찬가지로 저출산·고령화 문제가 나타나고 있다. 생산 연령 인구의 감소로 경제 성장이 둔화되고 장기적 경기 침체의 문제가 발생할 수 있고, 세대 간 갈등 문제도 나타날 수 있다. 게다가 고령화의 진행 속도가 다른 선진국들에 비해 급격히 빠르기 때문에 문제는 더욱 심각할 수 있다. 저출산에 대응하기 위해 먼저 임신·출산을 위한 의료비를 지원하는 등 출산 장려 정책이 필요하다. 또한 친가족적 가치관 형성과 양성 평등 인식의 확립이 필요하다. 고령화에 대한 대책으로는 노후의 안정적 소득 보장을 위한 연금 정책과 함께 정년 연장 등의 노력과 노년 인구를 삶의 지혜를 간직한 사회 구성원으로서 존중하는 인식 개선이 필요하다.

차례

1부_삶의 이해와 환경

I

인간, 사회, 환경과 행복

01 인간, 사회, 환경을 바라보는 시각

투발루라는 나라를 알고 있나요? 2013년, 국가 위기를 선포하고 기후난민이 되는 길을 선택한 나라라고 해요. 투발루는 지구 온난화에 따른 해수면 상승으로 나라가 물에 잠길 위기에 처했기 때문에 나라를 버릴 수밖에 없게 된 것이에요. 그런데 투발루에서는 온실가스를 발생시키는 공장을 찾아볼 수 없어요. 그렇다면 왜 이런 일이 생긴 것일까요?

우리가 사는 세상은 인간, 사회, 환경이 어우러져 있어요. 우리가 사는 세상의 사회 현상을 깊이 있게 이해하고 인류의 삶을 더 나은 방향으로 이끌어 가려면 세상을 바라보는 다양한 관점을 이해하고 통합적으로 바라볼 수 있어야 해요. 지금부터 세상을 바라보는 대표적인 관점인 시간적 관점, 공간적 관점, 사회적 관점, 윤리적 관점에 대해 알아볼까요?

시간적 관점

시간적 관점은 특정 사건이나 현상을 시대적 배경과 맥락에 따라 살펴보는 것이에요. 예를 들면 독도가 대한민국의 고유 영토라는 사실을 알기 위해 과거의 역사적 문헌, 고지도 등을 확인하는 것을 들 수 있어요. 오래전의 역사서, 지리지, 고지도에서도 독도가 우리 땅이라는 인식이 분명하다면, 현재 우리의 주장이 타당하다는 것을 입증할 수 있는 것이지요. 이처럼 시간적 관점은 과거의 사실과 사건, 제도나 가치 등을 통해 현재 일어나고 있는 일들을 바르게 바라볼 수 있게 해 주어요.

그림 속 한줄 논술

#삼국사기 #태정관_문서 #세종실록지리지

Q 독도가 우리 땅인 역사적 근거는 어떻게 알 수 있나요?

공간적 관점

공간적 관점은 세상에서 일어나는 다양한 현상을 위치와 장소, 분포 양상과 형성 과정 등의 공간적 맥락 속에서 살펴보는 것이에요. 공간은 지형, 기후 등의 자연환경 요소와 언어, 종교, 민족 등의 인문 환경 요소로 구성되어 있어요. 그러므로 자연환경 및 인문 환경이 인간의 삶에 미치는 영향을 분석하고 인간, 사회, 환경이 상호 작용하는 방식을 탐구해야 해요. 특히 오늘날에는 세계 각 지역 간에 상호 작용이 활발히 이루어지면서 공간의 변화도 빨라지고 있어 공간적 관점을 토대로 그 변화를 이해하는 것이 중요해요.

제주도의 전통적인 집은 높이가 낮고 지붕을 띠로 덮은 뒤 동아줄로 아주 촘촘하게 얽어매어 놓은 것을 볼 수 있어요. 게다가 집 주변에 돌을 쌓아 담을 만들어 놓았어요. 이러한 집이 나타나는 이유를 공간적 특성을 통해 살펴볼까요? 제주도는 거센 바람이 많은 부는 지역이에요. 그래서 바람의 영향을 덜 받기 위해 단단한 돌담과 낮은 집을 지었던 것이지요. 그리고 혹시라도 바람에 지붕이 날아가는 것을 막기 위해 그물처럼 단단히 엮었던 것이에요.

사회적 관점

사회적 관점은 특정한 현상이 나타나게 된 배경을 사회 구조 및 제도의 측면에서 분석하고 대안을 살펴보는 것이에요. 인간은 '사회적 존재'이므로, 혼자서는 '인간다운 인간'으로 살아가기 어려워요. 즉, 여러 사람과 함께 사회를 만들어 살아가야 해요.

사회 구성원들은 자신이 속한 사회의 방식으로 행동하고 선택하게 되는데, 이렇게 한 사회에서 개인이 일정한 행동을 하도록 만들어진 사회적 관계의 틀을 사회 구조라고 해요. 반면에 사회 구성원들의 원활한 상호 작용을 가능하게 하는 관습화된 절차나 규범 체계를 사회 제도라고 해요. 사회 구조와 사회 제도 속에서 살아가는 사회 구성원들은 자연스레 그 영향을 받아 행동하게 되어요. 따라서 다양한 사회 현상을 그와 관련된 사회 제도나 구조를 통해 해석해 볼 수 있어야 해요.

청소년들이 온라인에서 많이 사용하는 은어를 통해 이를 알아볼까요?

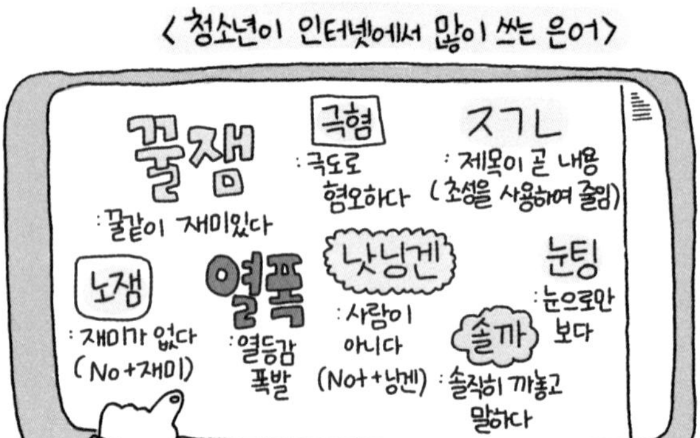

▲ 국민 대통합 위원회, 청소년의 언어 실태 조사, 2015

은어는 대체로 긴 단어를 짧게 줄여서 표현한 것들이 많아요. 예를 들어 '극혐'은 정도가 심하게 미워하고 싫어함이라는 뜻을 가진 은어예요.

은어는 정보 사회에서 살아가는 학생들이 스마트폰 등을 이용하여 소통하는 일이 많아짐에 따라 좀 더 빠르고 원활한 의사소통을 위해 등장하였다고 볼 수 있어요. 이것은 청소년의 은어 사용을 사회 구조를 통해 설명하는 시각이에요.

한편 입시 위주의 교육 제도나 부모와의 가치관 갈등에서 일시적인 해방감을 느끼기 위해 은어를 사용한다고도 하는데, 이것은 바로 사회 제도 측면에서 분석을 한 것이에요.

윤리적 관점

윤리적 관점은 인간의 행위나 사회 현상을 도덕적 기준의 측면에서 탐색하고 살펴보는 것이에요. 양심을 가진 인간으로서 마땅히 지켜야 할 도리인 윤리를 실천하며, 인권, 생명 존중, 자유와 평등 등의 보편적 가치를 추구하며 살아가기 위해서는 윤리적 관점이 필요해요.

서아프리카에서 초콜릿의 원료가 되는 카카오를 따는 아이들을 생각해 볼까요? 이곳의 일부 농장주들은 법을 어기고 싼값에 아동들을 착취하는데, 이 과정에서 아동을 납치하거나 사고파는 일까지 일어나고 있다고 해요. 모든 인간은 태어날 때부터 존엄성을 지닌 존재이므로 아동 노동과 인신매매는 용서받을 수 없는 인권 침해예요. 이것을 윤리적 관점으로 본다면 달콤한 초콜릿 한 조각에서도 카카오를 따는 아이들의 피와 땀을 떠올릴 수 있어야 해요.

개별적 관점으로 사물이나 현상을 살펴본다면 어떤 일이 벌어질까요? 20쪽의 그림처럼 눈을 가리고 코끼리를 만지는 것과 다름이 없어요. 코끼리처럼 큰 동물을 제대로 파악하기 위해서는 서로가 관찰한 것들을 공유하고 조합해야 해요. 이처럼 복잡하고 다면적인 사회 현상의 의미를 제대로 파악하기 위해서는 통합적 관점의 탐구가 필요해요.

▲ 개별적 관점을 통한 사회 현상 이해의 한계

✓내신 필수 체크

1 시간적 관점의 탐구로는 우리 사회의 변화 방향을 알기 어렵다. (○, ×)
2 인간, 사회, 환경이 상호 작용하는 방식을 탐구하는 관점은 무엇인가?
3 인간의 행위나 사회 현상을 도덕적 측면에서 탐색하고 살펴보는 관점은?

답 1. × 2. 공간적 관점 3. 윤리적 관점

통합적 관점

통합적 관점은 하나의 사회 현상을 바라볼 때 지금까지 배웠던 다양한 관점을 통해 종합적으로 분석하고 이해하는 것을 말해요. 이를 통해 사회 현상이 나타나게 된 원인과 영향들의 관계를 보다 더 정확하게 바라보고 바람직한 해결책을 찾을 수 있어요.

앞에서 언급한 투발루가 겪고 있는 문제를 통합적 관점에서 살펴볼까요?

투발루는 해발 고도가 낮은 9개의 섬으로 이루어졌어요. 현재 바닷물의 높이가 올라가며 2개의 섬은 이미 바닷속으로 잠겨 버렸다고 해요.

투발루가 겪고 있는 이러한 문제의 원인은 바로 온실가스 증가로 인한 기후 변화 때문이라고 해요.

먼저 시간적 관점에서 이를 살펴볼까요? 지구의 평균 기온 변화를 살펴보면, 산업 혁명 이후 산업화가 진행되며 기온이 상승한 것을 알 수 있어요. 산업화로 석탄, 석유와 같은 화석 에너지의 사용이 증가하여 이산화 탄소, 메테인 등과 같은 온실가스의 배출량이 증가했기 때문이에요.

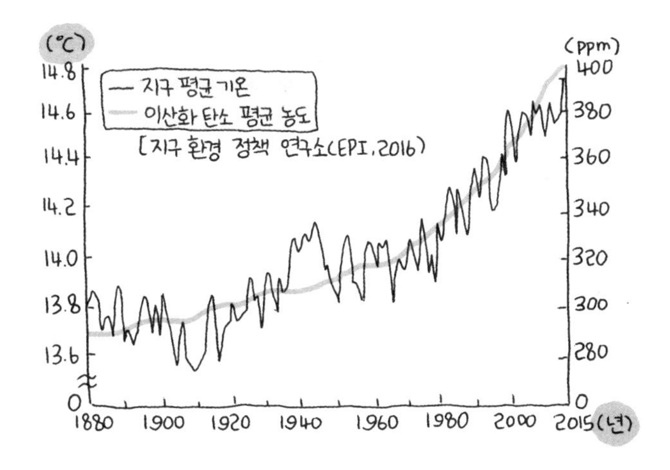

▲ 지구 평균 기온과 이산화 탄소 평균 농도의 변화

그런데 기후 변화의 위기를 온몸으로 느끼고 있는 투발루에는 온실가스를 배출하는 공장이 없다고 해요. 그렇다면 왜 이런 일이 일어났을까요? 공간적 관점에서 기후 변화의 영향을 받고 있는 나라들을 살펴보면 그 이유를 알 수 있어요. 온실가스를 배출하는 나라는 몇몇 선진국과 개발도상국이지만 전 지구적 차원에서 산불 증가, 사막화, 해수면 상승, 가뭄과 홍수 등 이상 기후 현상이 나타나고 있는 것을 알 수 있어요. 투발루의 사례가 여기에 해당되지요.

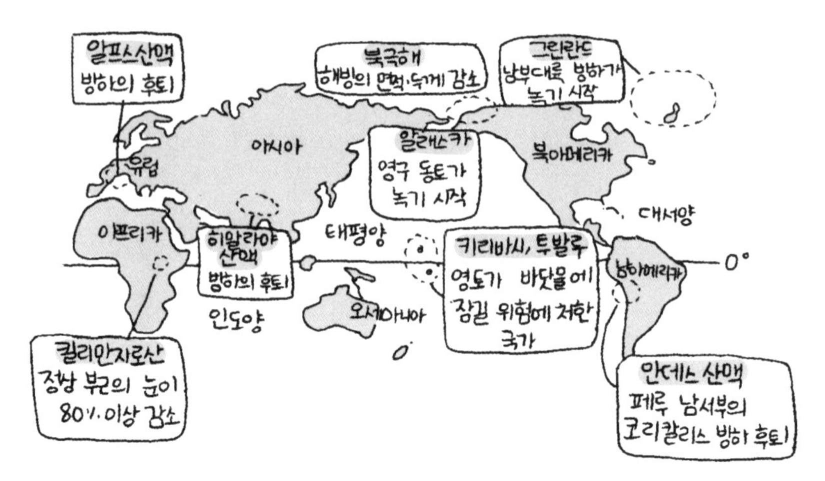

▲ 기후 변화에 따른 주요 지역의 변화(2015~2016)

지구는 우리들만의 것이 아니에요. 미래의 우리 후손들도 행복하고 인간답게 살아갈 수 있도록 현재를 살고 있는 우리들이 문제를 해결하기 위해 노력해야 해요. 즉, 윤리적 관점에서 기후 변화의 책임 의식을 가지고 한 사람 한 사람이 온실가스 배출량을 줄이기 위해 노력해야 하는 것이에요.

이와 같은 기후 변화 문제를 사회적 관점에서 해결하기 위한 국제적 노력도 지속되고 있어요. 온실가스를 줄이고 기후 변화를 막기 위해 국가 간에 협약을 체결하기도 하고, 각 나라 차원에서도 온실가스를 규제하는 법과 규칙들을 만들어 지키도록 하고 있지요.

✓내신 필수 체크

1 현대 사회의 다양한 사회 현상의 원인은 개별적이고 단순하다. (○, ×)

2 사회 현상의 종합적 이해와 사회 문제의 근본적 해결책을 찾기 위해 필요한 관점은 무엇인가?

답 1. × 2. 통합적 관점

미리보는 탐구 서·논술

다음 자료를 살펴보고 우리나라의 고령화 현상을 통합적 관점에서 서술하시오.

고령화란 전체 인구 중 65세 이상의 노인 인구 비율이 높아지는 현상이다. 7 % 이상이면 고령화 사회, 14 % 이상이면 고령 사회, 20 % 이상이면 초고령 사회로 분류한다. 우리나라는 고령화 사회로 진입한 2000년 이후 17년 만인 2017년 14 %를 돌파하며 고령 사회로 진입하였다.

자료 1

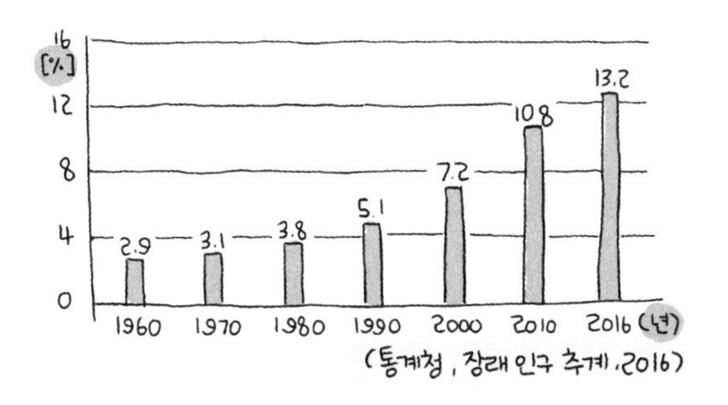

▲ 우리나라의 65세 이상 고령 인구 비율 추이

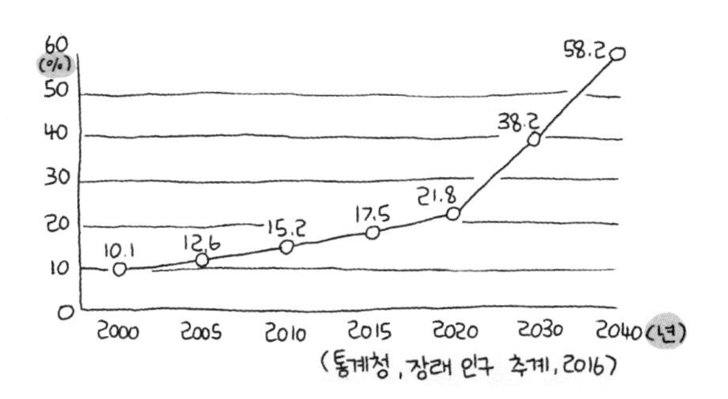

▲ 우리나라의 노년 부양비 추이

탐구 서·논술

자료 2

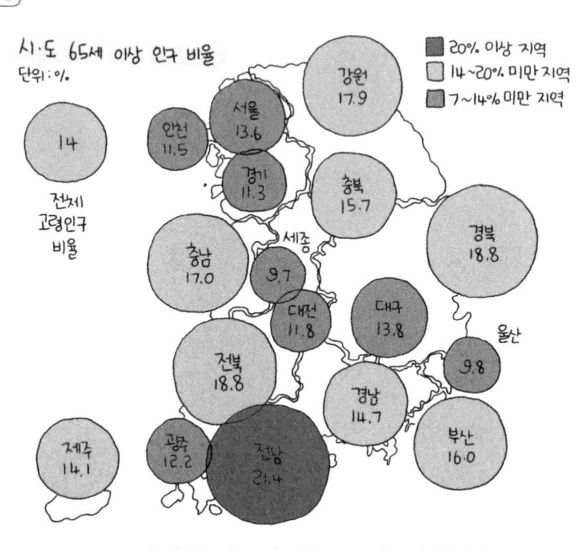

▲ 우리나라의 65세 이상 고령 인구 비율 추이

예시답안

[시간적 관점]

1960년대 본격적인 산업화가 시작되며 핵가족화가 진행되고 출산율이 낮아졌고, 물질적 풍요와 의료 기술의 발달은 평균 수명을 연장하여 저출산 · 고령화가 진행되었다.

[공간적 관점]

산업화는 도시를 중심으로 이루어졌고 일자리가 풍부한 도시로 인구가 집중되는 현상이 나타나게 되었다. 특히 젊은 연령층이 이동하며 촌락의 고령화는 더욱 빠르게 이루어졌다.

[사회적 관점]

고령화는 국가적 차원의 사회 복지비용의 증가를 가져왔고 이로 인해 청장년층이 부담해야 할 노인 부양비용의 부담도 커지고 있다.

[윤리적 관점]

노인 빈곤 문제나 고독사 등 노인 문제가 사회 문제로 부각되며 노인 부양에 대한 논의를 가족 중심에서 사회 중심으로 바꾸어야 한다는 윤리적 가치관이 대두되고 있다.

행복의 의미와 행복한 삶의 기준 02

어떤 친구는 맛있는 것을 먹을 때 행복하다고 느끼고, 또 어떤 친구는 친구들과 수다를 떨 때 행복함을 느낀다고 해요. 또 어떤 친구는 자신이 목표한 것을 이룰 때 행복하다고 해요. 이처럼 행복은 사람들에 따라 다르게 정의되고 다르게 다가와요. 하지만 인간은 결국 행복한 삶을 목표로 살아가요. 우리가 공부하는 것도, 돈을 벌고 싶은 것도, 사랑을 받고 싶은 것도 결국 행복하기 위해서예요.

우리 친구들이 열심히 공부를 하고, 운동선수가 근육이 끊어질 듯한 고통을 느끼면서도 훈련을 하는 이유는 무엇일까요? 단지 좋은 대학을 가고 메달을 따기 위해서일까요? 아니면 돈을 많이 벌기 위해서? 그렇다면 그 목적을 달성하고 나면 잠시 기쁠 수는 있겠지만 그 다음 삶의 목적이 사라져 공허함이 느껴질지도 몰라요. 우리 삶의 궁극적인 목적이 '행복'이 되어야 하는 이유가 바로 이 때문이에요. 행복은 삶에서 충분한 만족감이나 기쁨을 느끼는 상태를 말해요. 그럼 인간은 언제 행복하다고 느낄까요?

사상가들이 말하는 행복

과거의 사상가와 성인들도 행복을 찾으려고 노력하였어요. 철학자 아리스토텔레스는 "행복이야말로 인간 존재의 목적이고 이유이다."라고 하였어요. 행복이 바로 삶의 궁극적 목적이고, 행복은 이성의

기능을 잘 발휘할 때 달성된다고 본 것이지요.

알렉산드로스 제국 시대의 사람들은 개인의 행복을 중요하게 생각하였어요. 이에 대해 에피쿠로스 학파는 고통이 없는 몸과 마음의 상태에서 얻을 수 있는 정신적인 쾌락이 행복이라고 주장하였어요.

불교의 창시자인 석가모니는 태어나고 죽고 늙고 병드는 인간의 생로병사의 괴로움에서 벗어나 해탈의 경지에 이르는 상태가 행복이라고 하였어요. 즉, 해탈은 인간이 속세에서 겪는 모든 속박과 번뇌로부터의 해방을 말하는 것이에요.

행복은 개인적인 것이기 때문에 위대하거나 유명한 사람이 한 말이라고 해서 그것이 꼭 정답은 아니에요. 하지만 행복이 어떤 것인지 고민할 때 참고가 될 수는 있어요.

이와 같이 앞선 사람들이 말한 행복을 조금 더 알아보고, 행복이란 무엇인지 자신만의 정의를 내려 보는 것도 필요해요.

✓내신 필수 체크

다음과 같이 말한 사상가를 쓰시오.

1 행복은 최고의 선이며, 삶의 궁극적인 목적이다. (   )

2 생로병사에서 벗어나 해탈의 경지에 이르는 상태가 행복이다. (   )

3 고통이 없는 몸과 마음에서 얻는 정신적인 쾌락이 행복이다. (   )

답 1. 아리스토텔레스 2. 석가모니 3. 에피쿠로스 학파

행복의 기준

여기에 세 명의 사람이 있어요. A는 세계에서 손꼽히는 부자이고, B는 유명한 영화배우, C는 고등학교 진학을 앞둔 중학교 3학년 학생이에요. 세 사람에게는 각자 나름의 행복의 기준이 있을 거예요. 그런데 이들이 함께 사막에서 길을 잃었다면 어떨까요?

걷고 걸어도 눈앞은 끝없는 모래이고, 햇볕은 피부가 타들어 갈 듯 뜨거울 거예요. 심지어 가진 물마저 바닥난 채 언제 쓰러질지 모르는 상황이라면 아마도 그들에게는 '구조', '마실 물', '생존' 등이 공통적인 행복의 기준이 되겠지요.

이와 같이 처한 환경에 따라 행복의 구체적 기준이 달라지는 것을 알 수 있어요. 즉, 행복의 기준은 시대에 따라 달라져 왔고, 지역 여건에 따라서도 달라져요.

선사 시대에는 사나운 짐승이나 자연재해를 피하고, 생존을 위해 먹을 것을 구하는 것이 가장 중요한 일이었어요. 어느 날 산짐승의 공격을 받아 쓰러진 사슴을 발견한다면 사냥을 할 수고를 덜고 먹을 것을 얻을 수 있어 정말 행복하겠죠? 그래서 행복은 '우연한 기회에 운 좋게 나에게 주어진 것'이라는 행운과 비슷한 의미로 사용되었어요.

중세 시대 유럽은 신 중심의 사회라고 할 정도로 기독교가 삶에 많은 영향을 미쳤어요. 그래서 신앙을 통해 신의 은총을 받고 구원을 받는 것을 행복이라고 여겼지요. 이후 산업화와 민주화의 발전으로 인간은 물질적 풍요로움을 확보하고, 개인의 기본권을 보장받으며 점점 행복을 인간의 노력으로 성취할 수 있는 것으로 인식해 나가기 시작하였어요.

오늘날에는 개인주의가 확산되고 자아실현의 욕구가 커지며 개인이 느끼는 주관적 만족감이 중요시되고 있어요. 그러다 보니 행복의 기준 또한 과거보다 더욱 복잡하고 다양해지고 있는 모습이에요.

행복은 지역에 따라서도 그 기준이 달라요. 정치적 내전이 계속되고 있는 일부 아프리카 국가나 서남아시아 지역에서는 생명의 위협과 빈곤에서 벗어나 정치적 안정과 경제 발전을 이루는 것이 행복의 기준이 될 수 있어요. 반면에 정치·경제 상황이 비교적 안정된 북유럽 국가와 미국, 일본 등의 선진국에서는 소득 불평등의 해결이나 여가와 문화생활 향유 등 국민의 삶의 질 향상이 우선시되고 있어요. 환경 면에서 물이 부족한 지역은 깨끗한 물을 얻는 것, 공기가 오염된 지역은 맑은 공기를 되찾는 것이 행복의 기준이 될 수 있어요.

개념 쏙 사회 상식

- 워라밸(Work and Life Balance): 일과 삶의 조화로운 균형을 의미하는 신조어
- 웰빙(well-being): 육체적·정신적 건강의 조화를 통해 행복한 삶을 추구하는 것

이처럼 행복의 의미와 기준은 시대나 지역마다 다를 수 있어요. 하지만 누구나 행복하기를 원하고, 행복의 진정한 의미를 찾으려고 한다는 점에서 공통점을 발견할 수 있어요.

행복의 의미

중국의 역사 속에서 서민 문화가 발달하기 시작한 것은 송나라 시대부터예요. 이 시기에 농업 생산력이 높아지고 상업이 발달하며 서민층이 경제적으로 풍요로워졌기 때문이에요. 먹고 살 걱정을 벗게 된 서민들이 다양한 예술에 관심을 둔 이유는 무엇일까요?

얼마 전 뉴스에서 복권에 당첨된 사람들 중 몇몇이 가족 간에 불화를 겪거나, 친구에게 사기를 당하여 복권에 당첨되기 전보다 훨씬 불행한 삶을 살고 있다고 보도한 적이 있어요. 이것은 어느 정도의 물질적 조건과 함께 가족과의 사랑, 친구와의 우정, 자아실현 등 정신적 만족감이 충족되어야 행복할 수 있다는 것을 알게 해 주어요.

▼ 행복 관련 주요 지수 및 주요 평가 항목

인간 개발 지수(1990)	세계 행복 지수(2005)
1인당 국민 소득, 평균 수명, 교육 수준 등	1인당 국내 총생산, 기대 수명, 사회적 지원, 관용 의식, 자신의 인생을 결정할 자유 등
더 나은 삶 지수(2011)	**국민 삶의 질 지표(2011)**
주거, 소득, 고용, 교육, 환경, 기대 수명, 시민 참여, 일과 삶의 균형, 삶의 만족도 등	주거, 소득 · 소비 · 자산, 고용 · 임금, 사회 복지, 건강, 교육, 문화 · 여가, 가족 · 공동체, 시민 참여, 안전, 환경, 주관적 웰빙 등

삶의 궁극적인 목적은 '행복'이 되어야 해요. 공부를 잘하는 것, 돈을 많이 버는 것은 그 자체로 만족할 수 있는 것이 아니라 행복을 추구하는 데 필요한 수단이자 방법이에요. 삶의 목적으로서 행복은 단지 하나의

사건을 통해 느끼는 일시적이고 감각적인 즐거움이 아니라 자신의 삶 전체를 통해 느끼는 지속적이고 정신적인 즐거움이어야 해요.

행복을 찾기 위해 우리는 스스로에게 '나는 어떤 삶을 행복하다고 여기는가?'라는 질문을 하고 고민하는 시간이 필요해요. 행복이 자신의 삶뿐만 아니라 내 주변과 내가 속한 사회에 어떠한 영향을 미칠지 살펴보고, 진정한 행복을 얻는 것을 삶의 목표로 삼아 부단히 노력하는 것이 중요해요.

그림 속 한줄 논술

#삶의 수준 #교육 #건강 #환경 #문화 다양성

Q 여러분이 행복과 관련된 정책을 만드는 사람이라고 생각하고, 행복 지수를 높이기 위해 어떤 정책을 만들지 이야기해 보세요.

우리나라는 소득 수준이 높은 선진국에 속하지만 행복 지수는 경제력에 비해 높지 않아요. 이를 통해 물질적 조건만이 행복의 기준이 아님을 알 수 있어요.

▲ 주요 국가의 행복 지수 순위(국제 연합 지속 가능 발전 해법 네트워크, 2016)

✓ 내신 필수 체크

1 행복의 기준은 시간과 장소에 따라 달라진다. (○, ×)

2 중세 시대에는 (   )의 은총을 받고 구원을 받는 것을 행복으로 여겼다.

3 행복은 (   ) 조건과 정신적 가치가 조화를 이루어야 한다.

답 1. ○ 2. 신 3. 물질적

탐구 서·논술

나의 행복 찾기

내가 생각하는 행복한 삶은 어떤 건가요? 내가 생각하는 행복한 삶을 위해 필요한 것들이 무엇인지 떠올려보고 내가 원하는 삶의 목표를 써 보세요.

탐색 1 행복한 삶을 위해 필요한 것들

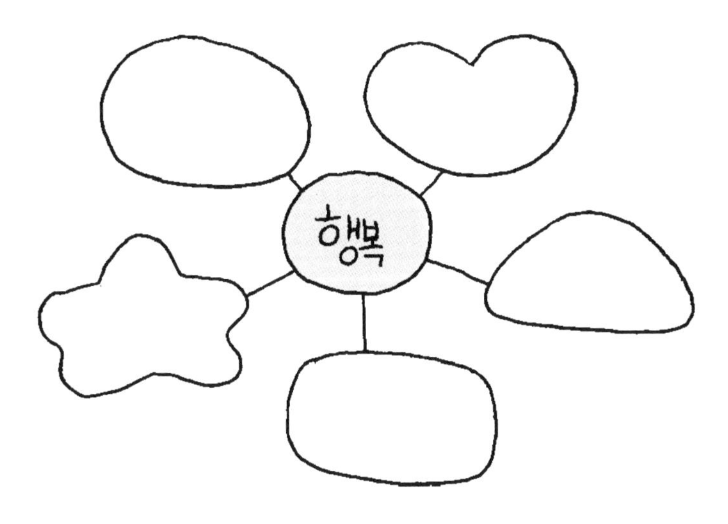

탐색 2 행복한 삶을 위한, 내가 원하는 삶의 목표

03 행복한 삶을 실현하기 위한 조건

중국 전국 시대의 사상가였던 맹자는 "일반 백성은 고정적인 생업[恒産]이 없으면 흔들림 없는 도덕적인 마음[恒心]도 없어집니다. 그러므로 지혜로운 왕은 백성들의 생업을 제정해 주되 반드시 위로는 부모를 섬기기에 충분하게 하고 아래로는 자녀를 먹여 살릴 만하게 하여, 풍년에는 언제나 배부르고 흉년에도 죽음을 면하게 합니다."라고 하였어요. 맹자는 행복한 삶을 실현하기 위해서 기본적으로 경제적인 조건이 먼저 충족되어야 한다고 생각하였던 것이에요.

▲ 맹자(출처: 위키미디어)

사람들에게 행복의 조건을 묻는다면 각자의 생활 경험이나 가치관에 따라 저마다 다양한 조건들을 제시할 거예요. 그런데 행복한 삶을 실현하기 위해서는 누구에게나 보편적으로 필요한 조건들이 있어요. 바로 의식주를 해결할 수 있는 기본적인 경제적 조건과 질 높은 삶의 공간이에요. 이것은 행복한 삶은 물론 인간다운 삶을 살기 위해 꼭 필요한 것

이에요. 그와 함께 민주주의의 실현, 도덕적 실천 또한 행복한 삶을 위한 대표적인 조건들이에요.

세계 여러 국가의 행복 지수를 보면 대체로 북유럽에 위치한 국가들이나 캐나다, 오스트레일리아, 뉴질랜드 등의 국가에서 행복 지수가 매우 높게 나타난 것을 알 수 있어요. 그에 비해 아프리카 대륙의 국가들은 대체로 행복 지수가 낮게 나타나고 있어요. 이들 국가 간에는 어떠한 차이가 있을까요?

자료 쏙 한줄 논술

경제적 안정 # 질 높은 정주 환경 # 민주주의의 실현

Q 행복 지수가 높은 국가와 낮은 국가 간의 차이는 무엇 때문일까요?

▼ 세계 행복 지수(국제 연합, 2016)

순위	국가	순위	국가
1	덴마크	8	뉴질랜드
2	스위스	9	오스트레일리아
3	아이슬란드	10	스웨덴
4	노르웨이	13	미국
5	핀란드	53	일본
6	캐나다	58	대한민국
7	네덜란드	83	중국

행복 지수가 높은 국가들은 경제 수준이 높고 민주주의가 잘 발달된 곳으로 알려진 나라들이에요. 게다가 이들 국가들은 쾌적한 자연환경과 안전한 삶의 환경을 갖추고 있어요.

반면에 행복 지수가 낮은 아프리카 대륙에서는 내전이나 분쟁의 소식이 자주 들려오고 환경 파괴, 경제난 등의 문제를 겪고 있는 지역들이 많은 편이에요.

이제 행복한 삶을 위해 필요한 조건들을 살펴볼까요?

행복한 삶을 위한 조건 1: 질 높은 정주 환경

사람이 살아가기 위해서는 집이 필요해요. 거주할 수 있는 공간, 곧 주거지와 살아가는 데 필요한 것을 얻을 수 있는 주변 환경이 잘 갖추어져 있어야 삶을 유지할 수 있어요. 이렇게 우리가 자리 잡고 살아가는 터전을 둘러싼 환경을 정주 환경이라고 해요. 머무를 정(停), 살 주(住)를 써서 머무르고 살아가는 환경, 좁게는 주거 환경에서부터 넓게는 문화, 여가, 자연환경 등 일상생활의 모든 부분을 포함하는 용어예요.

우리 친구들은 어떤 정주 환경에서 살고 싶은가요? 기본적으로 깨끗한 자연환경이 갖추어져 있어야 해요. 산업화 이후 우리는 각종 환경 오염에 시달리고 있어요. 주변의 공기와 물, 토양이 오염된 환경에서는 기본적인 생활을 유지하기 힘들어요. 그래서 많은 사회와 국가가 인간과 자연이 공존할 수 있는 건전하고 쾌적한 생태 환경을 만들기 위해 더욱 노력하고 있어요.

깨끗한 자연 환경만으로 질 높은 정주 환경이 완성될까요? 요즘 텔레비전에서는 도시를 떠나 자연 속에서 살아가는 사람들의 생활 모습을 보여 주는 프로그램들이 많이 방영되고 있어요. 이들은 날것 그대로의 깨끗한 자연환경을 얻었지만 그것은 편리하고 위생적인 삶의 조건들을 반납한 대가였어요.

삶의 질을 높이기 위해서는 치안 서비스, 보건 및 위생 서비스, 교육 여건, 문화적인 기반 시설 등 안전하고 풍요로운 삶을 위한 사회적 환경도 필요해요.

행복한 삶을 위한 조건 2: 경제적 안정

아프리카의 짐바브웨는 세계에서 손꼽히는 담배 생산국이에요. 하지만 짐바브웨에는 빈곤이 만연해 있어요. 특히 시골에는 극심한 빈곤을 겪고 있는 가정들이 많아 아이들까지도 담배 농장에서 일을 하는 경우가 많아요. 담배 농장에서 일하느라 학교에도 잘 나가지 못하여 학업을 거의 따라가지 못한다고 해요. 그뿐만 아니라 심각한 건강 문제에도 노출되어 있어요. 특히 농장의 니코틴과 유독 살충제는 면역력이 낮은 아이들의 건강에 큰 악영향을 미치고 있지요. 그래서 당장의 가난 때문에 기본적인 교육도 받지 못하고 어린 나이에 고된 노동을 하며 건강을 위협받고 있는 아이들과, 이 아이들을 바라보는 어른들이 행복하다고 말하기는 어려울 거예요.

물질적인 조건은 인간이 인간답게 살 수 있는 기본적인 바탕이 되어요. 이를 토대로 행복을 추구할 수 있지요. 많은 국가들은 이를 위해 기본적으로 경제를 활성화하고 일자리를 확충하기 위해 힘쓰고 있어요. 하지만 여러 통계 자료를 보면 국민 소득 수준과 국민의 행복 지수가 꼭 비례하지는 않는다는 것을 알 수 있어요.

급속한 경제 성장으로 소득이 높아져도 빈부 격차나 지역 격차 소득의 양극화 등으로 상대적 박탈감을 경험하기도 해요. 또한 과도한 경쟁으로 스트레스에 시달리는 경우도 있어요. 이렇게 국민이 느끼는 경제적 불안이 커지면 삶에 대한 만족도는 낮아질 수밖에 없어요. 즉, 국민이 행복하기 위해서는 경제적 성장과 함께 경제적 안정이 필요해요.

이를 위해 국가는 경제 성장과 함께 실업 급여를 제공하거나 사회보험을 마련하는 등 다양한 복지 정책을 통해서 경제 활동에 어려움을 겪는 이들에게도 최소한의 인간다운 생활을 보장하려고 노력하고 있어요.

(단위: 억 원)

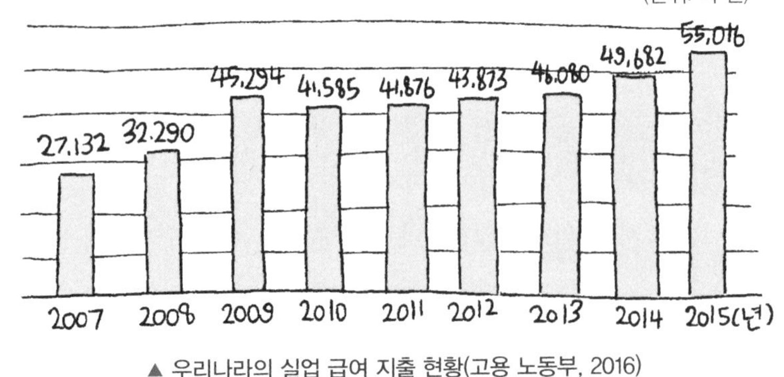

▲ 우리나라의 실업 급여 지출 현황(고용 노동부, 2016)

행복한 삶을 위한 조건 3: 민주주의의 발전

독재 국가나 권위주의적인 정치가 이루어지는 국가의 가장 큰 문제는 국민이 기본적 인권을 누리기 어렵다는 것이에요. 소수의 사람들이 자신들만의 이익과 행복을 위해 국가의 정책을 결정하고 다수 국민의 희생을 강요하기 때문이지요. 잘못된 정책이나 제도를 보고 시민들이 바로잡아 달라고 요구하여도 귀 기울여 듣지 않는 비민주적인 사회에서는 시민의 인권이 지켜지기 어렵고 권력의 남용과 부패가 만연할 거예요.

민주주의란 시민이 주권을 가지고 국가의 중요한 일을 스스로 결정하고 다스려야 한다는 이념을 말해요. 민주 국가에서는 시민이 민주적 제도를 통해 자신의 정치적 의사를 자유롭게 표출하고, 이것이 정치 과정에 반영되어 정책으로 결정되고 시행될 수 있어야 해요. 또 적극적이고 자발적인 시민의 참여가 필요해요. 이러한 사회에서 시민들은 자신의 삶에 만족하고 행복감을 느낄 수 있어요. 실제로 민주주의 지수 순위가 높은 나라들은 대체로 행복 지수에서도 높은 순위가 나타난다고 해요.

개념 속 사회 상식

세계 민주주의 지수: 세계 민주주의 지수는 선거 과정과 다양성, 정부의 기능, 정치 참여, 정치 문화, 시민 자유의 5개 지표에 점수를 매겨 산정한 지수이다. 우리나라는 2016년 기준으로 167개국 중 22위를 차지하였다.

행복한 삶을 위한 조건 4: 도덕적 실천

연말이 되면 많은 사람들이 가까운 지인들을 생각하며 선물을 준비해요. 조사에 따르면 사람들은 누군가를 위한 선물을 준비하며 행복한 마음이 든다고 해요. 또한 땀 흘려 봉사 활동을 하는 사람들의 얼굴은 힘들지만 행복해 보이는 것을 알 수 있어요. 인간은 더불어 사는 사회 속에서 행복한 도덕적 존재이자 사회적 존재이기 때문이에요.

행복한 삶을 실현하기 위해서는 도덕적으로 바람직한 규범과 가치가 무엇인지 고민하고 이를 일상생활에서 실천하려는 노력이 필요해요. 이러한 과정 속에서 인간은 삶의 의미를 찾고 행복을 느낄 수 있기 때문이에요.

도덕적 실천을 위해서는 어떻게 해야 할까요?

먼저 도덕적 성찰이 필요해요. 이것은 자신의 행동과 삶을 도덕적 측면에서 반성하고 살펴 바로잡는 것을 말해요. 이를 위해서는 자신의 이익과 욕망을 충족하기 위해 다른 사람과 공동체에 해를 입히는 행위를 하지는 않았는지 자신의 마음과 행동을 되돌아볼 필요가 있어요. 소크

라테스는 “성찰하지 않는 삶은 살 가치가 없다.”라고 하며 도덕적 성찰을 강조하였어요. 또 공자는 하루 세 번 반성하는 것이 나의 삶을 올바르게 만든다고 하였어요. 바로 도덕적 성찰을 통해 진정한 삶의 가치를 찾을 수 있다고 생각한 것이에요.

두 번째로 역지사지의 태도를 가져야 해요. 자신과 이웃에 대해 이해하고, 타인의 입장에서 상황을 바라볼 줄 아는 마음가짐을 지닌다면 도덕적 실천도 어렵지 않을 거예요.

마지막으로 사회적 약자를 배려해야 해요. 그러기 위해서는 사회적 약자의 고통을 깊이 공감하는 것이 우선이에요. 더 나아가 기부나 사회봉사활동 등을 하는 것도 중요해요. 이를 통해 우리 사회의 신뢰가 형성되고 자신은 물론 공동체의 행복을 이룰 수 있어요.

✓내신 필수 체크

1 질 높은 (　　　　)을 위해서는 깨끗한 자연환경과 더불어 안전하고 편리한 사회적 환경이 필요하다.

2 (　　　　)이 실현되어야 기본적 생계를 유지하고 자신의 필요를 충족할 수 있으며 자아실현의 기회를 가질 수 있다.

3 행복한 삶을 실현하기 위해서는 바람직한 삶에 대한 성찰을 바탕으로 한 (　　　　)이 중요하다.

답 1. 정주 환경 2. 경제적 안정 3. 도덕적 실천

행복한 국가 만들기

다음 자료를 보고 행복한 국가를 만들기 위해 필요한 조건에는 무엇이 있을지 서술하시오.

자료 2019 세계 행복 보고서

세계 행복 보고서는 국내총생산, 기대 수명, 부정부패, 사회적 자유와 지원, 관용 등을 통해 행복지수를 산출한다. 2019년 발표 자료에 따르면 우리나라는 10점 만점에 약 5.89점을 받아 156개국 가운데 54위를 차지하였다. 특히 기대 수명, 1인당 국민소득, 관용 등의 부문은 높은 점수를 받았으나 사회적 자유나 사회적 복지 지원, 부정부패 등에서는 낮은 점수를 받았다. 행복지수 1위는 핀란드로 약 7.6점을 받았고, 노르웨이, 덴마크, 아이슬란드 등 북유럽의 국가들이 사회적 자유와 경제적 풍요 등 여러 면에서 상위권을 차지하였다. – 국제연합 산하 자문 기구 지속가능발전해법네트워크, 2019 –

예시답안

세계행복보고서에 대한 자료를 보면 북유럽 국가들이 대체로 행복지수가 높게 나타남을 알 수 있다. 행복한 삶의 조건들 중 물질적 풍요도도 높고 민주주의가 정착하여 사회적 자유도 보장되어 있는 국가들에 해당하기 때문이다. 또한 청렴한 공직 사회의 모습과 국민의 인간다운 삶을 위한 사회 복지적 지원 또한 높은 수준에 이르고 있기 때문에 이러한 결과가 나왔음을 알 수 있다. 이를 통해 행복한 국가를 만들기 위해서는 기본적인 물질적 조건의 충족을 위한 경제적 안정과 질 높은 정주 환경이 필요하고 또한 차별받지 않고 동등한 기회를 보장받는 사회 분위기 속에서 자신의 삶의 가치를 자유롭게 추구할 수 있는 민주주의의 실현이 뒷받침되어야 한다.

Ⅱ

자연환경과 인간

04 자연환경과 인간 생활

햇빛이 좋은 봄날, 오후 수업을 듣다 보면 정말 졸려울 때가 있죠? 딱 한 시간 만 자면 좋을텐데! 그런데 실제로 오후 1시 즈음부터 낮잠 자는 시간을 정해 놓은 나라가 있다고 해요. 바로 라틴아메리카 국가들과 지중해 연안 국가들이에요. 거리의 상점이나 레스토랑도 모두 영업을 중지하고, 심지어 은행이나 텔레비전 방송조차 운영을 중단하고 낮잠을 잔다고 해요. 이러한 문화를 '시에스타'라고 하는데, 이러한 문화가 나타난 이유는 무엇일까요?

인간은 먹을 것, 입을 것, 쉴 곳 등 살아가기 위해 필요한 많은 것들을 자연환경에서 얻어요. 이와 같이 자연환경은 인간이 살아가는 토대를 마련해 주므로, 인간과 자연은 떼려야 뗄 수 없는 관계라고 할 수 있어요.

자연환경은 지역마다 기후, 지형, 토양, 식생 등 그 모습이 각기 달라요. 지역마다 발달하는 산업과 사람들이 생활하는 모습이 다른 것도 이러한 환경과 관련이 있어요. 특히 기후와 지형은 인간의 생활 양식에 큰 영향을 미치는 요소예요.

기후에 따라 다른 인간 생활

우리나라처럼 사계절이 뚜렷한 나라도 있고, 일 년 내내 계절의 변화가 거의 없는 나라도 있어요. 이렇게 나라마다 기후가 다른 이유는 무엇일까요? 기후는 기온과 강수 특성에 따라 다양하게 분포하는데, 이것은 적도에서 극지방으로 갈수록 지구와 태양 사이의 입사각 차이로 지표면이 받는 태양 에너지의 양이 줄어들기 때문이에요. 일반적으로 적도에서 극지방으로 가며 열대 · 건조 · 온대 · 냉대 · 한대 기후의 순으로 나타나요. 기후는 사람들의 생활 양식에 많은 영향을 미치며, 기후에 따라 발전하는 산업도 달라요.

기후는 특히 의식주 생활 전반에 많은 영향을 미쳐요. 열대 기후는 일년 내내 무덥고 강수량도 많아서 그 지역의 사람들은 통풍이 잘 되도록 얇고 가벼운 옷을 많이 입는다고 해요. 또한 음식이 쉽게 부패할 수 있어 향신료를 사용하거나 기름에 볶거나 튀기는 조리 방식을 많이 사용해요.

그림 쏙 한줄 논술

#열대기후 #덥고 습함 #부패방지

Q 동남아시아 음식에 향신료가 많이 들어가고 기름에 볶는 요리가 발달한 이유는?

▲ 향신료를 써서 볶음요리를 하는 모습

열대 기후 지역의 집은 어떤 모습일까요? 이곳에서는 열기와 습기를 피하고 해충을 막기 위해 집을 땅에서 일정 부분 위로 띄워 짓는 고상 가옥을 볼 수 있어요. 이뿐만 아니라 물 위에 지은 수상 가옥도 많아요. 그리고 이 지역의 집은 지붕의 경사가 급한 것이 특징이에요. 이것은 열대 기후 지역의 강수량과 관계가 있어요. 많은 비가 내릴 때 빗물의 무게에 지붕이 무너지는 것을 막고자 빗물이 잘 흘러내리도록 지붕의 경사를 급하게 한 것이에요.

매우 추운 한대 기후 지역도 있어요. 한대 기후 지역은 여름에 잠깐 기온이 영상으로 오르는 툰드라 기후 지역과, 가장 따뜻한 달의 기온이 0℃ 이하인 빙설 기후 지역으로 나눌 수 있어요. 이러한 기후 조건 때문에 옷차림은 두껍고 무거워요. 또 추위 탓으로 농사를 짓기 어려운 한대 기후 지역은 전통적으로 순록을 유목하거나 사냥을 해서 먹을거리를 구해 왔어요. 그래서 주로 육류 위주의 식사를 해요. 육류는 열량이 높아 쉽게 체온이 떨어지지 않게 유지하는 데 도움이 된다고 해요.

건조 기후 지역은 하루 동안의 기온 차가 큰 지역이에요. 낮에는 열기를 피하고, 밤에는 집 안의 온도를 유지하기 위해 두꺼운 흙집을 짓고 살아가요. 건조 기후 지역에서 쉽게 구할 수 있는 재료가 바로 흙이기도 하기 때문이에요.

냉대 기후 지역에서는 풍부한 침엽수를 이용하여 만든 통나무집을 쉽게 볼 수 있어요.

이와 같이 가옥의 구조와 재료도 기후에 따라 달라져요.

기후는 농업에도 큰 영향을 미쳐요. 여름 기온이 높고 강수량이 많은 열대 기후 지역이나 온대 기후 지역에서는 벼농사가 발달하고, 강수량이 적거나 서늘한 기후 지역에서는 밀이나 호밀 등을 재배하고 목축업이 주로 이루어져요.

앞에서 이야기한 '시에스타' 문화는 어떤 자연환경의 영향을 받았을까요? 지중해를 둘러싼 주변 지역은 여름이 몹시 건조하고, 겨울에는 여름보다 습윤하고 온난한 기후의 특징을 보이는데 이를 온대 지중해성 기후라고 해요.

온대 지중해성 기후 지역에서는 여름에는 건조하고 맑은 날씨가 지속되기 때문에 구름 한 점 없는 하늘에서 이글거리는 강렬한 태양을 마주해야 해요. 이 열기를 식히기 위해 도시 곳곳에 분수를 만들어 두기도 하는데, 이것만으로는 부족하여 가장 태양이 뜨거운 한낮 시간에는 낮잠을 자는 문화가 발달한 것이에요. 또한 지중해성 기후 지역에 속하는 그리스의 산토리니 섬은 하얀색 집들이 많은 것으로 유명한데 이 역시 뜨거운 태양열을 반사시키려는 목적이라고 해요.

▼ 쾨펜의 기후 구분

1차 기후 구분			2, 3차 기후 구분
수목 기후 (나무가 자랄 수 있는 기후)	열대 기후	최한월 평균 기온 18 ℃ 이상	· 열대 우림 기후 · 사바나 기후 · 열대 몬순 기후
	온대 기후	최한월 평균 기온 −3∼18 ℃	· 서안 해양성 기후 · 지중해성 기후 · 온난 습윤 기후 · 온대 겨울 건조 기후
	냉대 기후	최한월 평균 기온 −3 ℃ 미만 최난월 평균 기온 10 ℃ 이상	· 냉대 습윤 기후 · 냉대 겨울 건조 기후
무수목 기후 (나무가 자랄 수 없는 기후)	한대 기후	최난월 평균 기온 10 ℃ 미만	· 툰드라 기후 · 빙설 기후
	건조 기후	연 강수량 500 mm 미만	· 스텝 기후 · 사막 기후

지형과 우리 생활

우리 주변을 둘러보면 산과 들, 강과 바다 등 다양한 지형으로 이루어진 것을 볼 수 있어요. 이처럼 지구상에는 산지, 평야, 해안, 하천, 사막, 화산, 빙하 등 다양한 지형이 있어요. 기후와 마찬가지로 지형의 특성도 교통과 산업 등 인간 생활에 많은 영향을 미쳐요.

산지는 해발 고도가 높고 경사가 급한 지형을 말해요. 이러한 지형은 인간이 거주하기에는 불리하지만 이를 극복하고 산지를 다양하게 이용하며 살아가는 사람들을 만날 수 있어요. 산지에서는 밭농사를 짓거나 가축을 길러 필요한 양식과 가축을 얻기도 해요.

남아메리카 안데스 산지의 알파카나 네팔 히말라야 산지의 야크는 그 지역에서 기르는 대표적인 가축으로, 삶의 중요한 자원이 되고 있어요.

아름답고 특색있는 산지 경관은 관광 산업을 발달시키기도 해요. 맑은 공기를 마시며, 푸른 숲과 얼음으로 뒤덮인 산 정상을 바라보며 걷는 알프스 산지의 트레킹 관광은 전 세계인이 손꼽는 매력적인 관광 코스예요.

평야는 해발 고도가 낮고 지표면이 평평하여 산지에 비해 경지를 개간하기 유리한 곳이에요. 평야는 인간 생활에 가장 적합한 곳에 해당하지요. 예로부터 사람들은 평야에서 넓은 경지를 이용해 농사를 지으며 모여 살았어요. 아시아의 평야 지대에서는 벼농사가 발달하였고, 유럽과 아메리카 지역에서는 밀 농사가 주로 발달하였어요. 또한 평야는 교통로를 건설하기에 유리해서 물자와 인구의 이동이 활발하여 오늘날 도시와 산업이 발달한 곳이 많아요.

해안은 육지와 바다가 맞닿아 있는 지형이에요. 육지와 바다 두 곳을 모두 이용할 수 있기 때문에 일찍부터 사람들이 많이 모여 살았어요. 해안에 사는 사람들은 주로 배를 타고 나가 물고기를 잡거나, 가까운 바다에서 양식업을 해요.

해안 지역 중에서 넓은 평야가 발달한 곳에서는 농업이 이루어지기도 하지요. 또 수심이 깊고 배가 드나들기 유리한 곳은 항구 도시로 발달하고, 모래 해안, 갯벌 등 아름답고 매력적인 해안 지형을 가진 곳에서는 관광 산업이 성장해요. 오스트레일리아의 골드코스트는 대표적인 관광 도시로 알려진 해안 지역이에요. 넓은 모래사장이 있어 해수욕을 즐기기에 좋고 파도타기 장소로도 유명해서 전 세계의 서퍼들이 모여드는 곳이지요.

독특한 지형 경관을 가진 곳은 관광 산업에 더욱 유리해요. 화산 지대에 위치한 뉴질랜드나 일본, 아이슬란드와 같은 나라들은 화산, 온천, 간헐천 등을 이용한 관광업이 발달하였어요.

석회암이 용식되어 나타나는 카르스트 지형도 석회 동굴이나 탑 카르스트 등 볼거리가 풍부해 많은 이들에게 사랑을 받고 있어요. 또한 베트남의 하롱베이는 아름다운 경관과 그 지형적 가치를 인정받아 유네스코 세계 자연 유산으로 지정되기도 하였어요.

우리나라는 다양한 지형 경관을 지니고 있어요. 산지가 70 %를 차지고 하고 있기 때문에 다양한 돌산과 흙산을 만날 수 있고, 강원도와 충청도 지역에는 카르스트 지형이 발달해서 고씨굴, 성류굴과 같은 석회동굴이 있어요.

또 울릉도, 독도, 제주도는 화산이 폭발하여 생긴 화산섬이에요. 특히 제주도는 화산 활동의 흔적이 그대로 남아 있어 학술적으로도 중요한 가치가 인정되어 유네스코 세계 지질공원으로 인증되었어요. 한라산, 성산 일출봉, 거문오름용암동굴계는 세계 자연유산으로 등재되기도 하였어요.

개념 속 사회 상식

간헐천
일정한 주기로 뜨거운 물이나 수증기를 분출하는 온천

탑 카르스트
석회암이 오랜 시간 동안 서서히 빗물이나 지하수에 의해 녹는 과정(용식)에서 단단한 부분만 남아 형성된 뾰족한 탑과 같은 모양의 지형

자연재해와 인간 생활

〈퍼펙트 스톰〉, 〈샌 안드레아스〉, 〈볼케이노〉, 〈더 임파서블〉. 이 영화들의 공통점은 무엇일까요? 바로 자연재해와 관련된 영화라는 거예요. 이 영화들을 본 친구들은 인간의 힘으로 막을 수 없는 자연재해의 엄청난 위력을 느꼈을 거예요.

자연재해에는 화산, 지진, 지진 해일과 같이 지형과 관련된 자연재해와 태풍, 집중 호우, 홍수, 가뭄, 폭설과 같이 기후와 관련된 자연재해가 있어요. 특히 오늘날 도시화와 산업화가 진행되며 달라진 환경으로 인해 자연재해의 발생 빈도가 높아지고 그 피해도 커지고 있는 상황이에요. 인간의 힘으로 막을 수 없는 자연재해는 평상시 다양한 대책과 대비를 통해 그 피해를 최소화할 수 있도록 해야 해요.

모든 국민은 안전하고 쾌적한 환경에서 살아갈 권리를 지니고 있어요. 우리나라 또한 헌법을 통해 이를 보장하고 다양한 법률을 바탕으로 국민의 생명과 재산을 보호하기 위해 노력하고 있어요.

헌법 제34조
① 모든 국민은 인간다운 생활을 할 권리를 가진다.
(중략)
⑥ 국가는 재해를 예방하고 그 위험으로부터 국민을 보호하기 위하여 노력하여야 한다.

헌법 제35조
① 모든 국민은 건강하고 쾌적한 환경에서 생활할 권리를 가지며, 국가와 국민은 환경 보전을 위하여 노력하여야 한다.

국민 재난 안전(www.safekorea.go.kr)에서 재난 안전 정보와 국민 행동 요령을 확인하고, 재난 피해 신고를 할 수 있어요. 꼭 확인해 보세요!

퍼펙트 스톰

- 대서양 바다 한가운데에서 열대 저기압(허리케인)에 맞서는 '안드레아 게일'호의 이야기를 다룬 영화
- **퍼펙트 스톰**: 둘 이상의 태풍이 충돌하여 그 영향력이 폭발적으로 커지는 현상을 말함.
- **열대 저기압**: 적도 부근의 해상에서 발생하여 중위도 쪽으로 불어오는 열대성 저기압으로, 강한 바람과 많은 비를 동반하는 현상. 우리나라를 비롯한 동북아시아 및 동남아시아에서는 태풍이라고 부름.

샌 안드레아스

- 샌 안드레아스 단층이 끊어져 발생한 규모 9의 강진 속에서 가족을 구하고자 하는 구조 헬기 조종사의 모습을 그린 영화
- **지진**: 지구 내부의 에너지가 지표로 나와 땅이 갈라지며 흔들리는 현상

볼케이노

- 화산 폭발로 분출된 용암과 화산재로 덮인 미국 로스앤젤레스에서 수백만 명의 인명을 위기에서 구해내야 하는 비상대책센터 책임자의 이야기
- **화산 폭발**: 지각 깊은 곳에서 생성된 마그마가 벌어진 지각의 틈을 통하여 지표 밖으로 나올 때 용암이나 화산 쇄설물로 분출하며 폭발하는 현상

더 임파서블

- 2004년 커다란 충격을 안겼던 타이의 쓰나미 사태에서 살아남은 한 가족의 실화를 담은 영화
- **지진 해일**: 바다 밑에서 일어나는 지진이나 화산 폭발 등의 급격한 지각 변동으로, 바닷물이 상하로 진동하고 이것이 대규모 파동으로 성장하여 발생하는 해일. 쓰나미라고도 부름.

재해 예방 대책을 잘 수립하여 피해를 최소화하는 국가도 있지만, 아직 체계적인 대책이 마련되지 않아 재해 발생 시 큰 피해를 보는 국가도 있어요.

실례로, 2010년에 일어난 칠레 지진은 아이티 지진보다 규모가 컸지만, 칠레에서는 700명가량이 희생된 반면, 아이티에서는 22만 명 이상이 사망하고 30만 명 이상이 부상을 당하였어요. 당시 칠레는 지진에 대비하는 내진 설계가 의무였는데, 아이티는 내진 설계 규정이 따로 마련되어 있지 않았어요.

이와 같이 자연재해에 대한 예방과 대응의 일차적인 책임은 개별 국가에 있지만, 개별 국가가 자연재해에 따른 피해를 복구할 충분한 역량을 갖추지 못한 경우에는 국제 사회의 지원이 필요해요.

▼ 칠레와 아이티의 지진 발생 현황 비교

구분	2010년 칠레 지진	2010년 아이티 지진
지진 규모	8.8	7.0
내진 설계	의무화	규정 없음
지진 피해	700명 이상 사망	22만 명 이상 사망, 이재민 약 130만 명

✓내신 필수 체크

1 고상 가옥을 주로 볼 수 있는 기후 지역은?

2 옷차림이 두껍고 무거운 편이며, 가축의 털과 가죽으로 만든 옷을 주로 입는 기후 지역은?

3 화산, 지질 해일, 태풍, 가뭄 등 급격한 기상 현상이나 지각 변동 등으로 발생하는 재난을 (   )라고 한다.

답 1. 열대 기후 지역 2. 한대 기후 지역 3. 자연재해

탐구 서·논술

오늘날 건조 기후 지역의 주민 생활이 변화한 이유를 서술하시오.

건조 기후 지역은 연 강수량이 적고, 강수량보다 증발량이 많은 지역이다. 농업에 불리한 이러한 기후 특징 때문에 사막에서는 오아시스나 외래 하천의 주변에서 소규모로 농사를 짓고 초원 지대에서는 물과 풀을 찾아 이동하며 양, 염소, 낙타 등을 기르는 유목이 발달하였다. 그러나 오늘날 건조 기후 지역에서는 대규모 관개 농업이 이루어지고 있으며 전통적인 유목 생활이 점차 줄어들고 있다.

자료 1 건조 기후 지역의 전통적 농업 형태(예: 모로코)

자료 2 건조 기후 지역의 오늘날의 모습(예: 아랍에미리트의 두바이)

예시답안

강수량이 적고 증발량이 많은 건조 기후 지역은 농업에 불리하여 전통적으로 가축을 데리고 이동하는 생활인 유목 생활이나 물을 구할 수 있는 오아시스를 중심으로 마을을 이룬다. 그리고 밀이나 대추야자를 재배하는 모습을 볼 수 있다. 그러나 이곳에도 과학 기술의 발달로 관개 시설을 이용한 대규모 관개 농업이 이루어지고 지하수를 개발하거나 해수를 담수로 바꾸는 해수 담수화 플랜트를 통해 용수를 확보하고 있다. 또한 국경이 설정되고 도시화가 이루어지면서 전통적인 유목 생활의 모습도 점차 사라지고 있다.

인간과 자연과의 관계 05

요즘도 시골에 가면 감나무를 쉽게 볼 수 있어요. 그런데 웬일인지 가장 높은 곳에 있는 감은 따지 않고 남겨 두는 경우가 많아요. 왜 그럴까요? 예로부터 어른들이 까치나 새들이 먹도록 남겨 두었다고 해요. 또 물고기를 잡더라도 어린 치어는 놓아 주고, 정원을 꾸미더라도 자연 그대로의 모습을 살리려고 애썼어요. 이를 통해 자연의 고마움을 알고 자연과 더불어 살아가려는 우리 조상들의 마음을 엿볼 수 있어요.

인간은 자연을 통해 필요한 모든 것을 얻고 있어요. 하지만 지나친 개발로 인해 자연 환경이 훼손되고 있어요. 또한 무분별한 삼림 벌채로 산사태가 일어나기도 하고, 하천이나 바다의 오염과 같은 환경 문제도 나타나고 있어요. 이럴 때일수록 자연과 더불어 살아가려고 하였던 조상들의 가르침을 떠올리며 자연을 바라보는 인간의 관점을 다시 한번 생각해 보아야 해요.

인간 중심주의 자연관

인간 중심주의 자연관은 인간과 자연의 관계에서 인간을 가장 가치 있는 존재로 여기고, 인간의 이익이나 행복을 먼저 고려하는 관점이에요. 인간을 자연의 한 부분이 아닌 자연으로부터 독립된 존재로 보고 자연을 인간의 이익을 위해 이용해야 할 대상인 도구로 바라보는 것이에요.

인간 중심주의 자연관은 자연을 단지 인간의 삶의 필요를 충족시켜 주는 대상에 지나지 않다고 여기기 때문에 자연의 가치 또한 인간에게 얼마나 필요한지에 따라 달라진다고 봐요.

인간 중심주의의 관점은 산업화와 도시화 과정 속에서 자연을 개발하고 개척하며 무분별하게 남용하도록 하였고, 이로 인해 오늘날 자원 고갈 문제나 환경 파괴와 같은 심각한 문제를 겪게 되었어요.

중앙아시아에는 세계에서 네 번째로 큰 호수이자 염호인 아랄해가 있었지만, 이제는 더 이상 큰 호수가 아니에요. 원래 호수의 90 % 이상의 물이 사라지고 소금기가 날리는 사막으로 변해 버렸거든요.

많은 생물들의 보금자리가 되어 주었던 아름답고 건강했던 호수는 어쩌다가 그렇게 메마르고 황폐하게 변해 버렸을까요? 주변 국가들이 아랄해로 흘러드는 강물을 밀 농사와 목화 재배를 위해 마구잡이로 끌어 쓰기 시작했기 때문이에요.

결국 고대 문명의 발생 시기부터 1960년대까지 많은 수자원을 보급하던 아랄해는 급격히 그 수량이 줄어들기 시작하였어요. 인간의 무리한 개발과 욕심으로 불과 몇 십 년 만에 바닥을 드러낼 지경에 이른 것이에요.

물이 사라진 호수 바닥은 소금 평원이 되었고 매년 10억 톤의 소금

먼지를 만들어 낸다고 해요. 오늘날 인간이 만들어 낸 환경 재앙이라고 불리는 아랄해는 결국 인간 중심주의 자연관이 반영되어 나타난 결과라고 할 수 있어요.

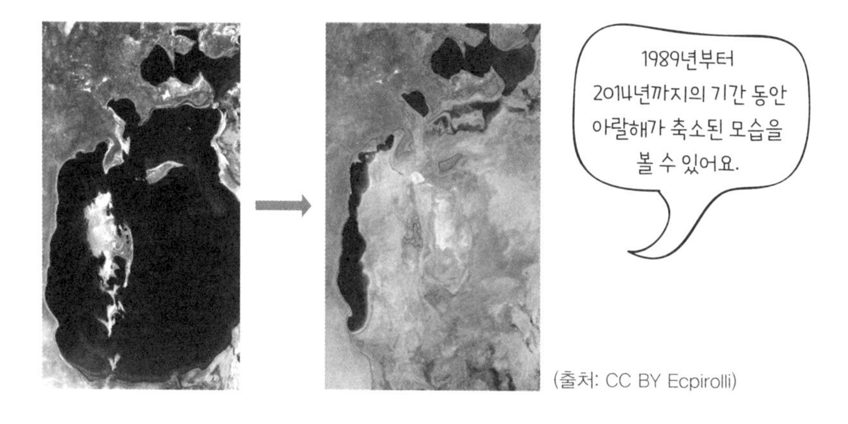

(출처: CC BY Ecpirolli)

생태 중심주의 자연관

자연을 인간 중심으로 바라보는 인간 중심주의 자연관과 달리 자연을 중심으로 바라보는 관점이 있어요. 바로 생태 중심주의 자연관이에요.

생태 중심주의 자연관은 모든 생명체가 자연의 일부이며, 인간도 자연으로부터 독립된 우월한 지배자가 아니라 자연을 구성하는 일부라고 보는 것이에요. 그렇기 때문에 자연이 인간에게 얼마나 유용한가를 가지고 그 가치를 매기는 것이 아닌 존재 자체에 그 이유와 가치가 있다고 생각해요.

또 인간은 자연의 구성 요소로서 자연 속의 질서와 균형을 깨지 않고 함께 공존해야 한다고 봐요. 과거 갯벌을 간척 사업을 통해 인간이 사용할 수 있는 각종 용지들로 바꾸었던 나라들이 이로 인한 환경 파괴와 오염 문제를 겪으며 갯벌을 복원하는 사업을 진행하는 경우들이 있어요. 인간이 인위적으로 깨트린 자연의 질서가 오히려 자연 속의 한 구성원인 인간에게도 결국 해로 돌아온다는 판단을 하고 예전의 환경을 되살리려는 사례들이에요. 이러한 생태 중심주의 자연관을 가지고 오늘날 자연환경과 더불어 살아가려는 노력들이 계속해서 나타나고 있어요.

한편 극단적인 생태 중심주의 자연관은 자연에 대한 인간의 어떤 개입도 허용하지 않는 입장이어서 모든 자연 개발을 중단해야 한다고 주장하여 비현실적이라는 비판을 받기도 해요.

만화 속 한줄 논술

생태 중심주의 자연관 # 인간은 자연의 일부

Q 영화 '노 임팩트 맨'을 통해 본 자연관은 무엇인가?

2009년 개봉한 〈노 임팩트 맨(No Impact Man)〉은 지구에 영향을 미치지 않는 생활을 하는 한 가족의 프로젝트를 담은 영화이다. 작가이자 환경 운동가의 가족이 지구에 무해한 생활을 하기 위해 TV를 버리고 일회용품을 쓰지 않으며, 심지어 전기도 사용하지 않는다. 시간이 지나며 결국 이러한 생활에 어린 딸과 아내가 지쳐가며 위기를 맞기도 하지만 이를 극복해 나가는 그들의 모습을 보며 우리가 무심코 지나친 생활 속의 작은 모습들이 자연 환경에 미칠 수 있는 영향에 대해 생각해 보는 시간을 갖게 한다.

인간과 자연의 바람직한 관계

지나친 인간 중심주의 자연관과 지나친 생태 중심주의 자연관은 모두 인간과 자연의 관계에서 어느 한쪽만을 중시함으로써 균형을 깨뜨리고 결국 문제를 일으킬 수 있어요. 이 때문에 자연관 각각의 장점을 취해서 조화로운 방법을 찾아야 해요.

우선 인간은 생태계의 일부임을 깨닫고, 환경 친화적인 가치관을 바탕으로 자신의 행동이 주변 환경에 미치는 영향을 생각해서 행동해야 해요. 환경을 오염시키지 않고 어울려 살아갈 수 있도록 노력하는 것이 바로 그러한 삶이에요.

이러한 태도는 우리 조상들의 모습에서도 배울 수 있어요. 우리 조상들은 가축의 분뇨나 짚, 잡초, 낙엽 등을 발효시켜 퇴비로 이용하였어요. 또한 시냇물이 더러워지는 것을 막기 위해 나뭇가지를 촘촘히 엮은 물챙이를 세워 두었어요. 이러한 환경 친화적인 삶이 이후 그 자연을 다시 사용할 후손들에게 건전하고 깨끗한 환경을 물려줄 수 있게 한 바탕이 되는 것이지요.

우리도 이러한 정신을 본받아 현 시대를 살아가는 사람들뿐만 아니라 우리 후손들을 위해서도 자연환경을 보호하기 위한 책임 의식을 지녀야 해요. 동시에 일상생활에서 자연환경을 지키기 위한 노력도 필요하지요.

사회적 차원에서는 효율성과 경제성보다는 자연과 인간이 공존할 수 있다는 사회적 인식을 가져야 해요. 최근 늘어나고 있는 슬로 시티나 생태 도시는 환경과 더불어 살아가려는 사회적 노력이 실천되고 있는 지역들이에요.

국가적으로는 화석 에너지를 신재생 에너지로 대체하기 위한 연구를 지원하고 효율적인 대중교통 시스템을 정비하고 있어요. 또 하천 생태계 복원 사업, 갯벌 복원 사업과 같은 환경을 지키기 위한 정책들도 꾸준히 추진되고 있어요.

개념 쏙 사회 상식

생태 도시

인간과 자연이 조화를 이룬 도시를 말한다. 신·재생 에너지 활용, 자원 재활용, 지역에서 생산된 농산물 소비, 대중교통과 자전거 및 보행자 중심의 교통 체계 확립 등 다양한 친환경 생활을 실천하고 있다. 독일의 프라이부르크, 브라질의 쿠리치바, 스웨덴의 예테보리 등이 대표적이다.

슬로시티 운동

'유유자적한 도시, 풍요로운 마을'이라는 뜻의 이탈리아어 '치타슬로(cittaslow)'의 영어식 표현으로, 1999년 이탈리아에서 시작된 전통·농촌·삶의 질을 추구하는 생활운동이다. 지역 농산물 이용, 에너지 절약 등을 실천하며 느린 삶을 추구한다. 우리나라는 아시아 최초로 전남 4개 지역이 슬로시티로 선정되었고, 2019년 기준 15곳이 선정되었다. 전남 신안군, 전남 완도군, 충남 예산군, 경기도 남양주시, 강원도 영월군, 전북 전주시, 경북 상주시 등이 해당된다.

✓내신 필수 체크

1 인간의 이익에 따라 자연의 가치를 평가하는 관점으로 자연의 도구적, 수단적 가치를 강조하는 자연관은?

2 인간을 자연의 일부라고 보는 관점으로, 자연의 내재적 가치를 강조하는 자연관은?

3 자신의 행동이 주변 환경에 미치는 영향을 생각해서 행동하고, 환경을 오염시키지 않고 어울려 살아갈 수 있도록 노력하는 것이 바로 (   ) 가치관을 실천하는 것이다.

답 **1. 인간 중심주의 자연관 2. 생태 중심주의 자연관 3. 환경 친화적**

미리보는 탐구 서·논술

다음의 자료를 읽고 인간과 자연의 바람직한 관계는 무엇인지 서술하시오.

자료 1 이스터섬의 비극

이스터섬은 자연을 개발의 대상으로만 보았을 때 나타나는 결과가 무엇인지 극명하게 보여 주는 사례이다. 과거 이스터 섬은 찬란한 문명의 공간으로 아름답고 풍요로운 환경을 기반으로 한때는 1만 명의 주민이 살던 곳이었다. 섬의 지배자는 강력한 힘을 과시하기 위해 거대한 모아이 석상을 만들기 시작하였고 이를 위해 숲은 끊임없이 파괴되어 갔다. 늘어난 인구와 경쟁적으로 건립되는 석상 때문에 그들의 삶의 터전은 점점 더 황폐화되고 있었다. 고립된 섬에서 자연에 의존하였던 문명은 결국 식생 파괴와 식량 부족으로 멸망할 수밖에 없었다. 이러한 이스터섬의 역사는 지구의 현실을 비춰 주는 거울과 같다.

▲ 해안을 따라 줄지어 있는 이스터섬의 모아이 석상

예시답안

인간과 자연의 바람직한 관계는 서로 대립하거나 어느 한쪽이 지배적인 우위를 가지는 관계가 아닌, 공존하는 관계이다. 인간도 생태계의 일부로서 다른 생명체 및 환경과 유기적 관계를 맺으며 살아가고 있다.

그러나 인간이 생태계에 미치는 영향을 고려하지 않고 무분별하게 자연을 개발하여 생태계의 안정을 깨뜨리면, 그 피해는 고스란히 인간에게 되돌아온다. 이렇게 인간과 자연은 서로 영향을 주고받는다. 인간은 자연 없이 살아갈 수 없으며, 자연 또한 인간의 영향을 받지 않을 수 없다.

06 환경 문제의 해결 노력

요즘은 텔레비전에 나오는 광고 카피대로 무엇을 하든 '미세먼지의 허락'을 받아야 하는 세상이 되었어요. 날씨를 확인하듯이 매일 아침 미세먼지 농도를 확인하지요. 미세먼지의 허락이 있어야 학교 운동장에서 체육 활동을 할 수 있고, 야외로 체험 학습을 갈 수 있게 되어 버렸어요. 우리의 공기는 왜 이렇게 되었을까요?

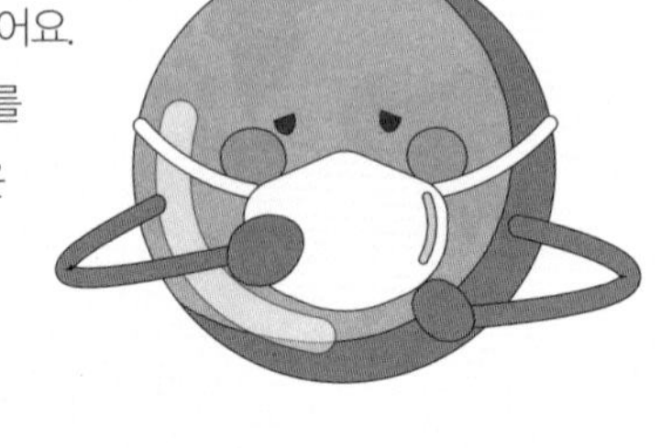

오늘날의 환경 문제

산업 혁명 이후 공업이 발전하고 인구가 늘면서 자원의 소비도 크게 증가하였어요. 이러한 과정 속에서 인간은 자연을 적응의 대상이 아니라 인간의 이익을 위한 도구이자 이용의 대상으로 바라보게 되었어요.

결국 자연 환경은 크게 훼손되었고 생태계 파괴, 환경 오염 등 각종 환경 문제를 일으키게 되었어요. 게다가 환경 오염의 피해는 국경을 넘어 이동하고 있고, 지구 온난화로 인한 기후 변화와 같은 문제들은 전 지구적 차원에서 일어나고 있어요.

이러한 환경 문제는 이제 어느 한 국가만의 노력이 아닌 전 세계 모든 인류가 공동으로 대응하지 않으면 해결하기 어려운 문제에요. 이러한 시기에 우리가 이를 해결하기 위한 방법을 알고 실천하는 것은 이제 선택이 아니라 필수라고 할 수 있어요.

지구 온난화

전 지구적인 환경 문제 중에서도 지구 온난화는 우리에게 가장 심각한 위협이 되고 있어요. 지구 온난화는 현재도 계속 심화되고 있다는 것이 더욱 큰 위협이에요.

지구 온난화는 이산화 탄소, 메테인 등의 온실가스로 지구의 온실 효과가 지나치게 증대되어 지구 전체의 평균 기온이 상승하는 현상을 말해요. 온실가스 증가의 원인을 살펴보면 화석 연료의 사용 증가, 삼림 파괴 등 인위적인 요인이 대부분이에요.

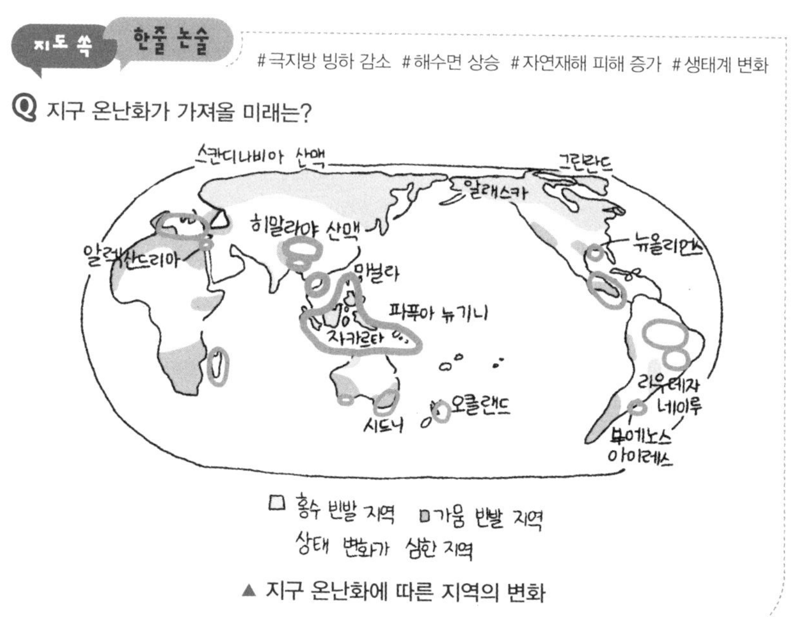

▲ 지구 온난화에 따른 지역의 변화

지구 온난화로 대기의 온도가 상승하며 극지방이나 고지대의 빙하가 녹아내리고 이 물이 바다로 흘러들어가며 해수면이 상승하였어요. 해수면 상승으로 방글라데시와 같은 해안 저지대에 위치한 국가나 투발루, 키리바시와 같은 섬나라들은 국토가 침수되는 피해를 입고 있어요. 또한 각종 기상 이변이 발생하여 지역마다 가뭄이나 홍수, 태풍 등의 자연 재해가 빈번하게 나타나고 있어요.

다양한 환경 문제

전 지구적 환경 문제는 지구 온난화만이 아니에요. 기후 변화 때문에 일어나는 극심한 가뭄과 인간의 과도한 개발로 확대되고 있는 사막화 현상은 지구상에서 인간의 거주지를 점차 사라지게 하고 있어요. 사막화로 인해 기후 난민이라는 표현이 나타나기도 하였어요.

염화플루오린화 탄소의 지나친 사용으로 오존층 파괴가 나타나기도 해요. 프레온 가스로 알려져 있는 염화플루오린화 탄소는 주로 냉장고나 에어컨 등의 냉매, 발포제, 분사제 등으로 사용되고 있어요.

이 가스가 오존층을 파괴하게 되면 오존층이 가지고 있는 자외선 흡수의 능력이 떨어져 지표에 도달하는 자외선의 양이 늘어나게 되지요.

이것은 인간에게 피부암, 백내장, 면역 결핍증을 일으키는 원인이 되기도 해요. 또 농작물이 말라 죽고 해양 생물도 사라지게 되어 우리의 삶에도 큰 영향을 미칠 수 있어요.

또한 대기 오염 물질이 빗물에 녹아 산성비가 되어 내려 숲을 말라 죽게 하고, 호수를 산성화시키는 등 큰 피해를 주고 있어요. 무분별한 벌목과 개간은 열대림을 파괴하고 서식지가 사리진 동식물들이 멸종되며 생물종 다양성이 감소하는 문제도 나타나고 있어요.

앞에서 언급한 미세먼지 문제 또한 산업화와 도시화가 이루어진 국가를 중심으로 심각한 환경 문제로 대두되었어요. 미세먼지 때문에 외출조차 힘들고 집집마다 공기 청정기와 KF94 이상의 인증을 받은 미세먼지 마스크를 갖추고 있어야 하는 것이 우리나라 공기질의 현실이에요.

미국 항공 우주국(NASA)에서 2014년에 촬영한 인공위성 사진을 보면 미국 북동부를 비롯해 동아시아 지역에서의 대기 오염이 심각한 것으로 나타났다고 해요. 특히 중국과 우리나라의 오염 수준이 매우 높은데, 이것은 공장의 매연이나 자동차의 배기가스가 원인인 것으로 추정되고 있어요.

정부의 노력

얼마 전 미국의 캘리포니아에서는 플라스틱 빨대 사용 금지에 대한 법안이 통과되었어요.

우리가 일반적으로 많이 사용하고 있는 플라스틱 빨대는 재활용이 어렵고, 특히 해양 쓰레기의 주범으로 지목되고 있어요. 매년 바다에서 건져 올리는 플라스틱 쓰레기가 800만 톤에 이르고, 이 가운데 플라스틱 빨대는 크기가 작고 뾰족해 해양 동물이 삼키거나 동물의 몸에 박히는 등의 문제가 발생하고 있어요. 이 때문에 세계 각국에서 환경오염과 생태계 파괴의 주범인 플라스틱 빨대를 퇴출시키기 위해 정부가 나서서 관련 법규를 만들어 집행하고 있는 것이에요.

우리나라는 「환경정책기본법」을 만들어 환경 보전에 관한 국민의 권리와 의무, 국가의 책임을 밝히고 있어요. 「자연환경보전법」을 통해서는 자연환경을 체계적으로 보전, 관리하기 위한 노력을 하고 있어요. 즉, 대규모 개발 사업 계획을 수립할 때는 해당 사업이 환경에 미치는 영향을 미리 예측하고 평가하는 환경 영향 평가를 받도록 하고 있지요. 이 밖에도 쓰레기 종량제, 쓰레기 분류 배출 의무화, 빈 병 보증금 제도와 같이 다양한 제도와 정책을 마련해 시행하고 있어요.

개념 쏙 사회 상식

에너지 소비 효율 등급제

- 소비자가 효율이 높은 에너지 절약형 제품을 쉽게 인식하고 구매할 수 있도록 하기 위해 1992년부터 도입한 제도
- 1~5등급으로 분류하여 라벨을 표시
- 최저 효율 기준에 미달하는 제품에 대해서는 생산과 판매를 금지
- 모든 국내 제조 업체와 수입 업체가 지켜야 하는 의무 제도로, 가전 기기와 조명 기기 등 23개 품목을 대상으로 시행

– 에너지 관리 공단 http://www.energy.or.kr –

우리는 매주 신용카드 한 장을 먹고 있다.

세계자연기금(WWF)과 호주 뉴캐슬대학의 공동 연구 보고서에 따르면 전 세계적으로 한 사람당 1주일에 평균 약 2000개 정도의 미세 플라스틱 입자를 섭취한다고 해요. 미세 플라스틱은 5 mm 이하 크기의 플라스틱 입자로, 마이크로비즈라고 불려요. 세안제, 치약, 화장품 등에 사용되며, 주로 생활하수로 버려지는데, 정수 작업에도 걸러지지 않고 다시 우리가 마시는 물속에 섞여 우리 몸에 쌓이게 되는 것이에요. 미국의 시민 단체들은 미세 플라스틱의 사용 금지를 추진하는 시민운동을 벌였고, 2017년 7월부터 화장품에 미세 플라스틱을 사용하는 것이 법으로 금지되었어요.

기업의 노력

기업의 생산 활동 과정에서는 많은 양의 자원이 소비되고 폐기물이 발생할 수 있어요. 이처럼 자연환경에 큰 영향을 주는 기업은 사회적 책임 의식을 바탕으로 자연환경을 훼손하지 않기 위해 노력해야 해요. 그래서 기업은 정부가 세운 각종 환경 관련 법률을 준수하고 더 나아가 친환경 경영과 친환경 상품 개발, 환경 보호를 위한 활동 등 다양한 노력을 기울이고 있어요.

예를 들면 세제를 사용하지 않아도 되는 식기 세척기를 개발하거나,

인간의 건강과 환경에 해를 끼치는 화학 성분을 사용하지 않는 친환경 세정제를 만드는 등 친환경 제품의 생산도 지속적으로 늘어나가고 있어요. 대형 프랜차이즈 카페에서 플라스틱 빨대 대신에 종이로 만든 빨대를 사용하는 것과 같이 환경을 위해 기업이 할 수 있는 일들은 매우 많고 또 다양해요.

시민 사회의 노력

시민들은 정부 정책과 기업의 사업을 환경 보전의 측면에서 살펴보고, 잘못된 부분의 개선을 요구하고 있어요. 또 여러 시민 단체들은 정부와 시민, 기업과 시민, 시민과 시민을 잇는 다리 역할을 하며 환경을 위해 앞장서고 있지요. 그린피스, 세계 자연 기금(WWF)과 같은 기구가 대표적이에요.

그들은 특정 개인이나 기업, 국가의 이익이 아닌 지구의 환경 보호를 위해 노력하는 국제 시민 단체예요. 우리나라에서 마이크로비즈(미세 플라스틱) 사용의 금지 법안이 통과되는 데 큰 역할을 한 것도 바로 그린피스예요. 그린피스는 마이크로비즈 규제 법제화를 요구하는 2만여 명의 서명을 받아서 국무총리실에 전달하며 관련 법규가 만들어질 수 있도록 시민의 참여를 이끌고 정부의 정책에 영향을 미쳤어요.

개념 쏙 사회 상식

그린피스(www.greenpeace.org)

국제 환경 단체로 1971년에 설립되었다. 핵실험 반대와 자연보호 운동 등을 통해 지구의 환경을 보존하고 평화를 증진시키기 위한 활동을 펼치고 있다. 본부는 네덜란드 암스테르담에 있고 전 세계 40여 개국에 지부를 두고 있다.

개인의 노력

환경 문제 해결을 위해서는 정부, 기업, 시민 사회의 노력과 더불어 개개인의 의식 변화와 함께 실천하는 자세가 필요해요.

우리가 할 수 있는 노력에는 무엇이 있을까요?

에너지 절약을 위해 사용하지 않는 전기 제품의 코드를 뽑아두고, 에어컨의 적정 온도인 26℃ 지키기, 대중교통 이용하기 등이 있어요. 또한 쓰레기 문제 해결을 위해 버려지는 쓰레기를 줄이고 일회용품 사용을 자제해야 해요. 쓰레기 분리 배출은 기본이고요. 제품을 선택할 때에도 친환경 인증 제품이나 공정 무역 제품, 과대 포장을 하지 않는 상품을 고르는 등 환경을 생각한 녹색 소비를 실천해야 해요.

이와 같이 개인은 일상생활에서 환경 친화적인 생활 방식을 실천하고 정부, 시민 단체, 기업이 모두 함께 우리의 환경을 지키고 보호하기 위해 노력한다면 현세대뿐만 아니라 미래 세대도 아름답고 건강한 지구에서 지속가능한 삶을 유지할 수 있을 거예요.

✓내신 필수 체크

1 지구 온난화로 기상 이변 현상, (해수면, 지표면) 상승, 생태계 서식지 변화 등의 문제가 나타나고 있다.

2 (정부, 기업)는 환경 문제 해결을 위해 관련 법과 제도를 마련하고 시행하고 있다.

3 개인은 환경 문제 해결을 위해 쓰레기를 (   ) 배출하고, 에너지 절약을 실천한다.

답 1. 해수면 2. 정부 3. 분리

탐구 서·논술

세계적인 생태 도시의 사례를 살펴보고 물음에 답하시오.

생태 도시는 인간과 자연이 조화를 이룬 지속 가능한 발전을 목표로 하는 도시로, 1992년 브라질 리우 환경 회의에서 그 개념이 처음 등장하였어요.

자료 1 독일의 프라이부르크

프라이부르크는 탄소 배출을 줄이기 위해 태양 에너지를 적극적으로 활용하고 보행자 및 자전거 중심의 교통 체계를 구축하였으며 단열 시설을 설치하였다. 또한 인공 수로 및 생태 공원의 설치, 체계적인 숲 관리 등 인간 생활과 자연환경의 조화를 위한 노력을 기울이고 있다.

자료 2 브라질의 쿠리치바

브라질의 쿠리치바에는 지하철이 없다. 대신 편리한 환승 시스템과 정류장 체계, 전용 도로를 사용하는 버스 운행 체계를 갖고 있다. 또한 오염 물질을 막고 쾌적한 생활 환경을 위하여 도심의 여유 공간에 100만 그루 이상의 나무를 심었다.

1. 두 도시의 사례를 통해 알 수 있는 생태 도시의 특징은 무엇인가요?
2. 인간과 자연환경이 공존하기 위해 우리 지역에서 할 수 있는 환경 보전의 실천 방안을 서술하시오.

예시답안

1. 신·재생 에너지 활용, 자원 재활용, 지역에서 생산된 농산물 소비, 대중교통과 자전거 및 보행자 중심의 교통 체계 확립
2. 천연가스 버스로 교체, 생태 하천 조성 사업, 나무 심기 사업, 자전거 전용 도로 및 기반 시설 조성, 주민 대상 캠페인 활동 및 생태 교육 실시 등의 노력을 통해 인간과 자연환경이 공존하는 지역을 만들어 갈 수 있다.

memo

1부_삶의 이해와 환경

Ⅲ

생활 공간과 사회

07 산업화와 도시화

우리나라에는 과거에 집성촌이 많았어요. 집성촌이란 같은 성씨를 가진 사람들이 함께 모여 사는 마을을 말해요. 현재까지도 전통 마을로 사랑받고 있는 세계문화유산인 경주 양동마을은 여주 이씨와 경주 손씨 두 개 성씨의 집안이 함께 어울려 600여 년의 역사를 이루며 살고 있어요. 이렇게 오랫동안 같은 성씨의 집안이 한 곳에서 살 수 있었던 이유는 무엇일까요?

산업화와 도시화의 시작

산업과 도시가 발달하기 이전에는 대부분의 사람들이 농업이나 어업 등 1차 산업에 종사하며 살았어요.

우리나라도 땅을 생존을 위한 가장 중요한 자원으로 여기며, 그 땅에서 오랫동안 정착하여 대대손손 농업에 종사하며 살아가는 모습이 일반적이었어요.

과거에 한 마을에 같은 성씨가 모여 사는 집성촌이 흔하였던 것도 농업 사회에서는 농사지을 땅을 벗어나 다른 곳에서 생활할 까닭이나 필요가 거의 없었기 때문이에요.

하지만 오늘날에는 이러한 마을을 찾기가 어려워요. 요즘에는 친척들과도 서로 다른 도시에 사는 경우도 많아 왕래가 예전만큼 많지 않아요.

게다가 한집에 살던 자녀들도 사회 활동을 시작하면 부모님에게서 독립하여 다른 지역에 떨어져 사는 모습이 흔해요. 이러한 생활의 변화는 바로 산업화와 도시화로 직업이 다양해지고 도시적 생활 양식이 확대되며 나타난 결과예요.

본격적인 산업화와 도시화

18세기 영국에서 시작된 기술 혁신과 사회·경제 구조의 변혁인 산업혁명으로 기계화와 분업화가 본격적으로 시작되었어요. 농업 중심 사회는 공업 중심 사회로 바뀌었고, 인구가 많은 도시를 중심으로 산업화가 시작되었어요.

또 일자리를 찾는 사람들이 도시로 더 많이 모여들면서 도시 인구는 계속 늘어났고, 도시의 규모도 더 커졌어요. 도시 주변으로 더 많은 도시들이 생겨났죠. 전체 인구 중 도시에 거주하는 인구의 비율이 높아지고 도시적 생활 양식이 확대되는 도시화가 본격적으로 이루어진 것이에요.

우리나라의 경우에는 1960년대 이전까지만 해도 농업이 중심이었지만 이후 정부가 주도한 경제 개발 계획이 추진되면서 수도권과 남동 임해 지역을 중심으로 공업이 발달하며 도시화가 이루어졌어요. 현재 우리나라 인구 10명 중 9명이 도시에 거주하고 있어요.

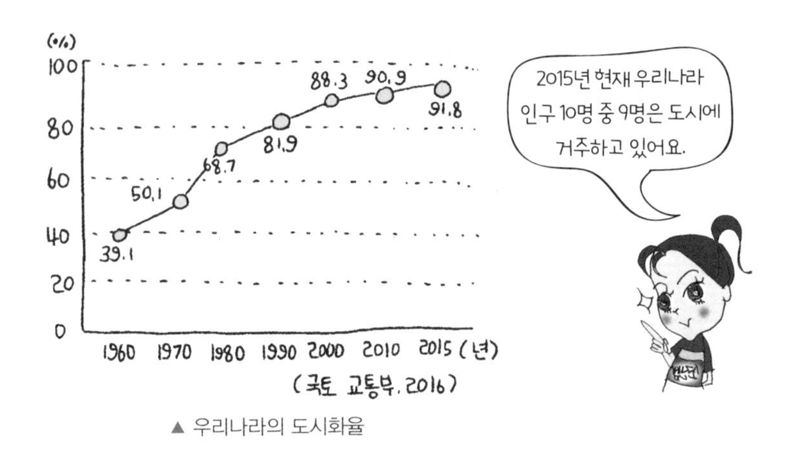

▲ 우리나라의 도시화율

산업화와 도시화에 따른 생활 공간의 변화

산업화와 도시화는 우리의 거주 공간에도 많은 변화를 가져왔어요. 촌락보다는 도시에 거주하는 인구가 많아졌고 도시 안에서도 교통의 발달과 지대의 차이로 주거지가 있는 곳과 직장이 있는 곳이 멀어지게 되었어요.

또 도시가 성장하면서 도시 내부는 기업의 본사와 관공서, 고급 서비스 및 상업 시설이 밀집한 중심 업무 지구와 상업 지역, 주거 지역, 공업 지역 등으로 기능의 분화가 이루어졌어요.

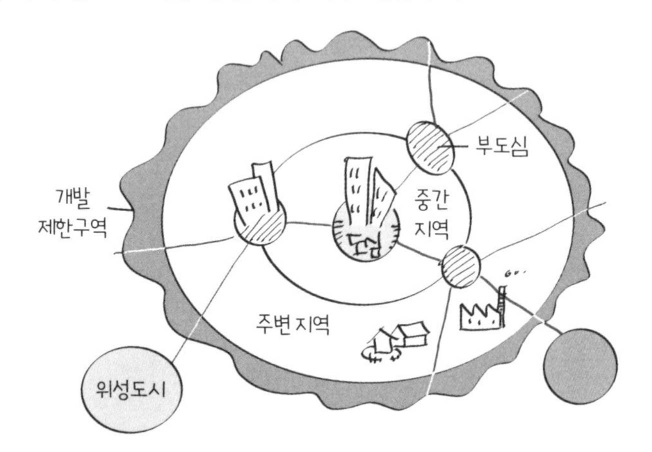

수직 도시

▲ 롯데월드타워

잠실의 롯데월드 타워는 우리나라에서 가장 높은 건물이에요. 555미터 높이의 123층으로 이루어져 있지요. 초고속 엘리베이터를 타면 지하 1층에서 118층의 전망대로 향하는 데 딱 1분 5초가 걸린다고 해요. 정말 엄청나죠? 또 이곳 건물의 모든 층의 면적을 합치면 축구장 115개에 해당하는 엄청난 면적이라고 해요.

이곳 롯데월드 타워에는 국내 최고의 쇼핑, 사무 시설, 관광, 문화 시설이 집약되어 있어요. 업무, 주거, 쇼핑, 휴식 등 다양한 기능을 건물 안에서 모두 해결할 수 있다는 점에서 하나의 수직 도시라고 할 수 있어요.

산업화와 도시화에 따른 생활의 변화

산업화에 따른 생활의 변화에는 어떤 것이 있을까요? 우선 상품의 대량 생산과 소비가 가능해진 것을 들 수 있어요. 또 사람들의 소득이 증대되면서 생활 수준이 향상되었어요.

산업화와 함께 도시화가 진행되면서 도시적 생활 양식도 확대되고 있어요. 도시적 생활 양식이란 촌락과 달리 도시에 사는 사람들에게서 나타나는 독특한 특성으로, 도시성이라고도 해요. 이들에게서는 개인주의적인 성향이 나타나고 효율성이나 합리성을 중요시 여기는 태도가 나타나요. 이러한 도시성은 산업화와 도시화 과정을 통해 주변의 교외 및 촌락 지역으로 점차 확산되어 가고 있어요.

산업화 이전에는 대부분의 사람들이 촌락에서 거주하며 비슷한 산업에 종사하였어요. 함께 농사를 짓거나 물고기를 잡으며 서로 돕고 의지하는 것이 일상의 모습이었죠. 하지만 산업화가 진행되면서 도시의 사람들은 점차 2차, 3차 산업에 종사하며 살아가게 되었어요. 또 직업의

종류도 다양해지고 같은 직종 내에서도 직업이 세분화·전문화됨에 따라 서로의 이해관계가 달라지고 이질성이 높아지고 있어요.

가족의 형태 또한 핵가족의 비율이 높아졌고, 점차 1인 가구의 비율이 증가하고 있어요. 이렇다 보니 도시 주민들은 촌락 주민들에 비해 이웃 간의 유대 관계가 낮고, 공동체의 이익보다는 개인의 가치나 이익을 우선시하는 개인주의 성향이 강하게 나타나게 되었어요.

산업화 도시화로 나타난 생활 양식: 혼밥, 혼술, 혼영

'혼밥', '혼술', '혼영'은 모두 최근에 1인 가구의 증가와 개인주의적 성향이 맞물려 등장한 단어들이에요. 혼자 밥을 먹고, 혼자 술을 마시고, 혼자 영화를 본다는 뜻의 이 단어들을 통해 '나홀로족' 또는 '혼족'이라고 불리는 새로운 사회 현상을 살펴볼 수 있어요.

시대의 변화에 따라 나홀로족을 바라보는 태도 역시 변화하고 있어요. 외롭고 쓸쓸하게만 바라보았던 과거와 달리 이제는 나홀로족이 자신의 행복과 자기 계발 등을 위해 시간을 즐기려는 생활의 한 모습으로 인식되고 있어요.

이러한 추세는 산업 분야에도 영향을 미쳐서 1인 전용 식당이 등장하고 영화관에서는 혼자 영화를 보는 이들을 위한 팝콘 등을 '혼영 세트'로 개발해 판매하는 등의 변화가 나타나고 있어요. 한편, 나홀로족 문화가 확산되는 모습이 극단적 개인주의에 따른 공동체 의식의 실종과 같은 부작용을 낳을까 우려하는 측면도 존재해요.

▲ 혼밥하는 모습

✓내신 필수 체크

1 (　　　　)는 농업 중심의 사회가 광공업, 서비스업 중심의 사회로 변화하는 것을 말한다.

2 전체 인구 중에서 도시에 거주하는 인구의 비율이 증가하고 도시적 생활 양식이 확산되는 현상을 (　　　　)라고 한다.

3 도시에 거주하는 사람들에게 나타나는 특징적인 사고 및 행동 양식을 (　　　　)이라고 한다.

답 1. 산업화 2. 도시화 3. 도시적 생활 양식(도시성)

1부 삶의 이해와 환경

산업화와 도시화에 따른 문제

산업화와 도시화는 물질적인 풍요와 편리함을 가져다 주었어요. 하지만 한정된 공간의 도시에 과도한 시설과 인구가 집중되면서 결국 다양한 도시 문제가 나타났어요. 대중교통이나 도로, 시장, 공원 등 도시 기반 시설이 제대로 확충되지 않은 상태에서 인구가 증가하다 보니 불량 주택과 같은 주택 문제를 비롯하여 교통 체증, 주차 공간 부족과 같은 교통 문제도 나타났어요.

환경 문제도 심해졌어요. 공장의 매연과 자동차의 배기가스로 대기가 오염되고 생활하수와 산업 폐수로 수질 오염이 생겨났어요. 게다가 늘어나는 인구에 비해 일자리가 부족해 발생하는 실업 문제도 있어요. 실업이란 일할 능력과 의사가 있음에도 일자리를 갖지 못하는 상태를 말해요. 또 직업을 가지고 있는 경우에도 노동자와 사용자 사이의 이해관계 충돌로 노사 갈등이 발생하기도 해요.

개념 속 사회 상식

도시의 '열섬 현상'

도시화가 진행됨에 따라 난방 시설과 자동차 열 등 인공 열의 발생으로 도심 지역의 도로가 주변보다 3℃~4℃ 높은 현상을 말해요. 여름철보다는 겨울철에, 낮보다는 밤에 더 크게 느껴져요. 아스팔트 도로와 콘크리트 건물은 낮 동안의 열을 머금고 있어 밤에도 기온이 잘 떨어지지 않아 여름철 열대야로 밤잠을 설치는 일도 더 많아지게 되지요. 게다가 도시의 공기 속 오염 물질을 확산시키기 위해서는 대기의 기류가 활발히 운동해야 하는데 고층 건물이 밀집되어 바람이 잘 통하지 않는 데다 열섬 현상이 나타날 경우 도심의 하늘을 뜨거운 공기가 이불처럼 덮고 있어서 대기 오염도는 더욱 심해지게 된다고 해요.

산업화와 도시화로 개인주의가 심화되는 문제도 나타나고 있어요. 도시에 만연한 개인주의가 심화되면 타인에 대한 무관심과 이기주의로 번지고 갈등을 일으키기도 해요. 물질적 가치와 경쟁을 강조하는 사회 구조 속에서 자신의 이익을 우선하여 추구하고 인간을 물질적 목적을 달성하기 위한 수단으로 여기는 인간 소외 현상이 여기에 해당해요.

산업화와 도시화는 도시뿐만 아니라 촌락에도 여러 가지 영향을 미쳤어요. 먼저 농촌을 떠나 도시로 향하는 이촌 향도 현상으로 촌락의 인구가 도시로 빠져나가 촌락은 심각한 일손 부족 문제를 겪고 있어요. 그마저 남아 있는 인구의 연령층이 높아 고령화로 인한 어려움도 겪고 있지요. 또한 도시에 비해 상대적으로 기반 시설이 부족하여 이로 인한 문제도 나타나고 있어요.

산업화와 도시화로 발생하는 문제를 해결하기 위해서는 어떻게 해야 할까요? 사회적, 개인적 측면 모두의 노력이 필요해요.

사회적 측면에서는 우선 정부는 도시의 기능 중 일부를 분산하거나 지방 도시를 육성해서 인구의 과도한 집중을 막아야 해요. 또한 주택 공급이나 도시 재개발 사업, 교통 체계 개편 등으로 도시 환경을 개선하고 환경 오염을 방지하기 위해 이와 관련된 법규를 강화하는 정책이 시행되어야 해요.

이 밖에도 안정적인 일자리 마련을 위해 경제 발전과 함께 고용 보험 혜택을 늘리고, 노동자의 권리를 지켜 주기 위한 다양한 제도를 마련하고 시행하는 것이 필요해요.

개인적 차원에서는 일상생활에서 환경친화적인 삶을 실천하는 태도가 중요해요. 대중교통 이용, 쓰레기 분리 배출, 일회용품 사용 자제 등을 생활화하는 것이 중요하죠. 또한 공동체 의식을 함양해 타인을 존중하고 서로 배려하며 협력하는 의식을 가져야 해요.

✓내신 필수 체크

1 산업화의 영향으로 사회가 요구하는 능력이나 직업이 변화하면서 일할 능력과 의사가 있음에도 일자리를 갖지 못하는 (   ) 문제가 등장하였다.

2 (개인, 정부)는 지방 도시 육성, 환경 법규 강화, 사회 복지 제도 확충을 통해 도시 문제를 해결하려고 노력한다.

3 사회 전체의 균형 발전을 위해 타인과 더불어 살아가려는 (   )이 필요하다.

답 1. 실업 2. 정부 3. 공동체 의식

미리보는

탐구 서·논술

다음 자료는 OO 마을이 지역 문제를 해결하기 위해 노력한 내용이다. 글을 읽고 물음에 답하시오.

자료 OO 마을의 변화 노력

OO 마을은 지은 지 20년이 넘은 노후 주택이 10집 중 8집에 달하는 서울의 대표적 달동네였다. 서울특별시는 2012년에 이 마을을 주거 환경 관리 사업 대상지로 선정하였고, 주민들은 개선 사업을 통해 30년간 방치되었던 도축장과 폐가, 폐기물 적치장을 공동 텃밭으로 만들었다. 시에서는 폐쇄 회로와 보안등 설치, 산책로 조성, 마을 지도 제작 등으로 마을의 안전을 높이고 각종 마을 공동체 프로그램과 맞춤형 집수리 지원 사업도 진행하였다.

– 서울경제, 2016. 7. 26.

1. 지방 자치 단체에서 위와 같은 사업을 진행하는 까닭은 무엇일까요?

2. 산업화와 도시화로 인한 다양한 문제를 해결하기 위한 사회적 차원의 노력을 3가지 이상 서술하시오.

예시답안

1. 위 사례는 낙후된 지역의 생활 환경을 개선하고 마을 공동체를 형성하기 위한 정책적 노력을 보여 준다.
2. 사회적 차원에서 산업화와 도시화로 인한 각종 문제를 해결하기 위해 주택 공급과 도시 재개발 사업, 교통 체계 개편을 위한 각종 정책을 추진하고 있다. 또한 고용 보험과 노인 돌봄 서비스와 같은 사회 복지 제도, 최저 임금제와 비정규직 보호법 등의 제도를 마련하여 시행하고 있다.

08 교통·통신의 발달과 정보화

요즘에는 KTX를 타면 서울에서 부산까지 2시간 40분이면 간다고 해요. 그런데 불과 얼마 전까지만 해도 서울에서 부산까지 9시간이나 걸렸다고 해요. 1960년대에는 무궁화호가 등장하면서 부산까지 가는데 6시간 40분으로 단축되었고, 이어 1985년에 새마을호의 등장으로 또 다시 4시간 10분으로 이동 시간이 크게 줄었어요. 이렇게 교통 수단이 발달하면서 우리 생활도 크게 변하였는데, 어떤 변화가 있을까요?

교통·통신의 발달

교통수단이 발달하기 이전에는 주로 걸어서 이동하였어요. 그래서 옛날 우리 조상들은 먼 길을 떠나기 전에 신발이 해질 것을 대비해서 짚신을 여러 개 챙겨 길을 떠났다고 해요. 요즘은 어떤가요? 교통 카드 한 장으로 여러 대중교통 수단을 이용해 어디든 갈 수 있고, 이동 속도도 엄청나게 빨라졌어요.

대중교통은 산업 혁명 이후 증기 기관이 발명되면서부터 발달하기 시작하였어요. 먼저 기차와 배가 등장하였고, 자동차와 고속 열차, 항공기 등 계속해서 다양하고 빠른 교통 수단이 발달하면서 사람들은 먼 거리를 빠르게 이동할 수 있게 되었어요.

통신 수단의 발달은 엄청난 삶의 변화를 가져다주었어요. 옛날에는 멀리 떨어진 사람에게 소식을 전하기 위해서 누군가가 직접 가야만 하였어요. 그런데 통신 수단의 발달로 직접 가지 않고 소식을 전할 수 있게 되었죠. 처음에는 전신과 전화가 발명되어 멀리 떨어진 이들과 정보를 주고받을 수 있게 되었고 오늘날에는 텔레비전이나 인터넷, 스마트폰과 같은 다양한 통신 수단이 등장하며 전 세계 곳곳의 소식을 신속하게 전달받을 뿐만 아니라 실시간으로 많은 양의 정보를 주고받을 수 있게 되었어요.

교통 · 통신의 발달에 따른 변화

교통 · 통신의 발달은 사람들의 일상생활의 범위도 크게 확대시켰어요. 이동을 위한 시간과 비용이 줄어들면서 사람들의 이동 가능한 거리가 늘어난 것이에요.

주위에 보면 다른 지역에 직장을 두고 멀리 떨어진 곳으로 통근과 통학을 하는 경우도 쉽게 찾아볼 수 있어요. 2개 이상의 시 · 도를 통과하는 노선을 운행하는 광역버스도 있는데, 이렇게 광역 교통망이 발달한 대도시 주변으로 도시의 기능과 영향력이 확대되면서 대도시권을 형성하고 있어요. 게다가 고속 철도와 항공기의 발달로 전국은 반나절 생활권이 되었어요.

개념 속 사회 상식

대도시권

교통이 편리한 대도시 주변에서는 근교 농촌 지역이 빠르게 성장하거나 위성 도시가 들어서면서 대도시와 기능적으로 밀접한 관계를 맺게 되는데, 이를 대도시권(metropolitan area)이라고 한다. 대도시권은 교통수단의 발달과 교통망의 확충에 따라 그 범위가 점점 더 넓어지고 있다.

교통 · 통신의 발달은 경제 활동의 범위도 확대시켰어요. 대형 선박이나 항공기를 이용하여 더 많은 양의 화물을 더 빠르게 수송할 수 있게 되었고, 통신의 발달로 금융 거래가 활성화되었어요.

기업의 경제 활동 범위도 전 세계로 확대되었어요. 소비자들은 세계 각지에서 생산된 다양한 상품을 구매하고 이용할 수 있게 되어 생활이 더욱 풍요로워졌어요. 또한 교통수단의 발달로 관광 산업이 발달하여 국내 여행뿐만 아니라 해외여행을 할 기회도 늘어났어요. 해외여행을 하며 스마트폰을 이용해 현지의 음식점이나 쇼핑몰을 검색하거나 번역 애플리케이션을 내려받아 현지 언어로 소통하는 여행객들의 모습에서 세계가 훨씬 더 가까워졌음을 느낄 수 있어요.

그래프 속 한줄 논술

#생활권 확대 #경제 활동 범위 확대

Q 다음을 통해 알 수 있는 생활의 변화 모습은?

▲ 우리나라 항공 여객 및 항공 화물 증가 추이(국토교통부, 2016)

또 다른 특징은 교통 · 통신의 발달로 전 세계 여러 국가와 지역 간 상호 작용이 활발해지면서 다양한 문화가 서로 교류할 수 있게 된 것이에요. 이러한 문화 교류는 문화의 세계화와 새로운 문화 창조에 영향을 미치고 있어요.

정보화가 가져온 변화

2017년 개봉한 영화 〈서치(Searching)〉는 정보화 시대의 이면을 보여 주는 대표적인 영화예요. 실종된 딸의 누리 소통망(SNS)을 통해 진실을 찾아간다는 내용이지요. 현실에서 찾을 수 없었던 딸의 흔적을 인터넷이라는 가상의 공간에서 알아가게 되는 이야기가 매우 흥미로워요.

실제로 오늘날 많은 사람들이 인터넷이라는 가상의 공간에서 또 다른 사회 관계를 맺고 다양한 활동을 하며 살아가고 있어요. 바로 정보화로 우리의 생활 공간이 확대되었기 때문이에요.

정보화에 따른 변화에는 또 어떤 것이 있을까요? 먼저 일상생활이 더욱 편리해진 것을 꼽을 수 있어요. 에어컨의 전원을 집 밖에서 차단할 수도 있고, 추운 겨울에는 미리 난방을 가동시킬 수도 있어요. 또 가정용 폐회로 텔레비전(CCTV)으로 실시간으로 우리 집을 모니터링할 수도 있어요. 이러한 사물 인터넷의 등장으로 생활의 편리성과 안전성, 에너지 절약 등 다양한 부분에서 도움을 받고 있어요.

개념 쏙 사회 상식

사물 인터넷(IoT)

인터넷을 기반으로 모든 사물을 연결하여 사람과 사물, 사물과 사물 간의 정보를 상호 소통하는 지능형 기술 및 서비스를 말한다.

이 밖에도 시간과 장소에 관계없이 인터넷이나 모바일 기기를 활용하여 인터넷 뱅킹 서비스를 이용하고 전자 상거래 쇼핑을 하고, 인터넷 강의를 들을 수도 있어요. 또 정보화로 전자 문서 처리, 화상 회의 등이 가능해져 업무의 효율성이 높아지고, 재택 근무가 가능해지며 다양한 형태의 근무 환경에서 일할 수 있게 되었어요.

인간관계에서도 변화가 생겼어요. 인터넷을 이용한 가상 공간에서 정보를 교류하고 개개인의 가치관 등을 공유하면서 새롭고 다양한 인간관계를 만들게 되었지요. 이와 함께 '랜선 친구'라는 신조어도 등장하였어요. 랜선 친구는 누리 소통망이나 포털 커뮤니티 등 온라인에서 맺은 친구를 뜻하는 단어로, 가상 공간에서 만난 인간관계에 적용되어 폭넓게 사용되고 있어요.

마지막으로 정치참여의 기회가 확대되었어요. 오늘날 민주 국가의 대부분은 많은 인구와 넓은 영토 때문에 간접 민주 정치를 채택하고 있어요. 또한 시간과 공간의 제약을 극복한 인터넷을 통해 여론 수렴, 홍보 활동, 서명 운동 등이 활발해지면서 시민들이 직접적으로 정치적 입장을 표현하는 전자 민주주의가 실현되고 있어요.

교통 · 통신의 발달에 따른 문제점

교통 · 통신의 발달은 긍정적인 영향도 있지만, 부정적인 영향도 미쳤어요. 사람들의 생활 공간이 확대되고 생활이 더욱 편해진 반면에 지역 격차가 발생하거나 생태 환경이 파괴되는 등의 문제가 나타난 것이에요.

즉, 새로운 교통로가 생겨나거나 역, 터미널, 공항, 항만 등의 교통 시설이 들어서는 지역은 다른 지역과의 접근성이 높아지고, 지역 간의 교류가 활발해지며 경제가 활성화된 반면, 교통이 불편한 지역이나 새로운 교통로의 건설로 다른 지역으로 인구와 기능이 유출되면서 해당 지역은 경제가 침체되거나 쇠퇴하여 지역 격차가 생겨나게 되었어요.

예를 들면, 부여는 충청남도 강경과 함께 금강 수운의 중심으로 번성하였던 지역이었어요. 그러나 시간이 지남에 따라 도로와 철도 등 육상 교통이 발달하고, 교통의 중심지도 천안이나 대전 등지로 이동하면서 활기찼던 부여의 지역 경제는 침체되었어요. 이후 부여는 지역 경제 활성화 및 마을 공동체 강화를 위해 많은 노력을 기울이고 있어요. 이처럼 지역 격차 문제를 해결하기 위해서는 새로운 교통 기반 시설을 구축하거나, 상대적으로 경제가 위축된 지역의 경제 활성화를 위한 제도적 방안이 필요해요.

교통 · 통신의 발달은 생태 환경에도 영향을 주었어요. 도로를 건설하기 위해 숲을 가로지르는 길을 내면서 삼림이 훼손되고 동물의 서식지가 파괴되는 문제가 나타난 것이에요. 고라니나 노루 등 야생 동물들이 도로를 건너려다 달리는 차에 치이는 안타까운 사고들도 일어나고 있어요. 이를 막기 위해 도로 위에 터널이나 육교 등의 생태 통로를 만들어 야생 동물이 안전히 이동하도록 하고 있어요.

또한 사람과 물자의 국제 이동이 활발해지면서 환경이 오염되고 외래 동식물이 유입되어 생태계가 교란되는 문제도 나타나고 있어요.

정보화로 등장한 사회 문제

정보화는 우리의 삶을 이전에는 상상도 못하였던 수준으로 편리하고 폭넓게 변화시켰어요. 반면에 사생활 침해, 사이버 범죄, 정보 격차 등의 새로운 사회 문제가 나타나기 시작하였죠.

'잊힐 권리'에 대해서 들어보았나요? 정보화 시대가 되면서 우리의 삶과 사회 대부분의 모습이 인터넷에 기록되고 기억되는 세상이 되었어요. 검색 엔진을 통해 특정인의 이름이나 아이디를 검색하면 인터넷에 담겨 있는 그 사람의 문서, 사진, 영상까지 수많은 사생활 정보들을

개념 쏙 사회 상식

개인 정보 보호 수칙

1. 개인 정보 처리 방침 및 이용 약관 확인하기
2. 비밀번호는 문자와 숫자를 조합하여 8자리 이상을 만들고 주기적으로 변경하기
3. 명의 도용 확인 서비스를 이용하여 가입 정보 확인하기
4. 개인 정보 침해 신고 적극 활용하기

볼 수 있어요. 당사자가 원하지 않는데도 많은 사람들이 이러한 개인 정보들을 보게 되는 것을 일종의 사생활 침해라고 여겨 인터넷상의 자신의 정보를 지워달라는 '잊힐 권리'에 대한 목소리가 나오고 있어요. 이와 같이 정보화 시대에서는 개인 정보가 노출되거나 악용되는 사생활 침해 사례가 더욱 늘고 있어요.

이러한 문제를 해결하기 위해서는 사회적으로 개인 정보에 대한 관리를 강화하고, 개인 정보 도용에 대한 처벌 수준을 높이는 등의 법적 장치가 필요해요. 또 개인적으로는 자신의 정보 노출을 최소화하고, 비밀번호를 주기적으로 바꾸는 등의 노력을 해야 해요.

그래프 속 한줄 논술

#타인 존중 #배려 #윤리적 자세

Q 다음과 같은 문제를 막기 위해 필요한 자세는?

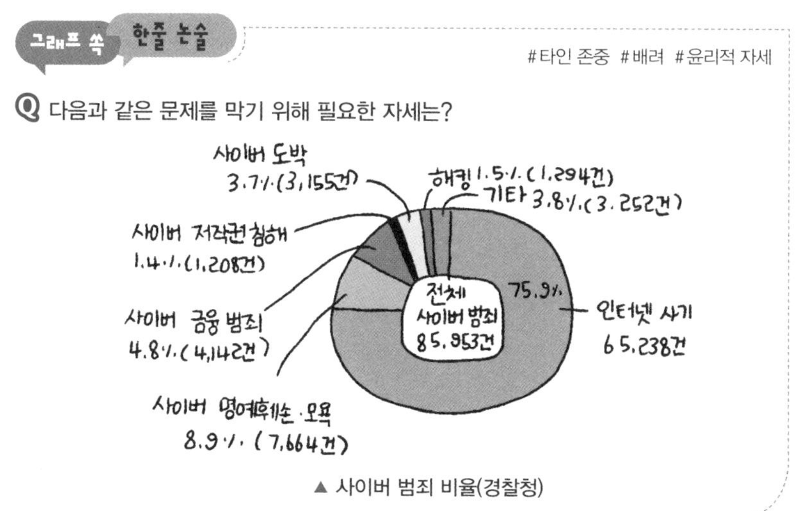

▲ 사이버 범죄 비율(경찰청)

가상 공간에서 행해지는 모든 범죄를 사이버 범죄라고 하는데, 사이버 범죄도 계속 늘어나고 있어요. 익명성을 바탕으로 하는 가상 공간을 악용하여 타인에 대한 비방이나 욕설과 같은 사이버 폭력을 저지르거나 해킹 등으로 개인정보를 유출하여 또 다른 범죄에 악용하는 경우도 늘어나고 있어요.

한편 정보에 접근할 수 있는 제도와 환경의 차이로 지역 간, 계층 간의 정보 격차가 심화되고 있는 것도 큰 문제예요. 정보 소외 계층은 정보 기기나 서비스를 구매할 경제적 능력이 부족하고, 신체적으로 불편하거나 정보 활용 능력이 낮은 경우가 많아요.

정보 격차는 소득이나 부의 불평등을 초래하기도 해요. 이러한 문제를 해결하기 위해서는 정보 소외 계층에게 정보에 대한 접근성을 높여줄 수 있는 다양한 지원이 우선되어야 해요.

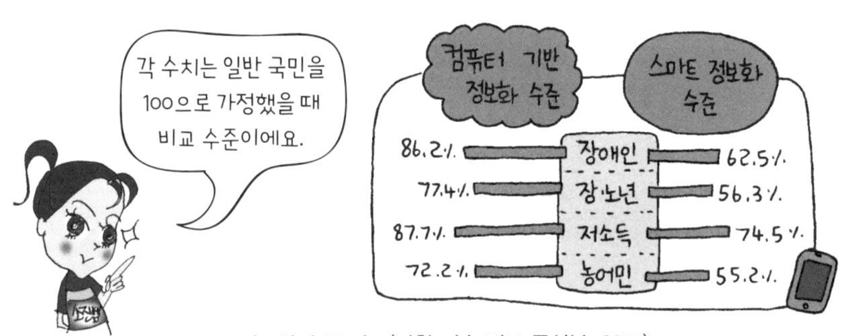

▲ 정보화 수준 비교(과학 기술 정보 통신부, 2015)

✓내신 필수 체크

1 야생 동물을 보호하고 생태 환경의 파괴를 최소화하기 위해서 도로 건설시 우회 도로나 (   )를 만들기도 한다.

2 정보화 사회에서 시민이 인터넷을 통해 다양한 방법으로 정치에 참여하는 (   )가 등장하였다.

3 해킹, 인터넷 사기 등 가상 공간에서 행해지는 모든 범죄를 (   )라고 한다.

답 1. 생태 통로 2. 전자 민주주의 3. 사이버 범죄

다음 자료를 읽고, 거가 대교의 개통으로 부산과 거제에 어떠한 변화가 나타났는지 정리하고, 교통의 발달이 우리 생활에 어떤 영향을 주었는지 서술하시오.

자료 거가 대교의 개통

2010년에 부산과 거제를 연결하는 거가 대교가 건설되었다. 이 덕분에 부산에서 거제까지의 통행 거리가 140킬로미터에서 60킬로미터로 단축되었고, 통행 시간도 2시간 50분에서 50분 정도로 줄어들었다. 당연히 거가 대교를 이용해 부산을 찾는 거제 주민의 수도 증가하였다. 거제 지역 또한 관광객이 늘어나며 지역 경제에 도움을 얻고 있다. 하지만 처음 거가 대교 건설을 둘러싸고 거가 대교가 건설되면 거제 주민들이 부산의 대형 쇼핑 센터들을 이용하게 되고 그로 인해 거제의 상권이 쇠퇴할 것이라는 부정적인 견해들도 있었다.

예시답안

거가 대교의 개통 이전에는 거제 주민들이 부산의 백화점을 이용하는 것이 어려웠으나 거가 대교 개통 이후 부산으로의 접근성이 높아지면서 부산의 상업 및 여가 시설을 이용하는 거제 주민들이 늘어나게 되었다. 그와 함께 거가 대교의 개통으로 부산에서 거제의 관광지를 찾아 이동하는 관광객들이 늘어나며 거제시의 경제 활성화에도 도움이 되었다. 결국 거가 대교의 개통으로 부산과 거제 모두 생활권이 확대되는 결과가 나타났다. 이처럼 교통의 발달로 사람들의 일상생활 범위가 확대되어 대도시권이 형성되었으며, 대량의 화물을 빠르게 수송할 수 있게 되었다. 또한 교통의 발달로 장거리 이동이 가능해짐에 따라 여가 공간이 확대되었다.

2부_인간과 공동체

Ⅳ

인권 보장과 헌법

09 인권의 의미와 변화 양상

신데렐라 이야기를 알고 있나요? 신데렐라는 계모와 언니들의 모진 구박을 받으며 어린 나이에 집안의 허드렛일을 도맡아 하였어요. 지금으로 본다면 아동 학대에 해당해요. 아버지의 눈을 뜨게 하겠다고 공양미 삼백 석에 팔려가 인당수에 몸을 던지는 심청이도 마찬가지예요. 이처럼 동화책에는 인권 침해를 겪는 내용이 매우 많아요. 인권은 무엇이며 인권 보장을 위해 어떤 노력들이 이루어지고 있을까요?

신데렐라야!
더 열심히 일해야지!

인권의 특성

인간이라면 누구나 자신의 존엄성을 보호받으며 행복하게 살아갈 권리가 있어요. 이처럼 인간이라면 태어나면서부터 누구나 누릴 수 있는 기본적인 권리를 인권이라고 해요. 인권은 태어나면서부터 부여받는 '천부 인권'인 동시에 국가가 보장하기 이전부터 존재한 '자연권'이에요. 그리고 인간이라면 누구나 가지는 '보편적 권리'이고 절대로 침해되어서는 안 되는 '불가침의 권리'이기도 해요.

그렇다면 인권은 인간이 지구에 나타난 그 순간부터 존재해 온 것인데 과거에는 왜 지금과 같이 보장받지 못하였을까요? 바로 사람들의 의식과 사회 제도가 뒷받침되지 못하였기 때문이에요. 하지만 시간이 흐르면서 이러한 것들이 바뀌기 시작하였어요. 권리를 보장받지 못한 사람들은 인권을 억압하는 세력에 맞서 자신의 인권 보장을 위해 적극적으로 노력하였고, 그 결과 인권은 일부 시민의 권리가 아닌 모든 사회 구성원의 권리로 자리 잡게 되었어요.

영화 속 한줄 논술

#천부적 인권 #보편적 인권 #자연권 #불가침의 권리

Q 인권의 특성은 무엇일까요?

헬프(The Help, 2011)

1963년 미국 남부를 배경으로 한 영화로, 당시 만연한 인종 차별의 내용과 이를 바꿔 나가기 위한 작지만 위대한 용기를 보여 주는 영화예요. 당시 미국에서 흑인 가정부는 백인 주인과 화장실도 같이 쓸 수 없었어요. 지역 신문사 기자인 '스키터'와 베테랑 가정부 '에이빌린'은 어느 누구도 관심을 가지지 않았던 흑인 가정부들의 처지를 책으로 만들어 흑인을 차별하는 잘못된 사회 현실을 알리게 되었어요.

인권 보장의 역사

근대 이전에는 인권에 대한 구체적 개념이 형성되지 못하여 소수의 왕과 귀족만이 특권을 누리고, 대다수 사람들은 신분제 안에서 부당한 억압과 차별을 받았어요. 서양뿐만 아니라 우리나라도 마찬가지였어요. 조선 시대에도 신분 제도는 여전히 존재하였고, 일반 상민들은 양반에 비해 미천하게 여겨졌지요. 조선 시대에 그려진 김득신의 '노상 알현도' 또는 '반상도'라고 불리는 작품을 보면, 양반이 말을 타고 길을 가자 상민들이 길 옆으로 비켜서서 고개를 숙이고 있는 모습을 볼 수 있어요. 어찌나 깊이 숙였는지 남성은 코가 땅에 닿을 정도였어요.

사람들은 점차 불평등하고 비인간적인 대우에 부당함을 느끼게 되었고, 18세기 이후 유럽에서는 천부 인권 사상이 확산되며 시민 혁명이 일어나게 되었어요. 영국의 명예혁명, 미국의 독립 혁명, 프랑스 혁명이 일어나며 국가의 억압과 통제에서 벗어나 자유권과 평등권을 보장받을 수 있게 되었어요.

- 모든 인간은 태어나면서부터 자유롭고 평등한 권리를 갖는다.
- 자유, 재산, 안전, 그리고 억압에 대한 저항은 누구도 침해할 수 없는 권리이다.

– 프랑스 인권 선언 –

- 모든 사람은 평등하게 태어났으며, 생명, 자유 및 행복 추구권을 신으로부터 부여받았다.

– 미국 독립 선언 (1776년) –

하지만 시민 혁명 이후에도 모든 사람이 자유롭고 평등한 대우를 받은 것은 아니었어요. 직업, 재산, 성별 등에 따라 선거권이 제한되어 대다수 사람은 정치에 참여할 권리를 행사할 수 없었어요. 이에 따라 노동자, 농민, 여성 등을 중심으로 정치에 참여할 권리를 요구하는 목소리가 높아지게 되었고 영국의 차티스트 운동, 여성 참정권 운동 등이 끊임없이 이어졌어요. 그 결과 20세기 이후 거의 모든 사람이 참정권을 보장받게 되었어요.

개념 쏙 사회 상식

참정권
국민이 국가 기관의 형성과 국가의 정치적 의사 형성 과정에 참여할 수 있는 권리로, 선거권, 공무 담임권, 국민 투표권 등이 있고 국민 주권주의를 실현할 수 있는 권리이다.

산업화가 계속되고 자본주의가 발전하면서 그에 따른 문제점도 속속 등장하였어요. 빈부 격차, 실업, 아동 노동 착취, 환경 오염 등의 문제가 나타나 최소한의 인간다운 생활조차 누리지 못하는 사람들이 늘어나게 되었죠. 자본가들과 노동자들의 삶은 극명하게 대비되었어요. 일자리가 부족해 도시로 밀려든 사람들은 턱없이 부족한 임금을 받으며 열악한 환경에서 노동을 강요받았어요.

도시에는 일자리를 구하는 가난한 사람들이 넘쳐 났기 때문에 노동자들은 못 하겠다는 말 한 마디 할 수 없이 착취당해야만 하였어요. 노동자들 중에는 여성이나 아동들도 많았어요. 이들은 유순해서 통제하기 쉬웠고 임금도 더 저렴했기 때문이에요. 한 자료에 따르면 열악한 공장 지역에 사는 노동자들의 평균 수명은 20세 미만이었고, 1800년대 중반에는 공장 지역 노동자 자녀의 약 60 %가 전염병으로 5세 이전에 사망하였다고 해요.

시민들은 국가가 적극적으로 나서서 사회 구성원의 기본적인 생존을 보장해 달라고 요구하였어요. 20세기 초에 독일의 바이마르 공화국은 헌법에 '모든 국민이 최소한의 인간다운 생활을 보장받아야 한다.'는 사회권을 처음으로 명시하였고, 이후 여러 나라의 헌법에서 사회권이 본격적으로 도입되었어요.

사회권은 사회적 약자의 인간다운 삶을 보호하기 위해 국가가 개인의 삶에 개입하는 것을 인정한다는 특징을 가지고 있어요. 오늘날은 사회권을 통해 노동의 권리, 교육을 받을 권리, 쾌적한 환경에서 살 권리 등이 보장되고 있어요.

인류는 제1차, 제2차 세계 대전을 겪으며 인권을 억압하는 국가가 인류의 평화와 번영을 위협할 수 있다는 사실을 깨달았어요. 제2차 세계

대전이 끝난 뒤 전쟁, 학살 등으로 인권이 심각하게 침해되었던 것에 대한 반성과 인권 보장을 위한 인류 공동의 노력이 시작되었어요. 국제연합(UN)은 세계 인권 선언을 발표하여 인권이 전 인류가 추구해야 할 보편적 가치임을 선포하였지요. 이를 통해 인권 보장의 국제 기준이 제시될 수 있었어요.

최근에는 개인이나 자신이 속한 사회와 국가를 넘어선 국제적인 연대와 협력을 중시하는 연대권이 강조되고 있어요. 또한, 인종 · 여성 차별, 아동 학대, 전쟁과 재난으로 인한 난민 등으로 사회적 약자나 소수자의 인권에 대한 관심이 크게 증가하였어요.

이와 함께 자결권, 평화의 권리, 발전의 권리, 재난으로부터 구제받을 권리 등이 새롭게 보장해야 할 인권으로 제시되었어요. '여성 차별 철폐 협약'이나 '장애인 권리 협약' 등이 바로 이러한 차원에서 나온 인권 협약이에요. 인권은 이렇게 시대의 흐름에 따라 자유권에서 사회권, 그리고 연대권으로 범위가 확대되어 왔고, 인권 보장은 여전히 발전하고 있어요.

세계 인권 선언(국제 연합)

제1조 모든 사람은 태어날 때부터 자유롭고, 존엄하며, 평등하다. 모든 사람은 천부적으로 이성과 양심을 부여받았으며 서로에게 형제애의 정신으로 대해야 한다.

제2조 모든 사람은 인종, 피부색, 성, 언어, 종교 등 어떤 이유로도 차별받지 않으며, 이 선언에 나와 있는 모든 권리와 자유를 누릴 수 있다.

제5조 누구도 고문이나 잔인하고 비인도적이거나 모욕적인 처우 또는 형벌을 받아서는 안 된다.

제7조 모든 사람은 법 앞에 평등하며, 차별 없이 법의 보호를 받을 수 있다.

제9조 누구도 자의적으로 체포, 구금, 추방을 당하지 않는다.

제10조 모든 사람은 자신의 행위가 범죄인지 아닌지를 판별 받을 때, 독립적이고 공평한 법정에서 공정하고 공개적인 심문을 받을 권리가 있다.

제13조 모든 사람은 자기 나라 영토 안에서 어디든 갈 수 있고, 어디서든 살 수 있다. 또한 그 나라를 떠날 권리가 있고, 다시 돌아올 권리도 있다.

제16조 성년이 된 남녀는 인종, 국적, 종교의 제한을 받지 않고 결혼할 수 있으며, 가정을 이룰 권리가 있다. 결혼에 관한 모든 문제에서 남녀는 똑같은 권리를 갖는다.

제18조 모든 사람은 사상, 양심, 종교의 자유를 누릴 권리가 있다.

제20조 모든 사람은 평화적인 집회 및 결사의 자유를 누릴 권리가 있다.

제21조 모든 사람은 직접 또는 자유롭게 선출된 대표자를 통해 자국의 정치에 참여할 권리가 있다. 모든 사람은 자기 나라의 공직을 맡을 권리가 있다.

제23조 모든 사람은 일할 권리, 자유롭게 직업을 선택할 권리, 공정하고 유리한 조건으로 일할 권리, 실업 상태에서 보호받을 권리가 있다. 모든 사람은 차별 없이 같은 노동에 대해 같은 보수를 받을 권리가 있다.

제26조 모든 사람은 교육받을 권리가 있다. 초등 교육과 기초 교육은 무상이어야 하며, 특히 초등 교육은 의무적으로 실시해야 한다. 부모는 자기 자녀가 어떤 교육을 받을지 우선하여 선택할 권리가 있다.

제27조 모든 사람은 자기가 속한 사회의 문화생활에 자유롭게 참여하고, 예술을 즐기며, 학문적 진보와 혜택을 공유할 권리가 있다.

제30조 이 선언에서 말한 어떤 권리와 자유도 다른 사람의 권리와 자유를 짓밟기 위해 사용될 수 없다. 누구에게도 남의 권리를 파괴할 목적으로 자기 권리를 사용할 권리는 없다.

현대 사회의 인권

과거와 비교하면 오늘날 우리 사회에서는 자유권이나 평등권, 참정권, 사회권 등의 인권은 기본적 권리로서 인식되고, 보장되고 있어요. 하지만 사회가 변화하고 우리의 인권 의식이 높아지면서 다양한 인권 보장의 목소리가 더욱 높아지고 있어요.

오늘날 새롭게 대두되고 있는 인권에는 먼저 환경권이 있어요. 환경권은 건강하고 쾌적한 환경에서 살 권리를 말해요. 많은 인구가 밀집되어 있는 도시에서는 각종 소음 공해와 수질 오염, 자동차 배기가스나 공장의 매연으로 인한 대기 오염, 하수나 쓰레기로 인한 악취 등 다양한 환경 문제가 발생하고 있어요.

우리나라는 헌법에서 환경권을 국민의 권리이자 의무로 규정하고 있어요. 깨끗한 환경에서 살아갈 수 있도록 국가가 다양한 법과 제도를 통해 노력해야 함과 동시에 국민 스스로도 환경 오염을 막고 환경을 보호할 의무가 있는 것이지요.

도시로의 인구 집중은 환경 문제만 야기한 것이 아니에요. 기반 시설이 부족해 주택 부족, 집값 상승, 불량 주거 지역 등의 문제가 발생하였어요. 이 때문에 쾌적하고 안정적인 주거 환경에서 인간다운 주거 생활을 할 주거권이 더욱 강조되기 시작하였어요.

독일의 세입자는 평균 13년을 한곳에서 거주하는 반면, 우리나라 세입자들의 평균 거주 기간은 3년 남짓이라고 해요. 「주택 임대차 보호법」에는 주택 거주 기간을 2년으로 정하여 세입자가 2년은 안심하고 거주할 수 있게 하고 있지만 2년마다 임대료가 인상되는 경우가 대부분이어서 독일의 세입자와 비교하였을 때 안정적이라고 보기는 어려워요.

정부와 지방 자치 단체는 주거권을 보장하기 위해 주거비를 일정 수준으로 유지하고, 노후 주택을 개량하여 주거 환경을 정비하고 있어요.

또한 사회적 취약 계층에게 임대 주택을 우선 공급하는 등 여러 정책을 시행하고 있어요.

안전권이란 생명과 안녕을 위협하는 여러 위험으로부터 보호받고 안전할 권리를 말해요. 우리나라 헌법 제34조에는 '국가는 재해를 예방하고 그 위험으로부터 국민을 보호하기 위하여 노력하여야 한다.'라는 국가의 의무가 명시되어 있고, 이것을 실행할 수 있는 구체적인 방법으로 「재난 및 안전 관리 기본법」, 「산업 안전 보건법」 등을 시행하고 있어요.

건설 현상에서 안전모나 안전화 없이 작업을 하다 발생하는 사고, 여름철 계곡이나 바닷가에서 무리한 물놀이로 들려오는 사망 사고는 바로 안전 불감증이 부른 참사예요. 안전권 보장을 위해 무엇보다 중요하고 기본적인 것은 바로 국민 개개인이 안전 생활 수칙을 준수하는 것이에요.

나, 스스로 안전 생활 수칙을
잘 지켜야 해!

✓내신 필수 체크

1 인간이라면 태어나면서부터 누구나 누릴 수 있는 기본적인 권리를 (　　　　)이라고 한다.

2 18세기 이후에 일어난 시민 혁명인 영국의 명예혁명, 미국 독립 혁명, (　　　　)을 통해 자유권, 평등권이 보장될 수 있었다.

3 시민의 자유, 권리의 실질적 보장을 위해 국가가 사회적 약자를 보호해야 한다는 인식이 확산됨에 따라 사회권을 최초로 규정한 헌법은?

답 1. 인권 2. 프랑스 혁명 3. 독일 바이마르 헌법

탐구 서·논술

인권의 발달 과정 중 프랑스 혁명에서 등장한 문서의 이름을 쓰고, 이를 통해 발달하게 된 인권 보장의 내용을 서술하시오.

자료 1 혁명 전의 프랑스 사회

혁명이 일어나기 전 프랑스 사회에서 제1신분인 성직자와 제2신분인 귀족은 온갖 부를 누리며 면세 특권을 비롯한 혜택들을 누렸다. 하지만 시민 계급과 농민, 노동자 등 제3신분은 인구의 98%에 해당하면서도 정치 참여가 어려웠고 많은 세금을 부담하였다. 이러한 가운데 경제적으로 성장한 시민 계급들을 중심으로 구제도의 모순을 지적하는 움직임이 나타났다.

자료 2 프랑스 혁명

18세기 후반 프랑스의 루이 16세는 계속된 전쟁과 왕실의 사치로 발생한 재정 문제를 해결하기 위해 삼부회를 소집하였다. 삼부회에 모인 성직자, 귀족과 시민 대표들은 표결 방식을 두고 대립하였고, 투표권의 차별을 부당하게 여긴 시민들이 독자적으로 의회를 구성하였다. 이에 국왕은 의회를 탄압하였고 성난 파리의 시민들이 전제 정치의 상징인 바스티유 감옥을 습격하며 혁명이 시작되었다.

예시답안

구제도의 모순을 지적하며 '사회 계약설'의 영향을 받아 일어난 프랑스 혁명에서 등장한 문서는 '인권 선언'이다. 인권 선언에서는 자유와 평등, 종교, 결사의 자유 등 인간의 천부적 권리가 장소와 시간을 초월하여 보편적임을 명시하였고, 이를 통해 정치 권력으로부터 간섭받지 않고 자유롭게 생활할 수 있는 권리인 자유권, 부당하게 차별을 받지 않을 권리인 평등권, 정치에 참여할 수 있는 권리인 참정권이 발달할 수 있었다.

헌법의 역할과 시민 참여

어느 날 우리 집 옆에 높고 멋진 건물이 들어섰어요. 그런데 어느 순간부터 우리 집으로 따뜻하고 환하게 내리쬐던 햇살이 사라져 버렸어요. 바로 옆 건물 때문에 해가 가려져 그늘이 지게 된 것이에요. 엄마는 빨래가 잘 마르지 않고 항상 방 안 공기가 꿉꿉하다고 하세요. 벽에는 곰팡이도 생기고 있어요. 한낮에도 해가 들지 않으니 저도 자꾸 축축 처지고 활력이 생기지 않아요. 어떻게 해결하여야 하죠?

인권 보장을 위한 헌법

인권은 인간이 인간답게 살 권리로 모든 인간은 인간이라는 이유만으로도 그 존재 가치가 있는 존엄한 존재예요. 하지만 여러 사람이 함께 살아가다 보면 서로의 권리가 충돌되거나 침해되는 경우가 생겨요. 또 국가 기관이 권력을 남용하여 부당하게 국민의 권리를 침해하는 경우도 있어요. 그래서 바로 헌법을 통해 인권을 보장하기 위해 노력하고 있어요.

국가의 최고 규범인 헌법은 국민의 인권을 보장해야 하는 것이 국가의 의무임을 강조하고, 국민의 인권을 기본권이라는 이름으로 규정하고 있어요. 헌법은 그 나라의 최고 규범이므로 법률이나 명령 등의 하위 법령은 모두 헌법의 취지에 부합하여 정해야 해요. 또한 모든 국가기관이 헌법에 근거하여 그 권한을 행사하므로 기본권을 헌법에 규정해 놓아야 국민들의 인권이 실질적으로 보장받을 수 있어요. 즉, 국가의 통치 조직과 운영 원리를 정해 두고 국가 권력이 남용되는 것을 막아 국민의 권리가 지켜질 수 있도록 하고 있지요. 곧 헌법은 국민의 인권을 수호하는 근본 토대가 되고 있어요.

헌법에 명시된 인권, 기본권

"모든 국민은 인간으로서의 존엄과 가치를 가지며, 행복을 추구할 권리를 가진다. 국가는 개인이 가지는 불가침의 기본적 인권을 확인하고 이를 보장할 의무를 진다." 이는 헌법 제10조에 해당하는 내용으로 우리나라 헌법의 기본권 가운데 가장 포괄적이고 다른 기본권들이 지향해야 할 가치를 담고 있어요. 인간의 존엄과 가치, 행복 추구권을 침범할 수 없는 불가침의 기본적 인권으로 규정하고, 국가가 이를 보장할 의무가 있다는 것을 말하고 있어요. 우리나라는 이러한 인권 보장의 의무를 실천하기 위해 자유권, 평등권, 참정권, 사회권, 청구권 등 여러 기본권을 보장하고 있어요.

자유권 국가로부터 개인의 자유로운 생활이나 활동을 간섭받지 않을 권리, 신체의 자유, 종교의 자유, 양심의 자유, 통신의 자유, 주거의 자유, 재산권 행사의 자유 등
헌법 제12조 ① 모든 국민은 신체의 자유를 가진다.
헌법 제15조 모든 국민은 직업 선택의 자유를 가진다.

평등권 성별, 종교 또는 사회적 신분에 의하여 불합리한 차별을 받지 않을 권리
헌법 제11조 ① 모든 국민은 법 앞에 평등하다.

▲ 자유권 ▲ 평등권

참정권 국민이 국가 기관의 형성과 국가의 정치적 의사 형성 과정에 참여할 수 있는 권리, 선거권, 공무 담임권, 국민 투표권 등
헌법 제24조 모든 국민은 법률이 정하는 바에 의하여 선거권을 가진다.

사회권 인간다운 생활의 보장을 국가에 요구할 수 있는 적극적 권리, 인간다운 생활을 할 권리, 교육을 받을 권리, 근로의 권리, 건강하고 쾌적한 환경에서 생활할 권리 등
헌법 제31조 ① 모든 국민은 능력에 따라 균등하게 교육을 받을 권리를 가진다.
헌법 제34조 ① 모든 국민은 인간다운 생활을 할 권리를 가진다.

청구권 국민이 기본권을 침해당하였을 때 국가에 구제 요청을 할 수 있는 권리, 청원권, 재판 청구권, 국가 배상 청구권, 형사 보상 청구권 등
헌법 제26조 ① 모든 국민은 법률이 정하는 바에 의하여 국가 기관에 문서로 청원할 권리를 가진다.
헌법 제29조 ① …… 국가 또는 공공 단체에 정당한 배상을 청구할 수 있다.

국가는 기본권 이외에도 국민의 자유와 권리를 보장하기 위해 노력해야 해요. 헌법 제37조 제1항에는 "국민의 자유와 권리는 헌법에 열거되지 아니한 이유로 경시되지 아니한다."라는 규정이 있어요. 사회가 변화하면서 새롭게 생겨난 권리들이 강조되면서 국가는 국민의 일조권, 수면권, 건강권, 문화권 등의 권리도 보장하기 위해 노력하고 있어요.

인권 보장을 위해 헌법에 규정된 제도적 장치

헌법은 다양한 제도적 장치를 규정하여 자유 민주주의의 헌법적 가치를 실현하고 국민의 인권을 실질적으로 보장하고 있어요.

국민 주권 제도는 주권이 국민에게 있다는 원리로, 국민이 국민 투표를 통해 헌법을 개정하거나 국민 선거에 의하여 대통령과 국회의원을 구성하는 등 다양한 방법으로 정치에 참여할 수 있도록 하고 있어요.

권력 분립 제도는 국가 권력을 여러 기관에 나누어 맡겨 서로 견제하고 균형을 이루도록 하는 제도예요. 이를 통해 어느 한쪽으로 권력이 치우치고 남용되는 것을 막고 국민의 인권을 지킬 수 있어요.

헌법 제40조 입법권은 국회에 속한다.

헌법 제66조 행정권은 대통령을 수반으로 하는 정부에 속한다.

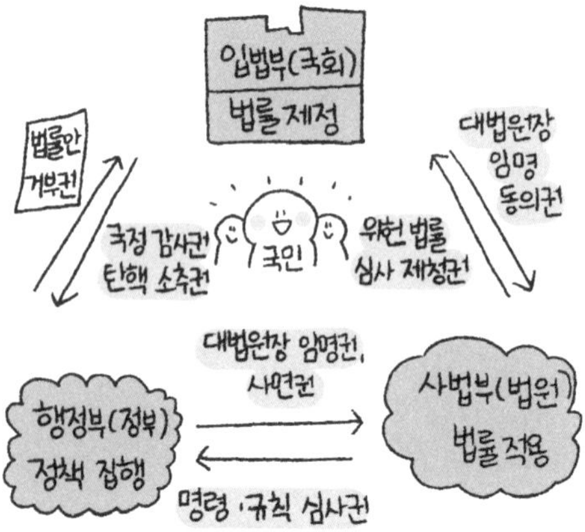

헌법 제101조 사법권은 법관으로 구성된 법원에 속한다.

▲ 권력 분립 제도 관련 헌법 조항

또한 헌법을 수호하는 헌법재판소를 두어 헌법과 관련된 분쟁을 심판하고 있어요. 재판의 전제가 된 법률이 헌법을 위반하는지의 여부를 심판하는 위헌 법률 심판 제도나, 법률이나 공권력이 헌법에 보장된 국민의 기본적 인권을 침해하는지의 여부를 심판하는 헌법 소원 심판 제도를 통해 인권을 보장하고 있어요. 이뿐만 아니라 헌법 질서를 위배하는 법률이나 국가 권력 행사에 대한 심판을 통해 헌법과 국민의 기본권을 보장하고 있어요.

국가인권위원회는 인권 수호를 위해 활동하는 독립적인 국가 기관으로 인권 침해 사례를 조사하고 구제하고 있어요. 예전에는 크레파스나 색연필 중 '살색'이라는 색상이 있었어요. 국가인권위원회는 특정 색상만을 피부색으로 인정하는 '살색'이라는 표기를 인종 차별의 소지가 있다고 보고 바로잡을 것을 권고하여 이 색상의 표기를 '연주황색'으로 바꾸었어요. 하지만 아동들이 주로 사용하는 크레파스 색상의 이름이 한자어로 된 어려운 이름으로 표기되는 것은 아동들에 대한 인권 침해라는 판단이 내려져서 다시 '살구색'이 되었어요. 이처럼 국가인권위원회는 일상생활에서 인권 침해를 막고 잘못된 제도를 바로잡아 가는 역할을 하고 있어요.

준법 의식과 시민 참여

헌법과 여러 법률에는 인권 보장을 위한 여러 장치들이 마련되어 있어요. 그런데 정작 국민들이 그 법을 지키지 않는다면 어떻게 될까요? 결국 인권을 지킬 수 있는 장치들은 제대로 효력을 발휘할 수 없게 되고 그 사회는 정의롭지 못하게 될 것이에요. 즉, 우리 스스로가 법을 지키고자 하는 준법의식을 가져야 해요.

2015년 청주에서 뺑소니 교통사고가 발생한 일이 있었어요. 임신한

부인을 위해 크림빵을 사서 집으로 돌아가던 남편이 뺑소니 사고로 목숨을 잃고 말았지요. 가해자는 뒤늦게 자수하여 법에 의해 처벌받았지만 음주운전까지 한 것이 밝혀지며 많은 사람들의 분노를 샀어요.

이와 같이 법을 어기는 행동은 다른 사람의 권리와 생명까지도 앗아갈 수 있어요. 복잡한 현대 사회에서 우리는 각자의 이익을 추구하면서도 타인의 권리를 침해하지 않고 갈등을 일으키지 않도록 노력해야 해요. 즉, 준법의식을 통해 사회 질서가 유지되고 개인의 자유와 권리가 보호될 수 있도록 해야 해요.

법과 정책이 항상 바람직한 방향으로만 운영되는 것은 아니에요. 시민의 감시가 없으면 정책 결정 과정이 불공정하게 이루어지기도 하고,

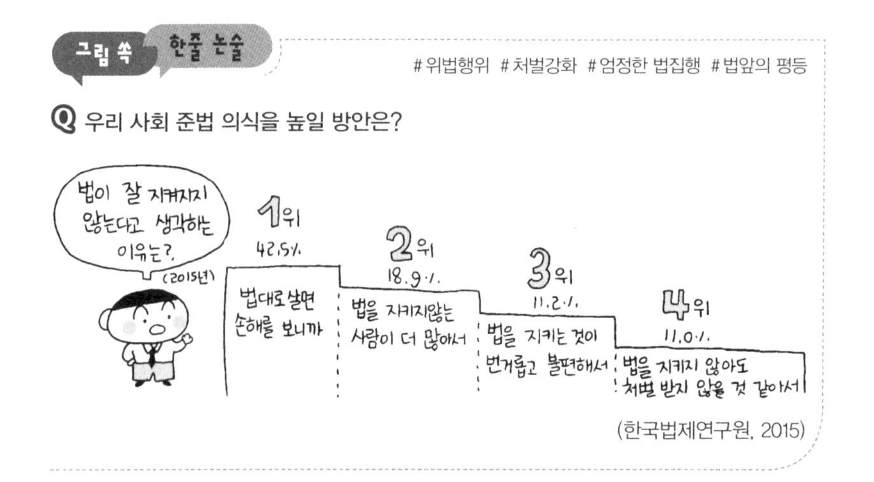

(한국법제연구원, 2015)

시민들의 권리를 침해하는 경우도 발생할 수 있어요. 그래서 시민 참여가 필요한 것이에요. 시민 참여는 정부의 정책 결정과 집행에 일반 시민이 직접 참여하여 영향을 미치는 행위를 말해요.

오늘날 시민 참여의 방법은 매우 다양해요. 기본적으로 국민의 대표를 선출하는 선거에 참여하거나 공공의 이익을 위해 활동하는 시민 단체 활동, 자신이 속한 집단의 목적을 달성하기 위한 이익 집단을 통해 참여할 수도 있어요. 정보화의 발달로 SNS를 통한 의견 제시나 인터넷 서명 운동, 공공 기관의 게시판을 통한 참여도 활발히 이루어지고 있어요. 이러한 시민 참여를 통해 국가 권력의 남용과 부패를 막고 국민을 위한 정책을 이끌어 낼 수 있어요.

▲ 시민 참여 활동

만약 국가가 정당하지 못한 권력을 행사하고, 시민들이 합법적인 시민 참여를 통해 이를 바로잡기 위해 부단히 노력하였음에도 부당한 권력 행사가 계속된다면 시민 불복종을 전개할 수 있어요. 시민 불복종은 정의롭지 못한 법이나 정책을 변혁시켜 공공의 이익을 지키려는 목적에서 양심적으로 행하는 비폭력적 위법 행위를 말해요.

위법 행위란 곧 법을 어기는 행위를 말해요. 그렇기 때문에 시민 불복종이 함부로 행해지게 되면 사회 불안과 혼란을 야기할 수 있어요.

시민 불복종은 먼저 공공의 이익 증진을 위해 수행되어야 한다는 공익성, 폭력적인 수단이 배제되어야 한다는 비폭력성, 최후의 수단으로 시행하며 위법 행위에 대한 처벌 감수를 통해 법을 존중한다는 사실을 분명히 한다는 조건을 갖출 때 정당화될 수 있어요.

개념 속 사회 상식

시민 불복종

《시민 불복종》은 미국의 헨리 데이비드 소로의 책 이름이기도 하다. 그가 책에서 주장한 부당한 국가에 대한 시민 불복종의 정신은 이후 간디, 마틴 루터 킹, 넬슨 만델라 등 많은 이들에게 영향을 주었다.

간디의 소금 법 거부 운동

1900년대 초반, 영국은 식민지인 인도에서의 소금 생산을 금지하고 반드시 영국에서 소금을 수입해서 쓰도록 하는 소금 법을 만들었어요. 소금에 붙는 세금이 너무 비싸 일반 국민들이 소금을 사 먹지 못하는 상황이 벌어지자 간디(Gandhi, M.)는 소금 법의 부당함을 알리고자 시민 불복종 행위를 계획하였어요. 61세의 간디는 약 1개월 동안의 행진 끝에 동쪽 해안 단디에 도착하였고 수많은 사람들이 동참하면서 그 숫자가 수만 명에 이르렀다고 해요. 간디 일행은 바닷물로 소금을 직접 채취하는 행동을 하였고 이후 영국 경찰의 폭력적인 진압으로 약 6만여 명이 투옥되었지만, 소금 만드는 것을 멈추지 않았어요. 결국 영국 정부는 인도에서의 소금 생산을 허용하였어요.

✓내신 필수 체크

1 (   )은 국가의 의사 결정 과정에 참여할 수 있는 권리이다.

2 (   )란 시민이 정치 과정이나 사회의 공공 문제에 적극적으로 개입하는 것을 말한다.

3 준법 의식은 (   )를 유지하고, 개인의 자유와 권리를 보호한다.

답 1. 참정권 2. 시민 참여 3. 사회 질서

미리보는

탐구 서·논술

헌법에는 국민의 인권을 기본권으로 규정하고 국가가 이를 확인하고 보장해야 함을 명시하고 있다. 다음 헌법 조항들이 보장하고 있는 기본권이 무엇인지 각각 쓰고, 헌법에서 기본권을 보장하는 이유를 서술하시오.

자료 우리 헌법의 기본권 조항

제11조 ① 모든 국민은 법 앞에 평등하다. 누구든지 성별 · 종교 또는 사회적 신분에 의하여 정치적 · 경제적 · 사회적 · 문화적 생활의 모든 영역에 있어서 차별을 받지 아니한다.

제16조 모든 국민은 주거의 자유를 침해받지 아니한다. 주거에 대한 압수나 수색을 할 때에는 검사의 신청에 의하여 법관이 발부한 영장을 제시하여야 한다.

제24조 모든 국민은 법률이 정하는 바에 의하여 선거권을 가진다.

제26조 ① 모든 국민은 법률이 정하는 바에 의하여 국가 기관에 문서로 청원할 권리를 가진다.

제31조 ① 모든 국민은 능력에 따라 균등하게 교육을 받을 권리를 가진다.

예시답안

제11조 ①항 평등권, 제16조 자유권(주거의 자유), 제24조 참정권(선거권), 제26조 ①항 청구권(청원권), 제31조 ①항 사회권(교육을 받을 권리)

헌법은 그 나라의 최고 법률이므로 법률이나 명령 등 하위 법령은 모두 헌법의 취지에 부합하여 정해야 한다. 또한 모든 국가 기관도 헌법에 근거해서 그 권한을 행사하므로 국민이 보호받아야 할 기본권을 헌법에 규정해 놓아야 이를 확실히 보장받을 수 있다.

11 인권 문제와 해결 방안

1970년 11월 13일 오후 2시, 서울 평화시장 앞길에서 스물두 살 청년이 스스로 몸을 불살라 죽는 사건이 발생하였어요. 그의 이름은 전태일.

그는 뜨거운 불길에 휩싸인 그 순간에도 큰소리로 외쳤어요. "근로기준법을 준수하라!", "우리는 기계가 아니다!" 전태일은 청계천 평화시장에서 재단사로 일하며 하루 15시간의 중노동 속에 폐병에 걸려 고통 받는 노동자들의 현실을 보았어요. 그가 자신의 목숨까지 바치며 노동자의 인권을 주장한 이유는 무엇일까요?

국내의 인권 문제

1980년대까지 우리나라의 인권 문제는 기본적인 신체의 자유, 정치의 자유, 노동권 등이 침해되는 모습으로 나타났어요. 당시에도 「근로기준법」이 있었는데 잘 지켜지지 않았던 것이지요.

전태일과 같은 많은 시민들은 인권 문제를 해결하기 위해 지속적인 노동 운동과 민주화 운동을 전개해 나갔어요. 그러나 상황이 조금도 개선되지 않자 전태일은 분신을 선택하였고, 그의 죽음은 이후 노동 문제의 심각성을 깨달은 많은 사람들이 노동 운동을 시작하게 된 계기가 되었어요.

1990년대 이후 이러한 문제들은 상당 부분 개선되었지만 여전히 우리가 해결해야 할 또 다른 인권 문제들이 발생하고 있어요. 그중 우리 사회에서 나타나고 있는 사회적 소수자 차별 문제와 청소년의 노동권 침해 문제 등을 살펴보도록 해요.

사회적 소수자의 인권 보장

사회적 소수자란 한 사회에서 신체적 또는 문화적 특징 때문에 차별 대우를 받거나 부당한 대우를 받기 쉽고 스스로도 그러한 상황에 놓여 있다고 인식하는 집단을 말해요. 이들은 인종, 성별, 장애, 종교, 사회적 출신 등을 이유로 다른 사회 구성원으로부터 소외와 차별을 받는 다양한 인권 침해로 인한 고통과 어려움을 겪고 있어요.

생각 쏙 사회 상식

사회적 소수자는 소수일까?

남아프리카 공화국의 인종차별법인 아파르트헤이트가 있었던 시절, 백인은 전체 인구의 약 10 %, 흑인은 약 90 %였다고 해요. 그러나 당시 사회적 소수자는 절대 다수의 흑인이었어요. 곧 사회적 소수자는 숫자의 문제가 아니라 사회적인 약자의 위치에 있는 사람들을 말해요.

현재 우리 사회에서는 장애인이나 이주 외국인, 노인, 여성, 북한 이탈 주민 등을 사회적 소수자로 볼 수 있어요. 장애인은 이동 등 일상 활동에서 불편을 겪거나 교육 및 취업에서 차별을 당하기도 해요.

얼마 전 뉴스에는 장애 아동들이 다니는 특수학교 설립을 반대하는 서울 한 지역의 주민 시위 모습을 보도하였어요. 이것은 아동들의 당연하고 기본적인 권리인 교육권이 장애인이라는 이유로 침해받고 있는 것을 보여 주고 있어요.

또한 농어촌에서 일하는 외국인 근로자들은 근로기준법의 보호를 받지 못하고 장시간 노동에 시달리며 노동권을 침해받는 경우가 많아요.

2019년 여름에는 북한 이탈 주민 모자가 빈곤에 시달리다 굶어 죽은 사건이 보도되었는데, 사회적 소수자에 대한 주변의 관심과 국가의 더욱 촘촘한 복지 정책이 있었더라면 하는 안타까운 마음이 들게 하는 뉴스였어요.

이러한 문제를 해결하기 위해 필요한 것은 우리 스스로 사회적 소수자에 대한 편견을 가지지 않는 것이에요. 우리도 미래에 예기치 못한 사고나 질병으로 장애를 가지게 될 수도 있고, 전 세계가 네트워크로 연결된 오늘날의 사회에서는 누구라도 다른 나라에 이주하여 외국인 노동자가 될 수도 있어요. 편견을 버리고 소수자의 입장에서 생각해 보고, 또 주변의 소외된 이웃에게 따뜻한 관심과 배려를 표현하는 일은 무엇보다 중요해요.

사회적 차원의 적극적인 지원도 필요해요. 장애인이 일상에서 불편함을 겪지 않도록 다양한 지원을 해야 하고 이동권을 보장할 수 있는 시설도 마련되어야 해요. 외국인 근로자나 결혼 이민자 등 이주민들

▲ 장애인 이동권 보장 예

이 문화적 차별을 받지 않도록 하는 문화 지원 프로그램과 다문화 교육은 물론 다양한 법률 지원 서비스와 같은 제도 마련도 확충되어야 해요.

장애인 의무 고용 제도

국내 사업주에게 일정 비율 이상의 장애인을 고용하도록 의무를 부과하는 제도예요. 이에 따라 국가와 지방 자치 단체, 공공 기관은 정원의 3 % 이상, 민간사업주는 2.7 % 이상 장애인을 고용해야 하고, 이 의무를 이행하지 않으면 부담금을 내야 해요.

장애인 차별 금지 및 권리 구제 등에 관한 법률

장애인의 완전한 사회 참여와 평등권 실현을 통하여 인간으로서의 존엄과 가치를 구현함을 목적으로 하는 법이에요.

외국인 근로자의 고용 등에 관한 법률

외국인 근로자를 체계적으로 도입 · 관리함으로써 원활한 인력 수급 및 국민 경제의 균형 있는 발전을 도모함을 목적으로 하는 법이에요.

청소년의 노동권 보장

우리나라 국민은 만 15세 이상이 되면 일을 할 수 있어요. 우리 청소년들도 성인과 동등하게 근로기준법과 최저 임금을 적용받아요. 하지만 청소년이라는 이유로 부당한 대우를 받는 등 인권 침해를 당하는 경우도 있어요.

개념 쏙 사회 상식

근로기준법

헌법에 따라 근로 조건의 기준을 정하여 근로자의 기본적 생활을 보장 및 향상하고, 균형 있는 국민 경제의 발전을 도모하기 위한 법이다. 근로 시간과 휴식, 임금 지급 등의 근로 조건이 규정되어 있어요.

청소년이 노동권을 보장받기 위해서는 「근로기준법」의 주요 내용을 이해하고 이를 바탕으로 근로 계약서를 작성해야 해요. 만약 최저 임금보다 낮은 임금을 받았거나 임금을 받지 못한 경우에는 고용 노동부에 임금 체불을 신고하면 도움을 받을 수 있어요. 무엇보다 청소년 스스로 근로 기준법을 통해 보장되는 자신의 노동권을 명확히 아는 것이 중요해요. 이를 바탕으로 부당한 노동권의 침해가 발생하면 적극적으로 고용 노동부나 국가 인권 위원회 등의 기관을 통해 권리를 구제 받을 수 있도록 해야 해요. 특히 고용 노동부는 청소년에게 도움을 줄 수 있는 부서를 따로 운영하고 있으므로 참고하세요.

청소년 알바 십계명

① 만 15세 이상이어야 근로할 수 있어요.
② 부모님 동의서와 나이를 알 수 있는 증명서가 필요해요.
③ 반드시 근로 계약서를 작성해야 해요.
④ 성인과 같은 최저 임금을 적용받아요.
⑤ 하루 7시간, 일주일에 35시간까지 일할 수 있어요.
⑥ 휴일에 일하거나 초과 근무를 하였을 경우 50 %의 가산 임금을 받을 수 있어요.
⑦ 일주일을 개근하고 15시간 이상 일을 하면 하루의 유급 휴일을 받을 수 있어요.
⑧ 청소년은 위험한 일이나 유해 업종의 일을 할 수 없어요.
⑨ 일하다 다치면 산재 보험으로 치료와 보상을 받을 수 있어요.
⑩ 청소년 근로권익센터 1644 – 3119

– 고용 노동부, 2018 –

세계의 인권 문제

뉴스에서 전해지는 소식들을 보면 여전히 세계 곳곳에서 많은 사람들이 인권을 제대로 누리고 있지 못하다는 것을 알 수 있어요.

국제 사회의 일부 지역에서는 빈곤, 기아, 내전, 관습 등 여러 가지 요인에 의해 인권 침해가 발생하고 있어요. 국제 연합(UN) 난민 기구 조사 결과 2016년에 난민들이 지중해를 건너려다 최소 3800명이 숨지거나 실종되었다고 해요.

전 세계 난민 중 4분의 1가량은 시리아에서 발생하였어요. 수년째 내전 중인 시리아에서는 공습 등으로 약 43만 명이 숨졌으며 전체 인구의 절반가량인 970만여 명만이 자신의 거주지에 머물고 있는 것으로 알려졌어요. 나머지 난민들은 가옥이 붕괴되어 시리아 내부를 떠돌고 있거나 주변국의 도움을 찾아 위험한 항해를 할 수밖에 없는 상태예요.

이슬람교를 믿는 나라들에서는 여성 인권 문제가 나타나는 경우가 많아요. 사우디아라비아에서는 여성들이 남성 후견인인 마흐람(Mahram)의 허락을 받지 않고서는 여행 · 교육 · 취업 · 결혼 · 이혼 등의 결정을 내릴 수 없다고 해요. 결혼 전에는 할아버지나 아버지 같은 가족 구성원 중의 한 남성이 그 역할을 하고, 결혼 후에는 남편이 마흐람이 되어요. 결국 여성은 한평생 스스로 결정할 수 있는 자유권을 제약받고 있

▼ 국제기구별 인권 지수 목록

명칭	발표 기관
인간 개발 지수	국제 연합 개발 계획(UNDP)
세계 노동 권리 지수	국제 노동 조합 총연맹(ITUC)
성 · 제도 · 개발 지수	경제 협력 개발 기구(OECE)
시민 자유권 지수	프리덤 하우스(Freedom House)
세계 언론 자유 지수	국경 없는 기자회 (RWB)

는 것이에요. 최근에는 이 때문에 해외로 망명하는 이슬람 여성들이 늘어나는 추세라고 해요.

이러한 전 세계의 인권 문제에 대한 인식을 바탕으로, 각종 국제기구들은 국가별 인권 보장 실태와 그 변동 상황을 비교하기 위해 정기적으로 다양한 인권 지수를 조사하여 발표하고 있어요.

▼ 시민 자유권 지수(프리덤 하우스 2015)

순위	국가	순위	국가	순위	국가
1	핀란드	26	프랑스	120	방글라데시
5	룩셈부르크	34	미국	176	수단
9	캐나다	43	일본	178	중국
13	뉴질랜드	58	대한민국	195	소말리아

언론 및 출판의 자유, 신체의 자유, 사생활 보호, 사상 및 양심의 자유, 집회 및 결사의 자유 등을 위주로 195개국을 대상으로 시민 자유권 지수를 산출하여 발표함. 지수가 낮을수록 국가의 인권 탄압이 심각함.

세계의 인권 문제 해결 방안

인권 침해가 나타나는 대부분의 국가들은 민주주의의 탄압과 독재나 부정부패가 만연한 경우가 많아요. 또는 경제적으로 어려운 현실에 처해있기도 해요. 그러다 보니 개별 국가 차원에서 인권 문제를 해결하기를 기대하기가 어려워요. 인권을 지키기 위해 국제적 연대가 꼭 필요한 이유에요.

각국 정부는 자국의 이익에만 치우치지 않도록 국내 여론을 조성하고 국제 비정부 기구의 활동을 지원해야 해요. 국제 연합이나 정부 간 국제기구는 인권 문제를 해결하기 위해 다양한 선언과 조약을 만들기도 하고, 인권 문제를 개선하도록 개별 국가에 권고하는 등의 노력을 하고 있어요. 또한 다양한 분야에서 활동하는 국제 비정부 기구는 정치적 박해를 방지하고 전쟁과 기아로 고통 받는 사람들의 생존권 보장을 위해 앞장서고 있어요.

개인적 차원에서는 우리 모두 세계 시민 의식을 가져야 해요. 인권은 국적과 상관없이 인간이라면 누구나 보장받아야 하는 기본권이라는 사실을 바탕으로 부당한 인권 침해를 막아야 할 의무가 우리 모두에게 있는 것이에요. 따라서 우리는 자국민의 인권 보장뿐만 아니라 국제 사회의 인권 문제 해결을 위해 세계 시민의 차원에서 노력해야 해요.

인권 문제 해결을 위해 노력하는 국제 비정부 기구

국경 없는 의사회

1971년 프랑스 파리에서 의사와 언론인들이 설립한 단체로, 자연재해, 질병, 전쟁 등으로 고통받는 사람들을 대상으로 긴급 구호 활동을 하는 국제 민간 의료 구호 단체

국제 사면 위원회(앰네스티)

언론과 종교의 자유에 대한 탄압과 각국의 반체제 인사들에 대한 투옥 및 고문 행위 등을 세계 여론에 고발하고, 정치범의 석방과 그 가족들의 구제를 위해 노력하는 국제 비정부 기구

✓내신 필수 체크

1 신체적 또는 문화적 특징으로 불리한 환경에 놓이거나 차별 대우를 받는 사람들로서 자기들이 다수의 사회 구성원들과는 다른 대상임을 인식하는 사람들의 집단을 일컫는 말은?

2 우리나라는 만 15세 이상이 되면 일을 할 수 있고, 청소년들도 기본적으로 성인과 동등하게 (   )의 적용을 받을 수 있도록 하고 있다.

3 국제 사회의 인권 문제를 해결하기 위한 개인적 차원의 해결책은 (   )을 갖는 것이다.

답 1. 사회적 소수자 2. 근로기준법 3. 세계 시민 의식

탐구 서·논술

다음 자료를 읽고, 여기에 나타난 인권 문제를 해결하기 위해 할 수 있는 국제 행위 주체들의 노력을 서술하시오.

자료 1 아프리카의 남부 지역에 닥친 가뭄

기후 변화로 아프리카 남부 지역에 가뭄이 계속되면서 남아프리카 공화국, 잠비아, 짐바브웨 등의 국민들은 큰 고통을 받고 있다. 빅토리아 폭포의 물줄기마저 말라버린 최악의 가뭄 때문에 많은 이들이 식량난과 기아로 생명의 위협을 받고 있는 상태이다.

자료 2 예멘의 내전

예멘은 2015년 3월에 발발한 내전이 5년째 지속되고 있다. 예멘 정부와 시아파 후티 반군 간에 계속되는 이 전쟁은 주변국의 이해 관계까지 얽히며 사실상 국제 전쟁으로 비화하였고, 전쟁 중에 예멘인 1만 명 이상이 목숨을 잃었다. 계속되는 공습은 민간인과 아동들까지도 희생시키고 있어 살상을 중지시키기고 평화를 이끌어 내기 위한 국제 사회의 지원이 더욱 필요한 상황이다.

예시답안

국제 연합은 인권 문제를 의제로 다루거나 관련 선언과 조약을 만들고, 해당 국가에 권고안을 제시한다. 각국 정부는 국제기구의 구성원으로서 자국의 이익에만 치우치지 않도록 하고, 국제 비정부 기구들의 다양한 활동을 지원한다. 개인은 세계 시민 의식을 바탕으로 인류를 하나의 공동체로 인식하고, 문제의 해결 과정에 적극적으로 참여하는 책임 의식을 가진다.

memo

2부_인간과 공동체

V

시장 경제와 금융

12 자본주의와 합리적 선택

'검은 목요일'이란 말을 들어 본 적이 있나요? 1929년 10월 24일 목요일에 미국은 물론 자본주의 경제가 발달한 많은 국가들에서 경제를 혼란에 빠뜨린 '대공황'이 시작되었기 때문에 생겨난 말이에요. 하루아침에 주식 가격이 바닥으로 떨어지고, 회사나 공장은 문을 닫았으며 실업자가 넘쳐 났어요. 회사에 돈을 빌려 준 은행들도 돈을 돌려받을 수 없어 파산하게 되었고, 문을 닫은 은행들 앞에는 통장 예금을 잃은 사람들이 몰려들었어요. 눈부시게 발전해 가던 자본주의의 선두에 있던 나라들에 대체 무슨 일이 있었던 것일까요?

자본주의의 전개 과정

자본주의는 사유 재산 제도에 바탕을 두고, 자유로운 경쟁을 통해 개인의 경제적 이익을 추구하는 시장 경제 체제를 말해요. 자본주의 체제에서는 개인이 경제적 이익을 추구할 수 있어 경제 주체들이 자발적으로 경쟁을 하게 되지요. 또한 개인과 기업이 시장에서 자유롭게 재화와 서비스를 거래할 뿐 아니라 이를 통해 효율적인 자원 배분이 이루어져요.

하지만 자본주의가 발전해 가는 과정 속에서 여러 가지 문제점이 드러났어요. 많은 국가에서 이러한 문제를 수정 · 보완하여 자본주의 체제

개념 쏙 사회 상식

사유 재산 제도

개인이 재산을 가질 수 있도록 하는 제도. 토지나 공장, 기계와 같은 생산 수단을 개인이 소유, 관리, 처분할 수 있도록 허용하고 이러한 권리를 법으로 보장하는 제도

를 이어 가고 있어요. 자본주의의 발전 전개 과정을 살펴볼까요?

초기 자본주의는 상업 자본주의였어요. 15세기 말 유럽은 신항로 개척을 통해 새로운 시장을 개척하고 절대왕정의 중상주의 정책을 바탕으로 자본주의를 발전시켰어요. 중상주의란 상업을 장려하면서 수출을 적극적으로 권장하고, 수입을 극도로 억제하는 정책을 말해요. 해외에 상품을 많이 팔아 더 많은 자본을 본국으로 들여오는 것이 이익이라고 생각하였던 것이지요.

이후 18세기 중반에 영국을 중심으로 산업 혁명이 일어났어요. 공장에서 기계를 이용해 물건을 대량 생산할 수 있게 되었죠. 물건을 많이 만들어 낼 수 있게 되면서 상품의 유통보다 상품의 생산 과정에서 이윤

을 추구하는 산업 자본주의가 등장하였어요.

경제학의 아버지로 불리는 애덤 스미스(Adam Smith)는 당시 자신이 쓴 『국부론』에서 수요와 공급을 조절하는 시장의 가격 기능인 '보이지 않는 손'의 역할을 강조하였어요. 스미스는 국가의 간섭을 최대한 배제할수록 각 개인이 더욱 자유롭게 자신의 이익을 추구하게 될 것이라고 하였어요. 즉, 사회 전체의 복지를 증진시키고 국가의 경제 발전을 이룰 수 있다는 자유방임주의 사상을 주장하였어요. 나아가서 국가는 그 기능을 최소한으로 축소하여 밤에 도둑을 잡는 등 치안을 유지하는 활동만 해야 한다는 야경 국가론을 펼치기도 하였어요.

우리가 식사를 할 수 있는 것은 정육점, 술집, 빵집 주인의 친절이나 자비심 때문이 아니라 그들의 이기심 때문이다.

– 애덤 스미스

하지만 19세기 말 자본주의가 고도로 발달하면서 거대한 소수의 기업이 시장에 대한 지배력을 행사하는 독과점 현상이 나타났어요. 다수의 산업 자본이 몰락하고 자유로운 경쟁이 어려워지며, 자원 또한 효율적으로 배분되지 못하는 시장 실패가 나타나게 된 것이에요. 이뿐만 아니라 아동 노동의 착취, 도시 빈민 발생 등의 사회 문제도 나타났어요.

이러한 상황에서 1929년에 미국에서 대공황이 발생하면서 큰 위기를 맞게 되었어요. 대공황으로 기업이 문을 닫고 실업자가 대량으로 발생하자 국가가 적극적으로 시장에 개입하여 시장 실패를 해결해야 한다는 수정 자본주의(혼합 경제 체제)가 힘을 얻게 되었어요.

당시에 경제학자 케인스(Keynes, J. M.)는 공황이 일어난 원인을 생산물을 실제로 구매할 수 있는 수요인 '유효 수요'가 부족하였기 때문이라고 판단하였어요. 이를 증가시키기 위해 정부가 시장에 개입하여 고용률을 높이고 소득 격차를 줄여야 한다고 주장하였지요.

미국의 루스벨트 정부는 케인스의 주장을 받아들여 '뉴딜 정책'을 펼쳤어요. 발전소와 댐을 건설하는 대규모 공공사업을 추진하여 지역을 개발하고 일자리를 창출하였으며, 은행에 자금을 빌려주어 파산을 막는 등의 노력을 하였지요. 미국은 뉴딜 정책을 통해 조금씩 대공황에서 벗어날 수 있었어요.

뉴딜(New Deal) 정책

미국의 루스벨트 대통령이 대공황을 극복하기 위해 추진한 정책으로, 정부가 적극적으로 개입하여 일자리를 창출하고 유효수요를 늘려나갔다.

그러나 20세기에 들어오게 되면서 시장 실패가 아니라 정부 실패가 나타나게 되었어요. 1970년대 석유 파동으로 극심한 경기 침체와 물가 상승이 나타나면서 전 세계가 또 한 번의 큰 위기를 맞게 된 것이지요. 이러한 상황은 정부가 시장에 개입하여 비효율성이 나타난 것이라는 주장에 힘을 실어주게 되었고 시장의 원리에 충실하자는 신자유주의의 등장을 이끌어냈어요.

신자유주의는 정부의 규제를 완화하고 기업의 활동의 자유를 적극적으로 보장하였고, 세계 시장 계방과 자유 무역 협정 등 오늘날 경제 활동의 세계화에도 큰 영향을 끼쳤어요. 하지만 효율성만을 강조하는 신자유주의가 진행되며 형평성의 문제가 등장하였어요.

정부의 시장 개입 완화로 대규모 자본의 국가 간 이동이 활발해지고 다국적 기업의 국제적 분업이나 무역 구조의 불균형 등 선진국과 개발도상국 간의 경제 격차 문제인 남북 문제를 유발하였어요. 또한 나라 안에서도 노동 문제나 빈부 격차와 같은 여러 문제가 등장하며 오늘날 신자유주의에 대한 비판의 목소리도 커지고 있어요.

정부 실패: 시장에 대한 정부의 개입이 정부의 거대화 및 관료화에 따른 비효율성이나 정부의 부정부패 때문에 오히려 효율적인 자원 배분을 저해하는 상황을 말한다.

석유 파동: 1973~1974년과 1978~1980년 두 차례에 걸친 석유 공급 감소로 국제 석유 가격이 상승하여 전 세계가 경제적 위기와 혼란을 겪은 사건이다.

#남북 문제(선진국과 개발도상국의 경제 격차) #빈부격차
#경제 위기 #복지 축소

Q 신자유주의에서 나타나는 비판은?

2008년 세계 금융 위기

은행 대출은 신용 등급에 따라 대출 여부나 금액이 달라지고 돈을 못 갚을 경우를 대비해 담보를 설정하기도 해요. 미국에서는 2000년대 은행들이 이윤을 높이기 위해 경쟁적으로 '서브 프라임 모기지' 상품을 판매하였어요. '서브 프라임 모기지'는 집을 담보로 대출을 해 주는 상품으로, 신용 등급이 낮은 사람들도 대출을 받을 수 있었어요. 하지만 급상승하던 집값이 떨어져 집을 팔아도 대출금을 갚을 수 없게 되었고 그동안 많은 돈을 대출해 주었던 여러 은행이나 대출 회사들이 부도나면서 이러한 회사나 은행에 투자하였던 세계 여러 회사나 은행들까지 연쇄적으로 붕괴되었어요. 미국에서 시작된 세계적인 금융 위기가 바로 2008년 세계 금융 위기예요. 국내에서도 미국발 경제 위기라고도 불리우며 이에 영향을 받아 심각한 경제 불안을 겪어야만 하였어요. 정부의 규제가 완화되면서 이러한 불안전한 금융 상품의 판매가 자유롭게 이뤄질 수 있었고, 이것은 제한 없는 경제의 자유가 가져 올 수 있는 위험성을 보여 주었어요.

시장 경제에서의 합리적 선택

시장 경제 체제에서는 개인의 선택의 자유가 보장되어요. 개인은 인간의 욕구에 비해 희소한 자원을 효율적으로 활용하기 위해 선택을 해야만 해요.

경제 주체 중 가계는 소비의 주체에요. 따라서 한정된 소득을 바탕으로 무엇을 얼마나 소비해야 할지 결정해야 해요. 이때 합리적 선택을 하려면 편익과 비용의 분석이 필요해요. 편익은 어떤 선택을 함으로써 얻는 이익이나 만족감을 말하고 비용은 어떤 선택을 함으로써 치르게 되는 대가인 돈, 시간, 자원 등을 말해요.

▲ 비용이 같다면 편익이 큰 것

▲ 편익이 같다면 비용이 작은 것

편익과 비용은 사람에 따라 다르게 나타나는 상대적인 특성을 가지고 있어요. 그러므로 각자 개인의 편익과 비용을 고려해서 최소의 비용으로 최대의 편익을 얻을 수 있도록 선택하는 것이 바로 합리적 선택이에요.

기회비용과 매몰 비용

영화관에서 친구와 영화를 보기로 하였는데, 친구와 시간을 맞추기 어려워 영화를 보기 위해 아르바이트를 한 시간 뒤로 미뤘다. 아르바이트를 하면 시간당 2만 원을 받는데 영화 때문에 어쩔 수 없이 2만 원을 포기한 것이다. 상영 시간이 한 시간 정도인 영화 티켓 값으로는 만 원을 치렀다. 그런데 영화가 너무 재미가 없었다. '차라리 아르바이트를 할 것을' 하는 생각까지 들 정도였다. 티켓 값이 아까워서 어느 정도 자리에 앉아 있다가, 결국 시간이 아까워서 친구와 그냥 나와 버렸다.

정아의 일기

어떤 선택을 하기 위해 포기하는 것들의 가치 중 가장 큰 것을 **기회비용**이라고 해요. 정아는 친구와 영화를 보며 얻는 만족감을 위해 한 시간 동안 아르바이트를 해서 벌 수 있는 2만 원을 포기하였어요.

◈ **편익**: 영화를 보아 얻는 만족감

◈ **기회 비용**: 포기한 2만 원

정아는 합리적 선택을 하였을까요?

영화를 보기로 선택한 것은 합리적 선택이 아니에요. 편익이 기회비용보다 적었기 때문이에요. 합리적 선택을 하기 위해 주의해야 할 것 중에는 매몰 비용도 있어요. 정아는 영화가 재미없어서 중간에 나오려고 할 때 티켓 값이 아까워 고민을 하였어요. 하지만 다시 회수할 수 없는 비용이기 때문에 시간마저 버리지 않기로 하고 나와 버렸죠. 이미 지불해서 회수할 수 없는 비용을 바로 **매몰 비용**이라고 해요. 어떤 경제적 선택을 할 때 매몰 비용은 고려하지 않는 것이 바람직해요. 그러므로 시간이 아까워 중간에 나오기로 선택한 것은 합리적 선택이라고 할 수 있어요.

비합리적 소비

- **베블런 효과**

가격이 오르는 데도 명품 가방이나 고급 자동차 등의 수요가 줄어들지 않는 것이 바로 베블런 효과에요. 이것은 상류 계층이 자신의 사회적 지위를 과시하고 허영심을 만족하기 위해 하는 소비 형태로 미국의 사회학자 베블런이 주장하였어요.

- **밴드왜건 효과(편승 효과)**

밴드왜건(bandwagon)은 행렬 맨 앞에서 밴드를 태우고 다니며 분위기를 유도하는 자동차예요. 밴드왜건을 따라 무리가 이동하는 것처럼 다른 사람의 영향을 받아 소비하는 경향을 밴드왜건 효과라고 해요. 특정 연예인을 따라 소비하거나 또래 친구들의 소비를 따라 하는 행위로 나타나요.

- **스노브 효과(속물 효과)**

스노브(snob)는 속물, 잘난 체하는 사람이라는 뜻을 가지고 있어요. 밴드왜건 효과와 반대로 남과 다른 특이하거나 특별한 물건을 구매하려는 현상을 말해요. 기업들이 리미티드 에디션(한정판)을 판매하는 것이 이러한 스노브 효과를 이용하는 것이에요.

경제 활동에서의 합리적 선택은 사회 전체의 효율성을 높이는 데 기여해요. 하지만 현실적으로 시장이 완전하지 않거나 사람들이 다양한 원인에 의해 합리적인 선택을 하지 못할 때가 있어요.

또한 효율성을 추구한 개인의 합리적 선택이 사회 전체적으로 볼 때는 효율적이지 않을 때도 있어요.

예를 들어 평균 수명이 연장되어 노후 걱정이 늘어난 국민들이 미래의 안정된 경제생활을 위해 저축액을 늘리는 상황이 나타났다고 가정해 보세요. 개인적으로는 합리적인 선택을 하였다고 볼 수 있어요. 하지만 이 때문에 소비가 줄어들고 경기가 위축되어 불황이 더욱 심해질 수 있는 것이지요.

또한 기업의 지나친 이윤 추구로 환경을 훼손하거나 담합과 같은 불공정 경쟁 행위가 나타나는 경우, 사회 전체적으로 공익을 저해하는 결과가 나타나게 돼요.

이와 같은 문제를 막기 위해서 각 경제 주체는 우리 사회의 규범과 제도의 범위 안에서 합리적 선택을 위한 효율성과 함께 사회 전체의 이익 함께 고려하는 태도가 필요해요.

✓내신 필수 체크

1 산업 자본주의 국가들은 국가의 간섭을 최대한 배제하여 개인의 이익 추구의 자유를 최대한 보장하는 (　　　　)를 추구하였다.

2 국가가 적극적으로 시장에 개입하여 시장 실패를 해결해야 한다는 이론은?

3 합리적 선택이란 최소의 (　　　　)으로 최대의 (　　　　)을 얻도록 선택하는 것이다.

답 1. 자유방임주의 2. 수정 자유주의 3. 비용, 편익(만족)

탐구 서·논술

다음은 자본주의 발달 과정에서 등장한 것들이다. 다음 자료를 보고 물음에 답하시오.

자료 1 애덤 스미스의 『국부론』

애덤 스미스는 자신이 쓴 저서 『국부론』을 통해 부의 본질은 인간의 노동에 있다고 보고, 국가의 노동 생산성을 높이는 일이 중요하다고 주장하였다. 국가가 경제활동을 개인의 자유에 맡기면 '보이지 않는 손'에 의해 의도하지 않은 목적을 이룰 수 있다고 하였다.

자료 2 대공황

1929년 미국에서 발생한 대공황으로 미국의 수많은 은행과 기업이 문을 닫고 실업률이 폭증하였다. 또한 미국뿐만 아니라 이 시기 많은 국가에서 경기 침체, 기업 도산, 대량 실업 등의 문제가 발생하였다.

1. 자료 1에서 애덤 스미스가 말한 보이지 않는 손의 의미와 개인의 이익을 자유롭게 추구하는 행위가 가져오는 긍정적인 결과는 무엇일지 서술하시오.

2. 자료 2에 나타난 시장 실패를 극복하기 위해 등장한 자본주의에 대해 서술하시오.

예시답안

1. 보이지 않는 손이란 누군가 의도하거나 계획하지 않더라도 자원의 배분이 효율적으로 이루어지도록 하는 시장의 기능을 가리키는 말이다. 시장의 기능에 자원의 효율적 배분을 맡기고 각자가 자신의 이익을 추구하도록 경제적 자유를 최대한 보장할 때 사회 전체의 이익도 커진다고 보았다.
2. 19세기 후반에서 20세기 초반 자유 경쟁이 지나치게 강조된 결과 독점 기업이 출현하고 과잉 생산과 소비 부족으로 이어졌다. 결국 자본주의 체제를 유지하면서도 경기 조절 정책이나 복지 정책 등을 통해 정부가 시장에 일정 부분 개입하는 것을 허용하는 수정 자본주의가 등장하였다.

13 시장 경제와 시장 참여자의 역할

많은 시민들의 발이 되어 주는 지하철은 아침, 저녁 출퇴근 시간이면 어김없이 콩나물시루처럼 승객들을 빼곡히 태우고 부지런히 움직여요. 그런데 지하철이 적자로 운영되고 있다는 것을 알고 있나요? 서울교통공사에 따르면 지하철 요금은 원가의 70 %에도 미치지 못해 운영을 계속할수록 적자가 지속되고 빚이 불어나는 구조라고 해요. 그럼에도 정부가 지하철을 계속 운영하는 이유는 무엇일까요? 또 이런 이유로 운영을 중단한다면 어떻게 될까요?

정부의 바람직한 역할

정부는 시장 경제가 원활하게 순환할 수 있도록 다양한 조절 기능을 수행해요. 하지만 시장에만 맡겨 두어서는 충분히 생산되지 않는 것들이 있어요. 그중 하나는 바로 공공재예요. 공공재는 국방 및 치안 서비스, 가로등, 공원, 항만, 철도 등과 같이 모든 사람이 공동으로 이용할 수 있는 재화와 서비스를 말해요.

공공재는 비배제성과 비경합성이라는 특징을 가지고 있어요. 기본적으로 시장을 통해 거래되는 재화와 서비스를 사용하기 위해서는 대가를 지불해야 하지만 공공재의 경우에는 대가를 지불하지 않아도 누구든지 사용할 수 있어요. 이것이 바로 비배제성이에요.

비경합성은 한 사람이 사용하건 여러 사람이 사용하건 그 양이 감소하지 않아 경쟁이 붙지 않는다는 것을 말해요.

가로등은 만약 비용을 내라고 하더라도 돈을 낸 사람만 이용하게 하는 것이 불가능해요. 또한 한 사람이 불빛을 사용하고 있다고 해서 다른 사람에게 그 밝기가 줄어들지도 않아요.

이처럼 공공재는 사용한 만큼 비용을 부담하기 어렵고 사용을 제한하기도 어려워 사람들은 돈을 지불하지 않고 이용하려고 하는 특성이 있어요. 이러한 특성 때문에 공공재는 시장 기능에만 맡길 경우 충분히 공급되기 어려워 정부가 생산을 담당하고 있어요.

시민의 발이 되는 지하철도 마찬가지로 수익성이 낮아 민간에서는 충분히 공급하기 어려워요. 또 어떤 공공재는 생산할수록 적자가 될 수도 있어요. 이렇게 되면 누구도 생산을 하려고 하지 않을 것이고 결국 심각한 문제가 발생하게 될 거예요. 그래서 국민 생활의 편의와 경제 발전을 위하여 국가가 공급을 담당하고 있는 것이지요.

시장에서 공급자가 하나밖에 없는 독점 시장이나 소수의 공급자가 존재하는 과점 시장의 경우 불완전 경쟁이 나타날 수 있어요. 기업이 이윤을 극대화하기 위해 가격이나 생산량을 임의로 조정한다면, 소비자들이 시장 가격보다 더 높은 가격을 지불하고 질 낮은 상품을 구매하는 일이 일어날 수도 있어요. 시장에 소수의 공급자가 존재할 경우 경쟁을 피하고 손쉽게 이윤을 얻으려고 하는 기업 간 담합의 발생 위험은 더욱 커지게 될 거예요.

정부는 독과점을 규제하고 담합 등의 불공정한 거래 행위를 막기 위해 「독점 규제 및 공정 거래에 관한 법률」 등 각종 법규를 마련해 놓고 있어요. 또한 한국 소비자원 또는 공정 거래 위원회와 같은 기관을 운영하여 이를 감시하고 관리하고 있어요.

뉴스 속 한줄 논술

#공정한 경쟁 #시장 질서 유지 #불공정 거래행위와 담합 방지

Q 정부가 다음과 같은 일을 하는 이유는?

공정위, '납품담합' 일본 자동차 부품사 4곳에 과징금 92억 부과

공정위(공정거래위원회)는 2004년부터 10년 동안 담합행위를 한 제조사 4곳에 대해 과징금 부과와 검찰고발조치를 내렸다. 일본 전기 자동차 부품 제조사 4곳은 국내 완성차 업체를 대상으로 자동차 부품을 판매하면서 사전에 거래처를 나누고 다른 제조사들은 높은 견적 가격을 써내는 방식으로 원하는 제조사들이 거래처에 납품할 수 있도록 해왔다.

– 공정거래위원회 국제 카르텔과 –

또한 정부는 외부 효과를 개선하기 위해 노력해요. 외부 효과란 다른 사람 또는 사회 전체에 의도하지 않은 혜택이나 손해를 가져다주면서도 어떤 대가를 받거나 대가를 지급하지 않는 것을 말해요.

이때 긍정적인 혜택을 가져다주는 외부 효과를 외부 경제라고 해요.

과수원 주인이 과일나무를 심어 기르는 것은 인근 양봉업자가 꿀을 생산하는 데 도움을 주어요. 게다가 꿀벌들은 과일나무의 꽃들을 오가며 꽃가루를 옮겨 주므로 열매를 더 많이 맺을 수 있게 해요. 서로 대가를 받거나 지불하지 않았지만 서로에게 도움을 주고 있는 것이에요. 예방 접종도 마찬가지로 외부 경제의 사례에 해당해요. 건강을 위해 비용을 지불하고 독감 예방 접종을 맞게 되면 자연스럽게 다른 사람에게 독감을 옮길 위험성도 줄어들게 되지요. 하지만 이러한 외부 경제는 필요한 양보다 적게 생산되고 있어요.

▲ 외부 경제 효과 ▲ 외부 불경제 효과

반면 필요한 양보다 많이 생산되는 외부 효과도 있어요. 다른 사람에게 의도하지 않은 손해를 끼치지만 그에 대한 보상을 하지 않는 외부 불경제가 이에 해당해요. 예를 들어 담배를 피우는 사람은 의도하지 않았지만 다른 이들에게 간접흡연을 일으키고 주변 사람의 건강에 해를 끼쳐요. 공장의 매연이나 하수도 마찬가지예요.

필요한 양보다 적게 생산되는 외부 경제는 더 많이 생산될 수 있도록 정부가 나서서 세금을 감면해 주거나 보조금을 지급해요. 반면에 필요

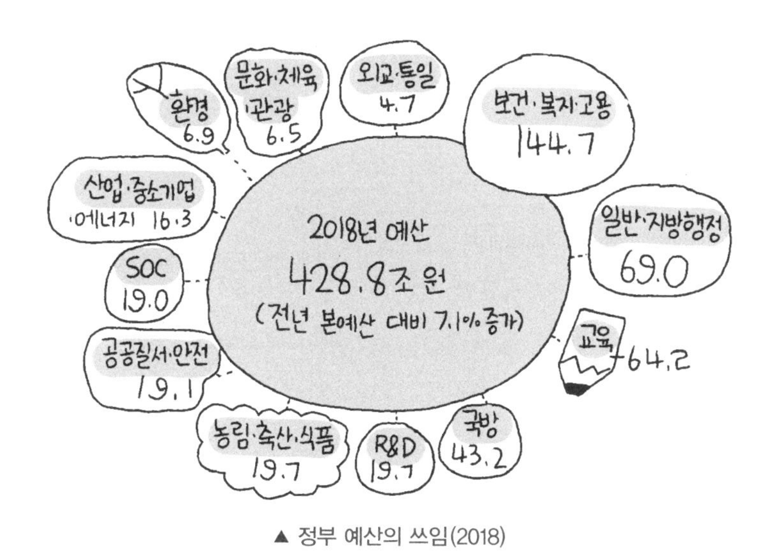

▲ 정부 예산의 쓰임(2018)

량보다 과다 생산되는 외부 불경제는 세금이나 벌금을 부과하고 오염 물질 배출량을 제한하는 등 이를 줄일 수 있도록 규제하고 있어요.

이처럼 정부는 불공정 행위를 규제하거나 외부 효과를 개선하고, 다양한 복지 제도를 시행하여 국민 경제와 삶을 안정시키기 위한 활동을 하고 있어요.

기업가의 바람직한 역할

기업은 생산 활동의 주체예요. 재화나 서비스를 시장에 공급하며 가계로부터 노동 · 자본 · 토지와 같은 생산 요소를 제공받고, 그 대가로 임금 · 이자 · 지대를 지급하지요. 이러한 기업의 생산 활동 과정에서 우리는 필요한 재화와 서비스는 물론 소비 활동에 필요한 소득을 얻을 수 있어요.

기본적으로 기업은 이윤 창출을 목적으로 해요. 최대의 이윤을 얻기 위해 재화나 서비스를 최소의 비용으로 생산하기 위해 노력하지요.

하지만 지나친 이윤 추구 때문에 환경 오염을 일으키거나 소비자에게 해가 되는 상품을 생산해서는 안 돼요. 건전한 이윤을 추구하면서 환경과 공동체 전체를 배려하는 사회적 책임을 실천해야 해요. 이를 위해 윤리적 경영, 공정한 경쟁, 소비자 및 노동자의 이익 보호, 사회적 약자를 배려하는 고용이 필요해요.

사회적 책임과 함께 필요한 기업가의 또 다른 자세는 기업가 정신이에요. 기업가 정신은 이윤 창출을 위해 위험과 불확실성을 무릅쓰고 새로운 시장을 개척하거나, 새로운 상품 및 기술의 개발 등을 위해 노력하는 태도를 말해요. 기업가 정신을 뒷받침하는 것은 바로 미래를 예측하는 통찰력과 도전과 혁신이에요.

사례 속 한줄 논술

#사회적 책임 #기업가 정신 #사회환원 #환경 #혁신 #도전

Q 기업가의 바람직한 자세는?

다양한 스포츠 용품과 의류를 생산하는 한 기업이 있어요. 이 기업의 설립자는 '환경을 배려한 판단이 결과적으로 이익이 되지 않았던 적은 한 번도 없었다.'는 생각을 바탕으로 기업을 운영해 나갔어요.

1996년 이 기업은 자신들이 만드는 옷의 재료인 목화를 재배하기 위해 지구를 파괴하는 여러 화학 물질이 사용된다는 것을 깨닫고 모든 면 제품을 유기농 목화에서 얻은 면으로 바꾸겠다고 선언하였어요. 해로운 화합물인 염색제 사용을 금지하고 이전에 판매한 의류는 다시 자원으로 활용하였어요.

또한 업계 최초로 페트병을 재생하여 얻은 원사로 폴리스 의류를 생산하였고 이익의 일부를 지구 보전을 위해 기부하고 있어요. 기업의 설립자는 이 기부금을 '지구세'라고 부른다고 해요. 어떤 형태로든 환경을 파괴하는 행위를 하는 사람으로서, 또 재생 불가능한 지구의 자원을 이용하는 사람으로서 마땅히 돈을 지불할 의무가 있다고 생각하기 때문이지요. 지금까지 약 8,900만 달러(약 975억 원)가 넘는 금액을 환경 단체를 후원하는 데 사용해 오고 있고, 정부가 절감해 준 세금 1,000만 달러(약 110억 원) 전액을 기부하기도 하였어요. 여기에서 그치지 않고 P 기업이 중심이 된 '지구를 위한 1 %(1 % for the planet)'라는 기부 프로젝트가 만들어졌고 현재 3000여 개 이상의 기업과 비영리 단체가 이에 참여하고 있어요.

노동자의 바람직한 역할

노동자는 생산의 주체인 기업에 노동을 제공하고 임금을 받아 생활하는 사람을 말해요. 노동자가 없다면 재화와 서비스가 생산될 수 없으므로 노동자는 그만큼 시장 경제가 원활하게 돌아가기 위해 중요한 역할을 하고 있어요. 우리나라는 헌법을 통해 근로권을 명시하고 노동자의 인간다운 삶을 보장하기 위해 노력하고 있어요.

헌법 제32조

① 모든 국민은 근로의 권리를 가진다. 국가는 사회적·경제적 방법으로 근로자의 고용의 증진과 적정 임금의 보장에 노력하여야 하며, 법률이 정하는 바에 의하여 최저 임금제를 시행하여야 한다.

이에 근거하여 국가는 「근로기준법」, 「최저임금법」 등을 제정하여 근로 시간, 작업 환경, 적정 임금이 보장될 수 있도록 하고 있어요. 정부는 이와 함께 헌법에 노동 3권을 명시하여 노동자가 사용자와 대등한 위치에서 협상하여 그들의 권리를 지킬 수 있도록 하고 있어요.

노동 3권

헌법 제33조 제1항 "근로자는 근로 조건의 향상을 위하여 자주적인 단결권·단체 교섭권 및 단체 행동권을 가진다."

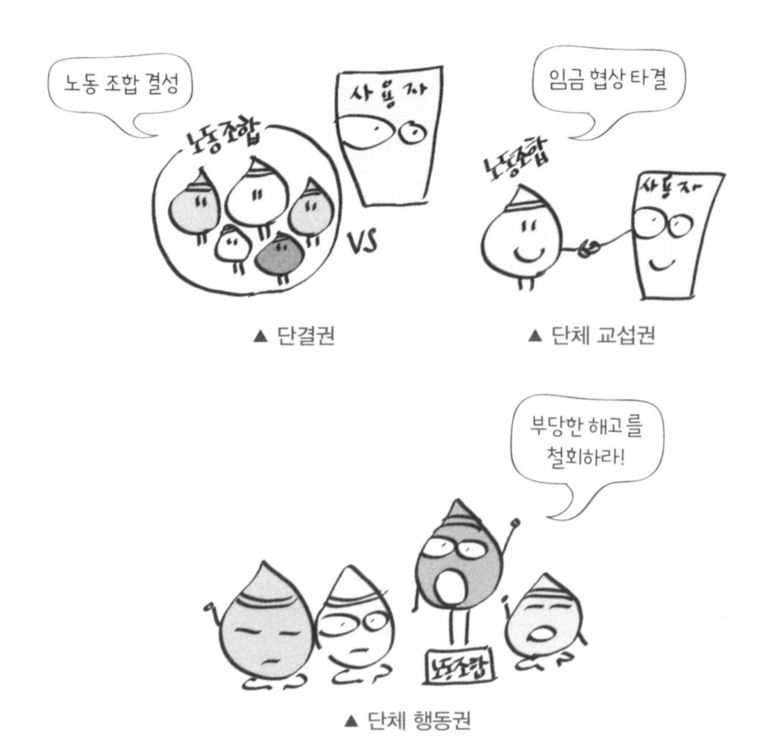

▲ 단결권

▲ 단체 교섭권

▲ 단체 행동권

노동 3권은 노동자가 근로 조건을 개선하기 위해 행사할 수 있는 세 가지 권리를 말해요. 첫 번째로 단결권은 노동자들이 근로 조건을 개선하기 위해 노동조합을 결성할 수 있는 권리예요. 단체 교섭권은 근로자 단체가 사용자와 근로 조건의 유지 및 개선을 위해 교섭(협상)할 수 있는 권리이고, 단체 행동권은 단체 교섭이 원만하게 이루어지지 않아 노동 쟁의가 발생한 경우 파업이나 태업 등의 쟁의 행위를 할 수 있는 권리를 말해요.

노동자에게는 권리도 있지만 그에 따른 의무와 책임도 있어요. 근로 계약에 따라 업무를 성실히 수행하고, 자신의 분야에서 사명감과 직업윤리를 바탕으로 역량을 발휘하기 위해 끊임없이 자기계발을 해야 해요. 기업과 노동자는 서로가 없이는 존재할 수 없어요. 따라서 상호 동반자적 자세를 바탕으로 각자의 위치에서 최선을 다할 때 기업도 바로 서고 노동자의 권리도 지켜질 수 있어요.

소비자의 바람직한 역할

소비자는 경제 활동에서 생산물을 구매하는 활동을 통해 시장의 가격 결정이나 생산에 영향을 미쳐요. 소비자가 선호하는 상품은 많이 팔리고, 그렇지 못한 상품은 결국 사라지게 되지요. 소비자 개개인의 선택은 결국 기업이 무엇을 어떻게 생산할지에 영향을 주어요. 이와 같이 생산물의 종류와 수량을 결정하는 최종적 권한이 소비자에게 있다는 것을 소비자 주권이라고 해요.

오늘날 소비자들은 최소의 비용으로 최대의 편익을 얻는 합리적 소비를 실천하면서, 동시에 환경과 공동체를 고려한 윤리적 소비를 위해서도 노력해야 해요.

윤리적 소비란 소비자가 윤리적 판단에 따라 환경과 인간, 동물에게 해를 끼치지 않는 상품을 소비하는 것을 말해요. 소비자의 선택이 기업이 원료와 제품을 생산하고 유통, 판매하는 모든 과정에 영향을 미친다는 것을 알고, 환경을 고려하여 생산된 친환경 제품이나 생산자에게 정당한 이윤을 돌려주는 공정무역을 통해 만들어진 상품을 선택하는 것이 필요해요.

갑질 기업 퇴출!

N 기업은 대리점주를 향한 욕설과 물량 밀어내기로 논란이 되었어요. 매출을 늘리기 위해 대리점에 주문량을 훨씬 초과하는 물량을 강제로 배정하고, 팔지 못한 물량은 환불해 주지 않아 대리점이 손해를 떠안도록 하는 식이었어요. N 기업은 당시 대리점 피해자협의회를 명예훼손 혐의로 고소하였으나, 여론이 좋지 않자 고소를 취하하고 대리점주를 찾아 사과하였지요. 하지만 이후 몇 년간 소비자들의 반응은 차갑게 식어만 갔어요. 소비자들은 N 기업 불매 운동을 벌이기 시작하였고, 로고가 잘 보이지 않는 제품들을 찾아내 알리는 '숨은 N 기업 찾기' 활동까지 하였어요.

✓내신 필수 체크

1 이윤 창출을 위해 불확실성을 무릅쓰고 새로운 시장을 개척하거나, 신제품 · 신기술을 개발하려는 기업가의 태도를 의미하는 말은?

2 국방, 치안, 도로 등의 (　　　　　)는 국민 생활의 편의와 경제 발전을 위하여 꼭 필요하지만, 수익성이 낮아 시장에서 충분히 공급되지 않으므로 정부가 직접 생산하여 제공한다.

3 자본주의 경제에서 생산물의 종류와 수량을 결정하는 최종적 권한이 소비자에게 있다는 것을 의미하는 말은?

답 1. 기업가 정신 2. 공공재 3. 소비자 주권

다음 자료에 제시된 웹사이트를 보고, 이를 통해 알 수 있는 시장 경제에서 바람직한 소비자의 역할에 대해 서술하시오.

자료 1 열린 소비자 포털 행복드림(www.smartconsumer.go.kr)

위 화면은 [열린 소비자 포털 행복드림] 홈페이지의 메인 화면이다. 공정 거래 위원회와 한국 소비자원이 운영하는 포털 사이트로 소비자의 합리적 선택에 필요한 각종 소비자 정보를 종합적으로 제공하여 소비자의 권익 향상과 주권 확립을 돕고 있다.

또한 중앙 부처와 지방 자치 단체, 공공 기관, 소비자 단체와 연계하여 상품 및 안전 정보와 리콜 정보를 제공하는 것은 물론 피해 구제 신청을 받아 처리하고 있다. 또한 열린 소비자 포털이라는 이름처럼 소비자가 직접 참여하여 국민의 알 권리와 편의를 증진시켜 가고 있다.

예시답안

소비자는 경제 활동에서 수요를 형성해 시장의 가격 결정과 기업의 생산에 영향을 미칠 수 있다. 소비자는 이러한 소비자 주권을 바탕으로 윤리적인 소비를 통해 기업이 환경과 사회를 생각한 건전한 제품을 만들 수 있도록 유도해야 한다. 또한 최소의 비용으로 최대의 만족을 얻을 수 있는 합리적 소비를 할 수 있도록 다양한 정보를 비교하고 소비자의 권리를 숙지해야 한다.

14 국제 무역의 확대와 영향

1980년대에 바나나는 대표적인 고급 과일이었어요. 값이 비싸다 보니 당시 시장에서는 바나나를 지금처럼 한 송이로 팔기보다는 하나씩 낱개로 파는 모습이 더 흔하였어요. 바나나 한 개 가격이 당시 가격으로 2000~3000원이나 되었다고 해요. 지금도 유명한 새우 과자의 가격이 약 200원이었을 때니 바나나가 얼마나 비싼 과일이었는지 알 수 있죠? 그런데 지금의 바나나는 매우 저렴해요. 똑같은 과일의 가격이 왜 이렇게 차이가 많이 나게 되었을까요?

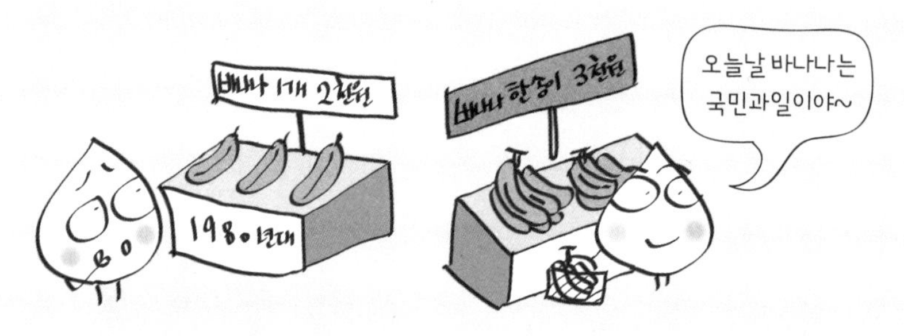

국제 경제 교류의 시작

1970, 80년대만 해도 수입품을 구경하려면 일명 도깨비 시장이라고 부르던 남대문 수입 상가에 가야만 하였어요. 수입 과자나 소스류, 이국적인 그릇, 액세서리 등을 보며 많은 사람들이 신기해하였지요.

국제 경제 교류가 많지 않았던 시절에 바나나는 우리나라에서 가장 따뜻한 지역인 제주도에서 다양한 시설을 이용해 재배하였어요. 어렵게 재배하다 보니 가격이 비싸 특별한 날에나 먹을 수 있었어요. 하지만 이제는 국제 거래가 활발해지며 바나나는 물론, 독일제 자동차와 세계적인 체인을 가진 패스트푸드점, 다양한 외국 국적의 브랜드들이 더 이상 신기하거나 낯설지 않은 일상이 되었어요.

국제 분업과 무역이 필요한 이유

세계 각국은 기후, 지형 등과 같은 자연환경이 다르고 천연자원의 종류와 양에도 차이가 있어요. 이뿐만 아니라 인구의 규모, 교육 수준 등의 사회적 조건이 달라 노동, 자본 등의 생산 요소나 기술 수준에도 차이가 있어요. 이러한 생산 조건의 차이는 같은 종류의 상품을 만들더라도 생산비가 서로 다른 상황을 만들어 내요.

예를 들면 필리핀은 기온이 높고 비가 많이 와서 바나나 재배에 적합해요. 그래서 1년 내내 많은 양의 바나나를 생산할 수 있어요. 하지만 우리나라는 바나나를 재배하기에 적합한 기후가 아니에요. 바나나를 재배하려면 비닐하우스나 온실 시설을 이용해 높은 온도를 유지해 주어야 해서 관리 비용이 많이 발생해요. 그래서 바나나의 가격이 필리핀보다 비쌀 수밖에 없어요.

하지만 우리에게는 다양한 전자 제품을 보다 저렴하게 잘 만들 수 있는 기술이 있어요. 바로 이러한 생산비의 차이를 바탕으로 세계 각국은 자기 나라에서 생산하기 유리한 상품을 전문적으로 생산하는 특화를 하고 있어요. 그리고 이를 바탕으로 하여 다른 나라와 서로 상품을 사고파는 무역이 발생하게 된 것이에요.

오늘날 세계화는 국가 간 무역의 촉진에도 영향을 미쳤어요. 이로 인해 각 나라는 특화를 바탕으로 국제 분업을 더욱 활발히 진행하고 있어요. 이는 서로 다른 상품에서만 발생하고 있는 것이 아니라 하나의 상품 안에서도 보여지고 있어요. 청바지 하나를 만드는 데에도 실, 염색, 지퍼, 디자인 등의 공정이 서로 다른 나라에서 국제 분업을 통해 만들어지고 있어요.

세계 여러 나라는 국제 분업과 무역을 통해서 자국 내에서 생산되지 않거나 부족한 재화와 자원, 기술 및 서비스까지 외국에서 얻고 있어요. 우리

나라도 경제 개발 과정에서 원자재 확보를 위해 무역에 의존하고 있어요.

그런데 모든 나라들이 다른 나라보다 생산비가 적게 드는 상품을 생산해 낼 수 있을까요? 한 나라가 어떤 상품을 생산하는 비용이 다른 나라보다 적게 드는 것을 절대 우위에 있다고 해요. 하지만 어떤 나라의 경우에는 농산물은 물론 공산품과 서비스업에서도 절대 우위를 가지고 있기도 해요. 그럼 그러한 나라는 무역이 발생하지 않을까요?

정답은 '그렇지 않다.'예요. 모든 산업에 절대 우위가 있는 나라라고 할지라도 그중에서 상대적으로 가장 저렴한 생산비로 생산할 수 있는 상품에 비교 우위를 두고 특화하여 생산한 후 다른 나라와 필요한 것을 교환하는 무역을 하는 것이 이익이 되거든요.

한 국가가 상대적으로 더 적은 기회비용으로 상품을 생산할 수 있을 때 비교 우위가 있다고 말해요. 만약 우리나라가 스마트폰과 킥보드를 모두 베트남보다 싸게 만들 수 있다고 가정해 볼까요? 그렇다고 하더라도 우리나라가 킥보드보다 스마트폰을 상대적으로 싸게 만들 수 있다면 우리나라는 스마트폰을 만들고, 베트남은 킥보드를 만들어 무역을 하는 것이 서로 이익이 되겠지요.

비교 우위의 효과를 좀 더 살펴볼까요? 먼저 두 나라 간 생산 요소의 이동은 없고 상품 생산에 드는 비용은 노동비만 있다고 가정해 볼게요.

B국은 휴대 전화, 텔레비전 생산 모두에 절대 우위가 있어요. 무역이 절대 우위에 따라 발생한다면 이러한 상황에서는 무역이 발생하지 않아요. 즉, 무역 이전의 생산량은 A국 22명, B국 14명의 노동력으로 휴대 전화 2대, 텔레비전 2대를 생산해요.

▼ 무역이 이루어지기 전

구분	A국	B국
휴대 전화 1대 생산에 필요한 노동력	10명	8명
텔레비전 1대 생산에 필요한 노동력	12명	6명

A국은 휴대 전화 생산의 기회비용, B국은 텔레비전 생산에 대한 기회비용이 상대적으로 적어요. 이를 바탕으로 A국은 휴대 전화 생산에 B국은 텔레비전 생산에 비교 우위가 있어요.

비교 우위에 따라 각각 2대씩 생산하여 교역하면, A국 20명, B국 12명의 노동력으로 휴대 전화 2대, 텔레비전 2대를 생산해요. 곧 비교 우위에 따라 특화하여 교역한 것이 A국은 2명의 노동력, B국은 2명의 노동력을 절감할 수 있어서 모두에게 이익이 되어요.

▼ 무역이 이루어진 후

구분	A국	B국
휴대 전화 1대 생산에 필요한 기회비용	**텔레비전 10/12대**	텔레비전 8/6대
텔레비전 1대 생산에 필요한 기회비용	휴대 전화 12/10대	**휴대 전화 6/8대**

자료 쏙 한줄 논술

#경제성장 초 노동 집약적 제품 비교 우위
#자본과 기술 축적으로 첨단 상품의 비교 우위

Q 우리나라의 교역 상품이 다음과 같이 변한 이유는?

▼ 비교 우위에 따른 우리나라 주요 교역 상품의 변화(한국무역협회)

1961년	수출	수입
1위	철광석	양모
2위	텅스텐	어패류
3위	생사	원면
4위	무연탄	광물·연료
5위	오징어	곡물

1970년	수출	수입
1위	섬유	일반 기계
2위	합판	곡물
3위	가발	운반용 기기
4위	철광석	전기 기기
5위	전자 제품	석유

1980년	수출	수입
1위	의류	원유
2위	철·강판	곡물
3위	선박	기타 기계
4위	섬유	식물성 원료
5위	음향 기기	목재류

1990년	수출	수입
1위	의류	원유
2위	반도체	기타 기계
3위	신발	반도체
4위	선박	석유 제품
5위	영상 기기	축산물

2015년	수출	수입
1위	반도체	원유
2위	자동차	반도체
3위	선박	천연가스
4위	무선 통신 기기	석유 제품
5위	석유 제품	무선 통신 기기

국제 무역 확대에 따른 영향

무역을 통해 개인과 기업, 그리고 국가는 다양한 이익을 얻을 수 있게 되었어요. 먼저 개인적 차원에서는 상품 선택의 폭이 확대되었어요. 우리나라에서 생산되지 않는 열대 과일이나 연어, 참치와 같은 수산물뿐만 아니라 전 세계 여러 곳에서 생산된 공산품까지 다양한 재화와 서비스 가운데서 질 좋고 저렴한 것을 선택할 수 있게 되었지요. 게다가 해외여행, 해외 취업 등 생활의 범위도 넓어졌어요.

기업은 무역을 통해 해외에서 더욱 값싼 원료를 수입할 수 있게 되었고, 생산비 절감을 통해 더욱 많은 상품을 생산할 수 있게 되었어요. 뿐만 아니라 해외의 넓은 시장에 상품을 판매하여 큰 이윤을 얻을 수 있어요. 또한 세계의 소비자들에게 선택받을 수 있는 제품을 생산하기 위해 끊임없는 기술 개발과 품질 관리를 위해 노력하고 있어요. 이 과정에서 국내 경제가 활성화되고, 일자리가 창출되어 국가 경제가 성장하게 되어요.

무역은 새로운 기술을 전파하여 전 세계에 도움을 주기도 해요. 활발한 상품과 노동력의 이동은 선진 기술을 들여오는 데에 도움을 주었고 이를 통해 개발도상국은 발전의 기회를 얻기도 해요. 우리나라 또한 과거 노동력 중심 산업을 시작으로 무역을 통한 다양한 기술의 도입과 부단한 노력을 통해 오늘날 기술 집약적인 상품을 생산하는 단계로 도약할 수 있었어요.

오늘날 세계 무역 기구(WTO)의 등장과 국가 간의 자유 무역 협정(FTA) 체결로 국제 거래는 더욱 활발히 이루어지고 있어요. 세계 무역 기구(WTO)는 국가 간에 자유로운 무역을 확대하기 위해 1995년 만들어진 국제기구예요. 회원국들은 세계 무역 기구가 정한 기준에 따라 시장을 개방하고 자유롭게 무역을 하고 있어요. 회원국들 간에 무역에 관한 다툼이 발생할 경우 이를 조정해 주기도 하고 때로는 재판을 통해

뉴스 속 한줄 논술

#소비자의 선택의 폭 증가 #다양하고 질 좋은 저렴한 상품 소비 #생활의 범위 확대

Q 국제 무역 확대가 개인에게 미친 영향은?

한국 사회 달라진 식탁 풍경

식탁이 세계화되면서 향신료도 다양해지는 추세이다. 동남아시아 요리에 주로 쓰이는 고수의 경우 찾는 소비자들이 많아지면서 마트에서 구입할 수 있게 되었다. 로즈마리·타임·루콜라를 비롯한 다양한 서양 허브의 전체 매출은 지난해 동기 대비 55 % 늘어난 것으로 집계되었다. '홈술' 하는 혼술족이 늘면서 돼지 다리를 말린 햄인 '하몽'이나 이탈리아식 말린 소시지인 '살라미'도 지난 3월부터 마트 매장 판매를 시작하였다. 박대섭 상명대학교 외식영양학과 교수는 "세계화에 따라 다양한 식자재가 시장에 선보이고, 국민 소득수준이 높아지며 여러 문화권 음식을 즐기려는 '에스닉 푸드' 수요 역시 늘어나는 것은 자연스러운 일"이라면서 "앞으로도 집밥 재료는 더욱 다변화될 것으로 예상된다"고 하였다.

– 경향신문 2017. 12. 13. –

벌금도 부과해요.

세계 무역 기구가 범세계적인 국제기구라면 자유 무역 협정(FTA)은 두 나라 혹은 소수 몇 나라가 무역에 관한 관세 및 무역 장벽을 철폐하고 협정에 가입한 나라들끼리만 무역 특혜를 부여하는 협정이에요. 우리나라는 특히 FTA를 적극적으로 맺고 있는 나라예요. 2004년 칠레를 시작으로, 싱가포르, 유럽 자유 무역 연합(스위스, 노르웨이, 아이슬란드, 리히텐슈타인), 인도, 미국, 터키, 오스트레일리아 등 많은 나라들과 협정을 체결하였어요. 이 때문에 우리 기업이 FTA를 맺은 국가에 수출을 할 때나 이들 국가에서 우리나라로 수입을 할 때에 관세가 붙지 않아 더 저렴한 가격에 수출과 수입이 가능해졌어요.

#국내 기업 경쟁력 강화 #효율성과 생산성 증가 #국내 경제 성장

Q 우리나라 무역 확대가 기업과 우리 경제에 미친 영향은?

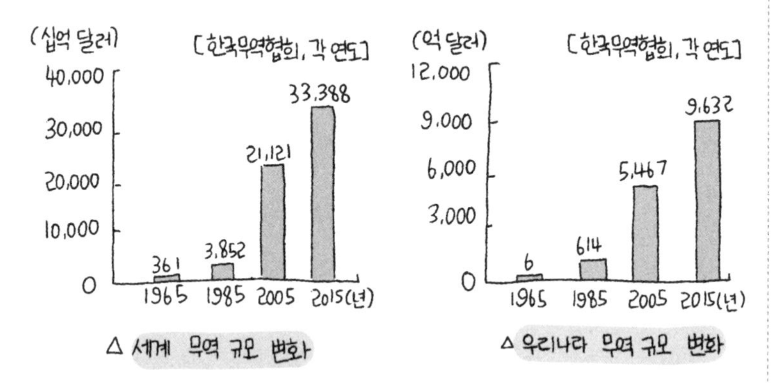

2019년 우리나라의 교역 규모가 3년 연속으로 1조 달러를 넘어섰다. 산업통상자원부의 발표에 따르면 연간 누적 무역액이 1조 달러를 넘어 지난 2017년 이후 3년 연속 무역 1조 달러를 달성하였다고 밝혔다. 역대 무역 1조 달러 달성국은 우리나라를 포함해 10개국이며 현재 추세로 가면 무역 규모 순위는 2013년 이후 7년 연속 9위를 기록할 것으로 전망된다.

– 내일신문, 2019. 12. 17. –

그러나 국가 간 무역이 확대되면 경쟁력을 갖추지 못한 국내 산업이나 기업은 어려움을 겪을 수 있어요. 그렇게 되면 산업의 다양성이 줄어들고, 여기에 종사하는 노동자들이 일자리를 잃는 등 여러 문제가 나타날 수 있어요. 그 사례로 우리나라가 칠레와 FTA를 체결하면서 미친 영향이 있어요. FTA 이후 값싼 칠레산 포도가 수입되기 시작되었어요. 관세의 장벽 없이 수입된 칠레산 포도는 저렴한 가격으로 시장을 장악해 나갔고 결국 가격 경쟁력을 잃은 국내 포도 농가들은 폐업을 결정하는 일까지 생겨났어요. 2016년 기준으로, 국내 포도의 54 %를 생산하는 경상북도의 경우 전체 경작지의 10 %에 이르는 지역의 포도 농가가 폐업하였어요.

또한 다른 나라의 경제 상황이 국내 경제에 미치는 영향이 커지는 것도 문제예요. 우리나라는 무역 의존도가 높아 과거 미국 금융 위기, 유럽 재정 위기 등과 같은 세계 경제의 불안 요인이 발생할 때마다 그 영향으로 국내 경제가 불안해지기도 하였어요. 게다가 자유 무역의 확대

우리나라의 국내 총생산에서 수출과 수입이 차지하는 비중이 지속적으로 증가하고 있어요. 무역 의존도가 높아지는 만큼 세계 경제의 불안 요인이 발생하면 수출 환경이 나빠져 국내 경제에 악영향을 미칠 위험도 높아질 우려가 있지요.

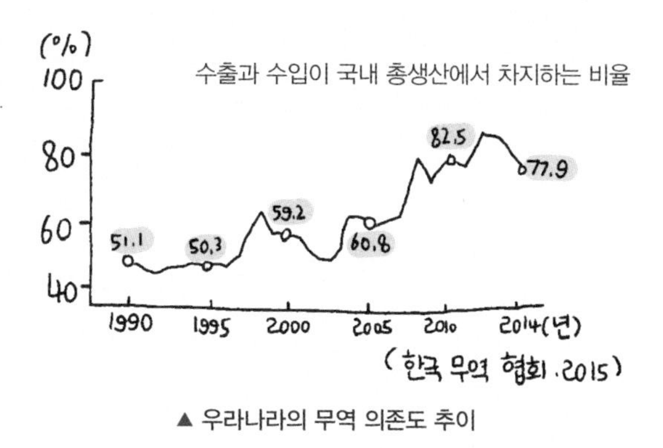

▲ 우라나라의 무역 의존도 추이

로 국가 간 갈등과 마찰도 자주 발생하고 있기 때문에 이러한 갈등이 정치적 문제로 확산될 가능성도 유의해야 해요.

미중 무역전쟁 장기화… 韓 철강-반도체 최대 피해 우려

왕윤종 현대중국학회장은 "미 · 중 마찰은 종합적 시각으로 봐야 하는데 올해 안에 봉합 가능성은 높지 않다고 본다"며 "미국은 합의 이행을 중국 국내법 개정 수준으로 요구하지만 중국은 내정 간섭이라고 반발하고, 트럼프는 대선에 부정적 영향을 미칠 협상 양보는 절대 안 할 것이기 때문"이라고 주장하였다.
통상전문가들은 미 · 중 무역 분쟁 장기화 시 국내 철강과 반도체 산업 피해가 가장 클 것으로 우려하였다 … 중략 … "철강은 수출비중이 40~45% 정도로 대외의존도가 높은데 미국의 무역 232조 적용에다 미 · 중 분쟁까지 겹치면 최대 10년은 대미 수출 복원은 어려울 수 있다"고 예상하였다.

– 파이낸셜뉴스, 2019. 9. 9. –

✓내신 필수 체크

1 각국의 기술 수준, 자본, 노동력 등의 차이로 인한 (　　　　　)의 차이가 국제 분업과 무역을 초래한다.

2 무역 확대의 긍정적 영향에는 다양한 상품의 소비 기회 증가, 국내 기업의 (　　　　　) 강화, 기술 전파 등이 있다.

3 무역이 확대되며 국가 간 상호 의존도가 심화되었고 다른 나라의 경제 상황이 국내 경제에 미치는 영향도 (작게, 커지게) 되었다.

답 1. 생산비 2. 경쟁력 3. 커지게

탐구 서·논술

다음 자료와 같이 국가별 주력 수출 상품이 다른 이유를 찾아 서술하시오.

자료 세계 여러 나라의 주력 수출 상품

미국, 일본, 독일 등은 많은 자본과 높은 기술을 바탕으로 기계를 주력 상품으로 하고 있고, 방글라데시는 풍부한 노동력을 바탕으로 의류를 주로 수출한다. 오스트레일리아, 사우디아라비아, 칠레 등은 천연자원을 주로 수출하고, 에티오피아와 우루과이는 농산물이 주력 수출 상품이다.

예시답안

각 나라마다 자본의 양, 기술 수준, 천연자원의 매장량, 자연환경 등이 다르고 이 때문에 국가 간 상품 생산비의 차이가 발생하기 때문이다. 각각의 상품의 생산비에 따른 기회비용을 비교하여 비교 우위에 따라 각 나라별로 상대적으로 저렴하게 생산할 수 있는 상품을 특화하여 교역하면 각 나라가 이익을 얻을 수 있다.

15 자산 관리와 금융 생활

'100－나이'의 법칙이라는 것이 있어요. 합리적인 자산 관리를 위해 기억해야 할 내용 가운데 하나예요. 안전한 자산과 위험하지만 수익률이 높은 자산에 분산 투자할 때 나이에 따라 그 비중을 다르게 할 필요가 있어요. 젊을 때는 투자에서 실패를 맛보더라도 이를 회복할 수 있는 시간과 건강이 있지만, 나이가 들수록 그 시간은 짧아지게 돼요. 그래서 '100－나이'의 법칙이라는 것이 등장하였어요. 30세이면 자산의 70%은 수익률을 보고 나머지 30%는 안전한 자산에 투자하고 50세이면 자산의 50%는 수익률, 나머지 50%은 안전성을 보고 투자를 해야 하는 것이에요.

자산 관리의 기본 원칙

의료 기술이 발달하고 생활 수준이 향상되면서 사람들의 평균 수명이 늘어나고 있어요. 우리나라의 기대 수명도 점점 늘어나고 있지요. 기대 수명은 그해 태어난 아이가 생존할 것으로 기대되는 평균 연수를 말해요. 2000년 태어난 사람들을 기준으로 기대 수명은 남자는 72.3세, 여자는 79.6세이고 매년 기대 수명은 늘어나고 있어요.

반면 우리나라의 평균 정년은 60세가 채 되지 않아요. 따라서 정년을 맞아 은퇴를 하면 경제활동으로 얻는 수입이 없거나 줄어든 채로 보내야 할 기간들이 꽤 긴 것을 알 수 있어요. 이런 상황 속에서 안정적인 미래의 경제생활을 위한 자산 관리의 필요성은 더욱 증가하고 있어요.

▼ 우리나라의 평균 정년(고용노동부, 각 연도)

연도(년)	2010	2011	2012	2013	2014
연령(세)	57.4	57.4	57.5	57.7	58.1

자산이란 소유하고 있는 것 중에서 경제적 가치를 지닌 것, 곧 현금화할 수 있는 것을 말해요. 자산 중에서도 토지, 건물, 골동품같이 실물로 이루어진 실물 자산이 있고, 금융 회사와 연결된 예금, 주식, 채권 등의 금융 자산이 있어요.

자산 관리는 생애 주기에 따른 소득과 소비를 고려해서 자신의 자산을 만들고 그 가치를 늘리기 위한 운영을 말해요.

효과적인 자산 관리를 위해서는 자산 관리의 기본 원칙인 안전성, 수익성, 유동성을 고려해야 해요. 안전성은 원금에서 손실을 가져올 가능성이 적은 정도를, 수익성은 금융 상품의 가격 상승이나 이자 수익을 통해 원금에 비해 얼마나 더 많은 이익을 얻을 수 있는지를 말해요. 보통 이 두 가지 성질은 반대로 나타나고 있어요. 안전성이 높은 금융 자산은 수익성이 떨어지고 반대로 수익성이 높을수록 안전성이 낮게 나타나요. 유동성은 환금성이라고도 하는데, 필요할 때 현금으로 전환할 수 있는 가능성을 말해요. 일상생활 속에서 갑자기 현금이 필요할 때, 자산을 현금으로 전환하는 데 시간이 오래 걸린다면 유동성이 낮다고 볼 수 있어요.

그럼 위의 특성들을 바탕으로 다양한 금융 자산의 종류와 특징들을 알아볼까요?

대표적인 금융 자산으로는 예금, 적금, 주식, 채권 등이 있어요.

예금은 목돈을 일정 기간 은행에 맡겨두고, 만기일에 원금과 이자를 받는 것이고, 적금은 계약 기간 동안 일정한 금액을 여러 번 납입하여 만기시에 원금과 이자를 받는 것이에요. 예금과 적금은 예금자 보호 제도를 통해 보호를 받으므로 안정적이라는 장점이 있어요. 하지만 수익성이 다른 금융 자산에 비해 상대적으로 낮은 편이에요. 예금은 예금주가 원하는 경우 즉시 인출할 수 있고, 적금도 이자에 대한 약간의 손

개념 쏙 사회 상식

예금자 보호 제도

금융 기관이 경영 악화 등으로 예금을 지급할 수 없는 경우 예금 보험 공사에서 대신 원금과 이자를 합하여 1인당 최대 5천만 원까지 돌려 줄 수 있도록 하는 제도

해만 치르면 곧바로 현금으로 돌려받을 수 있어서 모두 유동성이 높아요.

주식은 주식회사가 자금을 마련하기 위해 투자자로부터 돈을 받고 발행하는 증서예요. 주식의 가격은 고정된 것이 아니기 때문에 주식 가격

은행 예금 금리는 어느 정도인가요?

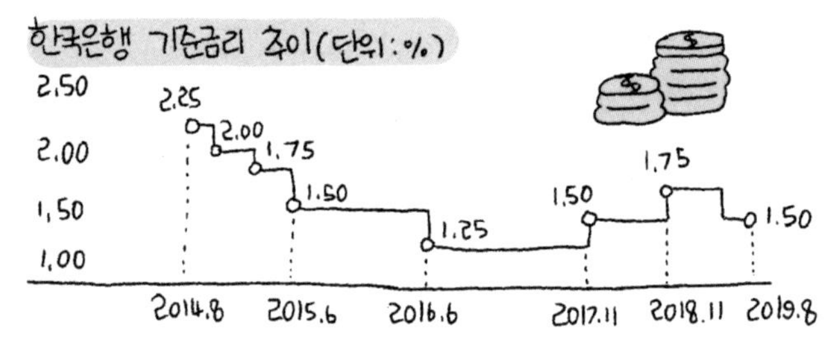

▲ 한국은행 기준금리 추이(단위: %)

2019년 9월 기준 우리나라 6대 은행의 평균 예금 금리는 1년 만기 기준으로 1.24 %였어요. 물가 상승률을 감안한다면 1 %대의 금리는 거의 수익성이 없다고 볼 수 있어요. 요즘에는 현 상황을 담은 저금리 시대라는 표현이 등장하는 뉴스 기사들을 심심치 않게 볼 수 있어요.

최근에는 마이너스 금리라는 표현도 자주 접하게 되었어요. 이미 유럽의 민간은행 사이에서는 개인의 예금 계좌에 마이너스 금리를 적용하는 움직임이 확산되고 있다고 해요. 덴마크 대형 은행인 유스케 은행은 잔고 750만 크로네(약 13억 4700만 원)를 초과하는 계좌에 대해 연 0.6 %의 수수료(마이너스 금리)를 받는다고 발표하였어요. 스위스 민간은행도 국채 등의 마이너스 금리 심화가 수익을 압박하자 예금자들에게 부담을 전가할 수밖에 없다는 입장이에요.

개념 쏙 사회 상식

배당
주식회사가 투자자들에게 회사 경영을 통해 얻은 이익 가운데 일부를 투자자의 투자 지분에 따라 나눠 주는 것

시세 차익
투자자들이 주식 가격이 낮게 형성되어 있을 때 샀던 주식을 가격이 오른 시점에 내다 팔아서 얻는 이익

이 상승하는 경우에는 많은 수익을 얻을 수 있어요. 반면 주식의 가격이 떨어지면 투자 원금에 손실이 발생할 수 있어요. 만약 기업이 파산하게 되면 주식에 투자한 돈을 전부 잃을 수도 있어 안전성이 낮은 금융 자산이에요.

얼마 전 연예계에 성매매, 해외 원정 도박과 같은 각종 의혹과 논란이 일며 3대 거대 기획사의 주가(주식의 가치)가 모두 크게 하락한 일이 있었어요. 한류 열풍으로 크게 올랐던 주가는 부정적인 이슈로 투자심리를 악화시키며 하락하였고 당시 한 엔터테인먼트의 최대 지주의 주식 자산은 1585억 원에서 722억 원으로 1년도 채 지나지 않은 사이에 반토막이 나기까지 하였어요.

채권은 정부나 공공 기관, 기업 등이 돈을 빌리며 발생한 차용 증서로, 자금을 빌리며 언제까지 갚겠다는 것을 표시하여 발행해요. 약속한 기한이 되면 이자와 함께 원금을 돌려받을 수 있고, 필요한 경우 채권 시장에서 팔 수도 있어요. 채권은 예금보다 높은 이자 수입을 비교적 안정적으로 얻을 수 있어 예금보다는 수익성이 높고, 주식보다는 안전성이 높다고 평가해요. 하지만 채권 또한 발행한 기업이 파산하는 경우 원금 손실의 위험성이 있어요.

이 밖에도 미래에 발생할 수 있는 질병이나 사고 등의 위험에 대비하

여 현재에 미리 돈을 내고 사고를 당하면 일정 금액을 받는 보험, 투자 전문가에게 돈을 맡겨 수익을 내도록 하는 펀드, 소득의 일부를 저축하여 노후에 매달 일정액을 받는 연금 등 다양한 금융 자산이 있어요. 따라서 이러한 다양한 자산의 특징을 파악해서 안전성, 수익성, 유동성이라는 세 가지 원칙을 바탕으로 균형 있게 분산 투자를 하는 것이 중요해요.

생애 주기별 금융 생활

사람은 아동기를 지나 청소년기, 청년기, 중·장년기, 노년기로 인생의 변화를 겪게 되어요. 이렇게 끊임없이 변화하는 인생의 긴 과정을 생애 주기(life cycle)라고 해요.

생애 주기의 각 단계에 따라 필요한 자금의 내용과 크기가 달라지고, 소득도 달라져요. 일반적으로 아동기와 청소년기에는 주로 부모의 소득에 의존해서 소비를 해요. 분유와 기저귀를 시작으로 교복, 책, 가방 등 사야할 것은 많지만 아직은 수입이 없는 시기예요.

일반적으로 사회생활을 시작하는 청년기에 들어서면서 생산 활동에 참여해서 소득이 증가하기 시작해요.

중·장년기는 소득이 가장 높은 시기에 해당해요. 그와 함께 결혼, 출산, 자녀 양육, 주택 마련 등 소비할 것들도 크게 늘어나고 지출도 많은 시기이기도 해요.

노년기에는 근로 소득이 크게 줄어들거나 퇴직을 하며 소득이 없어지지만 여전히 다양한 비용의 지출이 발생해요.

안정적인 미래를 준비하고 자신의 계획을 실현하기 위해서는 생애 주기를 바탕으로 금융 생활 설계를 해두는 것이 필요해요. 생애 주기 가운데 결혼 자금이나 주택 마련, 자녀의 양육과 교육 자금, 노후 자금 등과 같이 목돈이 필요한 경우는 미리 예측하고 재무 설계를 해두는 것이 중요해요. 이를 위해서는 지금의 소득이나 자산을 기준으로 현재의 소비를 결정하는 것이 아니라 장기적 관점에서 소비와 저축을 결정해야 해요.

그래프 속 한줄 논술

#생애 주기별 경제 생활 #한정된 소득 #평생 동안 소비 #안정적 미래

Q 자산 관리가 필요한 이유는?

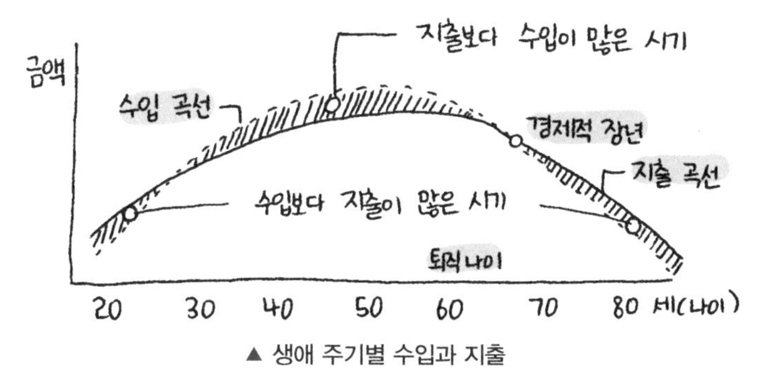

▲ 생애 주기별 수입과 지출

✓내신 필수 체크

1 자산을 합리적으로 관리하기 위해서 고려해야 할 세 가지 원칙은?

2 한 가지 자산에 투자하는 것보다 여러 유형의 자산에 (집중, 분산) 투자하면 큰 손해를 면할 수 있다.

3 (   )는 시간의 흐름에 따라 개인의 삶이 어떻게 변해 가는지 단계별로 나타낸 것이다.

답 1. 안전성, 수익성, 유동성 2. 분산 3. 생애 주기

탐구 서·논술

다음에서 제시된 자료들을 바탕으로 자산 관리의 바람직한 방법에 대해 서술하시오.

자료 1 포트폴리오(portfolio)

포트폴리오는 원래 간단한 서류 가방이나 자료 수집철을 뜻하는 말이다. 금융에서는 금융 회사나 개인이 보유하고 있는 금융 자산의 목록을 뜻하는 말로 사용되고 있다.

자료 2 달걀을 한 바구니에 담지 마라.

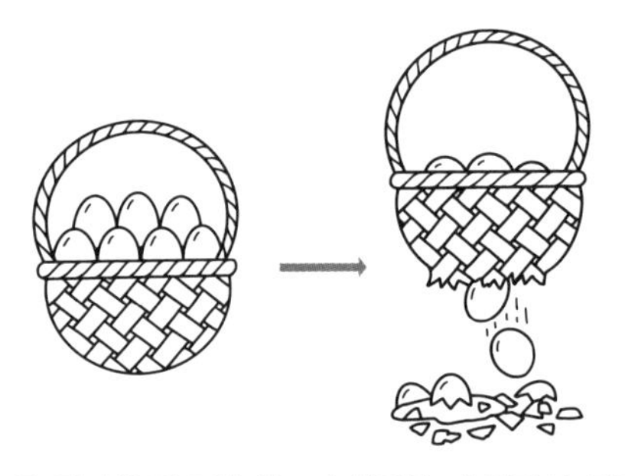

한 바구니에 모든 달걀을 담으면 사고가 생겼을 때 달걀이 모두 깨질 수 있으므로 여러 곳에 나누어 담으라는 의미의 격언이다.

예시답안

포트폴리오와 '달걀을 한 바구니에 담지 마라'는 표현은 바로 분산투자의 중요성을 일컫는 것이다. 일반적으로 수익성이 높은 금융 상품일수록 안전성이 낮고, 안전성이 높은 금융 상품일수록 수익성이 떨어진다. 따라서 합리적인 자산관리는 안전성만을 추구하거나 수익성만을 추구하지 않고, 보유한 자산을 일정 비율로 적절히 분배해야 한다. 이러한 분산 투자는 위험을 최대한 회피하면서도 수익을 포기하지 않을 수 있다. 여러 금융 상품에 나누어 자산을 관리하면 특정 금융 상품이 손해를 보더라도 다른 금융 상품에서 수익을 얻을 수 있다. 모든 상품들이 동시에 그 가치가 하락하는 경우는 드물기 때문이다.

memo

2부_인간과 공동체

Ⅵ

사회 정의와 불평등

16 정의의 의미

일반적으로 '정의'를 말할 때 '정의의 여신상'을 많이 이야기해요. 정의의 여신상은 눈을 감거나 가리고 있고, 한 손에는 저울을, 다른 한 손에는 칼을 쥐고 있어요. 가린 눈과 저울은 공정하고 공평한 판정을 상징하고, 칼은 정확한 판정에 따라 정의를 실현하기 위한 엄정한 힘을 의미해요. 우리 친구들은 정의를 위해 필요한 것에는 어떤 것이 있다고 생각하나요?

정의란 무엇일까

우리 사회에서 하루빨리 사라졌으면 하는 말이 있어요. 바로 "독립운동을 하면 삼대가 망하고, 친일을 하면 삼대가 흥한다."라는 말이에요. 목숨을 바쳐 독립을 위해 희생한 이들은 자신의 가족을 제대로 돌볼 수 없어 가난만을 물려주는 일이 많았어요. 반면, 친일을 하며 같은 민족을 희생시킨 이들은 부를 축적하여 후대에게도 그 재산을 물려주며 대대로 잘살고 있어요. 이러한 사회는 그 누구도 정의롭다고 할 수 없을 것이에요.

2018년 광복절을 앞두고 문재인 대통령은 이 말이 사라지도록 하겠다고 약속하였어요. 각자의 역할과 기여에 상응하는 대우를 받고, 부당한 피해에 적절한 배상을 받을 수 있는 사회, 의무를 다하지 않거나 잘못을 저지른 사람이 응분의 처벌을 받는 사회, 그러한 사회가 바로 정의로운 사회라고 할 수 있어요.

고대 그리스의 철학자 아리스토텔레스는 "정의란 같은 것을 같게 대우하고 다른 것은 다르게 대우하는 것이며, 각자에게 각자의 몫을 주는 것이다."라고 하였어요. 아리스토텔레스의 스승이었던 플라톤은 정의를 '국가가 지녀야 할 가장 필수적 덕목'이라고 말하며 국가와 영혼을 이루는 각 부분들이 지혜, 용기, 절제라는 고유의 덕을 구현하면서 전체적으로 조화를 이루는 상태인 정의를 이루어야 한다고 생각하였어요.

공자는 '백성의 가난보다 더 큰 문제는 고르지 못한 것'이라 하였어요. 이처럼 정의는 오래전부터 많은 이들이 중요하게 생각하고 지키려 한 보편적 가치로 개인의 삶과 사회를 이끌어가는 데 필요한 가치로 여겨져 왔어요.

정의가 필요한 이유

정의롭지 못한 사회에서 개인은 자신의 정당한 권리를 보장받지 못하고 차별 받을 수 있어요. 이러한 사회에서 인권 보장을 기대하기는 어려워요.

예를 들면 어떤 사람은 열심히 공부하여 자격증을 따고 준비해서 취업하였는데, 어떤 사람은 취업 시험 결과와 관계없이 부모님의 인맥으로 입사하였다면 어떨까요?

이렇게 공정하지 못하고 정의롭지 못한 상황이 벌어진다면 많은 이들이 기본권을 침해당하고 불행하다고 생각할 것이에요. 이러한 상황이 발생하지 않도록 우리에게는 각자가 노력한 바에 따라 정당하게 대우받

는 정의가 필요해요.

정의는 구성원들이 공동체의 발전을 위해 서로를 신뢰하며 적극적으로 참여하고 협력하게 해 주어요. 정의롭지 못한 사회에서는 자신의 노력보다 인맥이나 권력, 뇌물 등을 이용하여 부당하게 목적을 이루려는 개인들이 많아지고, 서로에게 불신이 생겨 개인이나 집단 간의 갈등으로 이어질 수 있어요. 이것은 사회 통합을 저해하는 요소예요.

반면에 정의로운 법과 제도가 있는 사회에서는 모두가 평등하게 대우받고, 공정하게 자기의 몫을 분배받아 신뢰를 바탕으로 사회 통합을 이루어 낼 수 있어요.

미국의 정치 철학자인 존 롤스(Rawls, J.)는『정의론』에서 사회 제도의 제1덕목을 정의라고 말하였어요.

> "사상 체계의 제1 덕목을 진리라고 한다면, 정의는 사회 제도의 제1 덕목이다."
>
> – 존 롤스 –

존 롤스는 아무리 효율적인 사회 제도라도 정의롭지 못하면 자유와 같은 개인의 불가침의 권리가 침해될 수 있기 때문에, 사회 제도의 제1 덕목으로서 정의가 필요하다고 생각한 것이에요.

정의의 실질적 기준

우리가 살아가는 데는 소득, 재화와 서비스, 기회, 사회적 지위와 권리 등 다양한 사회적 자원이 필요해요. 그러나 사회적 자원은 모든 사람이 만족할 만큼 충분히 가질 수 없고 희소해요. 그러다 보니 사회적 자원을 공정하게 배분하는 분배적 정의가 필요해요. 그리고 능력, 업적, 필요는 분배적 정의를 실현하는 데 적용하는 대표적인 실질적 기준이에요.

학급에서 한 명의 학생만 미술 대회에 출전할 수 있는 기회가 있다고 생각해 볼까요? 이때 그림을 가장 잘 그리는 학생에게 출전 기회를 주는 것은 바로 개인이 가진 잠재력과 재능, 즉 능력을 분배 기준으로 삼은 것이에요.

능력에 따른 분배는 사람들의 하고자 하는 의지를 자극시키고 가지고 있는 잠재력을 일깨울 수 있는 기회를 제공해요. 신체적 또는 정신적 능력이 뛰어난 이들의 적극적인 참여를 통해 개인은 물론 사회 발전에도 도움이 된다고 보는 것이에요.

하지만 능력을 분배 기준으로 삼는 것은 타고난 재능, 환경과 같은 우연적 요소가 개입할 수 있다는 한계가 있어요. 태어날 때 부모로부터 뛰어난 재능을 물려받았거나, 성장 환경에서 교육을 받을 기회가 많은 이들에게만 분배가 이루어지는 것은 그렇지 않은 사회적 · 경제적 약자의 소외감을 유발하고 불평등을 심화시킬 수 있어요. 또한 능력을 평가하는 정확한 기준을 마련하기 어려운 측면도 있어요.

객관적인 능력 평가를 위한 도전

취업을 위해 꼭 거쳐야 할 관문 중 하나가 바로 면접이에요. 기업은 면접을 통해 기업에서 필요한 능력을 가진 인재를 가려 내야 하지요. 하지만 대부분의 면접은 면접관이 지원자를 대면하여 평가하는 방식으로 이루어지고 있어요. 그러다 보니 기업이 바라는 인재상을 뽑아야 하겠지만 아무래도 면접관이 가지고 있는 주관적인 감정이나 선입견 등이 반영될 우려가 있어요. 그래서 최근 등장한 것이 바로 AI 면접이에요. 2019년 AI 면접을 도입한 기업은 무려 141개사에 이른다고 해요. AI는 지원자의 표정이나 사용하는 어휘 등을 바탕으로 그가 가지고 있는 잠재력을 평가해요. 객관적인 방법으로 더 훌륭한 인재를 선발하기 위한 기업의 새로운 도전이라고 할 수 있겠어요.

올림픽에서는 선수들의 경기 결과에 따라 금메달, 은메달, 동메달을 주어요. 이것은 업적에 따른 분배가 이루어진 것이에요. 출신이나 가문 등이 아닌 능력과 노력의 결과로 쌓은 업적에 따라 각자의 소득이나 사회적 지위가 분배되면 개인의 재능이 최대한 발휘되고 자원이 효율적으로 사용될 수 있어요.

하지만 이 기준 또한 문제점이 있어요. 업적을 분배적 정의의 기준으로 삼을 경우, 타고난 성별, 건강, 재산, 종교, 사회적 계층이 달라 업적을 쌓을 수 있는 기회에 차이가 생길 수 있고, 이 때문에 사회적 약자에 대한 배려가 부족해질 수 있어요.

또한 업적을 지나치게 강조할 경우, 구성원 간에 업적을 쌓기 위한 경쟁이 과열될 우려가 있고, 이로 인한 사회적 갈등과 비인간화 현상이 발생할 수 있어요.

사례 쏙 한줄 논술

#객관적 평가와 측정 용이 #동기 부여 #사회적 약자 소외
#과열 경쟁 #사회적 갈등

Q 업적에 따른 분배의 장점과 한계는?

입시 제도를 통해 본 업적에 따른 분배의 한계

2022학년 대입 제도를 둘러싸고 제도 개선에 대한 논의가 한창 이루어지던 때, 학생의 능력과 업적을 판단하는 내신이나 학생부의 신뢰도에 의구심을 가지는 학부모와 학생들이 많다는 기사들이 쏟아져 나왔다. 우수한 학생을 선발하기 위해 학생들의 능력과 업적을 평가하는 '자기 소개서'와 학교 생활 기록부 기재사항 중 '수상경력'과 같은 사항들은 '금수저* 요소'라고까지 불리며 공정성과 투명성에 대한 비판도 많았다. 실제 대학 입시를 둘러싸고 능력이나 업적을 기준으로 한 분배의 평가 기준이 모호하여 정의롭지 못한 상황이 벌어지기도 한다. 분배의 과정에서 사회적 약자에 대한 배려가 부족하고 경쟁이 과열되면 구성원 간 사회적 갈등이 커질 우려가 있다.

*금수저: 부유하거나 사회적 지위가 높은 부모에게서 태어나 경제적 여유 따위의 좋은 환경을 누리는 사람을 비유적으로 이르는 말

필요에 따른 분배는 인간다운 삶을 보장하는 데 기본적인 욕구를 충족할 수 있도록 분배하는 것을 말해요. 이렇게 하면 최대한 많은 사람이 인간다운 삶을 실현할 수 있도록 돕고, 사회적 약자를 위해 더 많은 재화를 사용할 수 있어요. 복지 정책을 통해 생계비나 의료비를 지원하는 일 등이 해당되어요.

하지만 이러한 분배는 열심히 일하려는 동기를 약화시켜 사회 전체의 경제적 효율성을 떨어뜨리게 되고, 모두의 필요를 충족하기도 쉽지 않다는 한계가 있어요.

자본주의와 사회주의에서 나타난 분배의 기준

오늘날의 수정 자본주의는 누구나 자유로운 경제 활동을 통해 합리적으로 이윤을 추구할 수 있다고 보며, 이를 위해 모두가 평등한 기회를 얻는 것을 중시해요. 기회가 평등하게 주어졌다면 능력이나 노력, 업적 등에 따른 분배를 정당하다고 보는 것이지요. 복지 정책 등을 통해 필요에 따른 분배를 실현하기도 해요.
사회주의는 자본주의에서 발생하는 빈부 격차와 같은 문제를 해소하고, 모두가 차별받지 않는 평등한 사회를 추구해요. 인간으로서의 존엄을 유지하기 위해서는 경제적 평등이 실현되는 것이 중요하다고 생각하고 필요에 따른 분배를 강조하지요.

이처럼 분배적 정의의 기준은 다양하고 또 각각 장점과 한계가 있어서 어느 한 가지 기준만을 적용하여 정의롭다고 평가하기는 어려워요. 따라서 분배적 정의가 요구되는 상황이 발생하면, 여러 기준을 고려해 가장 적합한 분배 기준을 찾으려는 노력이 필요해요.

✓내신 필수 체크

1 보통 '각자에게 각자의 몫을 주는 것'으로 표현되며, 공정한 분배를 추구하는 중요한 기준이 되는 것은?

2 정의롭지 못한 사회에서 구성원들은 사회에 불신을 갖게 되며, 이것은 개인이나 집단 간의 갈등으로 이어져 (   )을 저해할 수 있다.

3 한정된 사회적 자원을 분배하는 것과 관련된 정의를 (   ) 정의라고 한다.

답 1. 정의 2. 사회 통합 3. 분배적

미리보는 탐구 서·논술

다음 자료에 제시된 분배의 정의에 대한 기준이 무엇인지 쓰고, 이러한 정의의 장점과 한계를 서술하시오.

자료 교원성과급제

교원성과급제는 교사들을 3개 등급으로 나눈 뒤 등급별로 성과급 액수를 달리 하는 제도이다. 2001년 공정 경쟁을 통해 교사들의 자기계발을 촉진하고 동기를 부여하기 위한 목적으로 도입되었다. 그러나 교사, 학부모 단체 등 여러 곳에서 평가 기준이나 방식이 미흡하고 경쟁 중심의 경제 논리로 교육 문제를 해결하려고 하는 잘못된 사례라고 지적하며 현 성과급제에 대한 비판의 목소리가 높게 나타나고 있다.

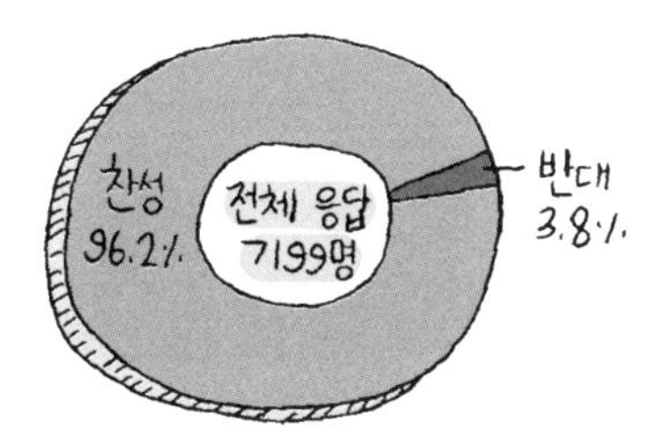

▲ 실천교육교사모임, 교원성과급제 관련 설문조사 결과, 2019

예시답안

- **정의에 대한 기준**: 업적
- 업적에 따른 분배는 당사자들이 성취하고 이바지한 정도에 따라 분배하는 것으로 각자가 달성한 결과를 객관화, 수량화할 수 있어서 평가와 측정이 비교적 쉽고, 생산성을 높이는 동기를 제공할 수 있다는 장점이 있다. 하지만 서로 다른 종류의 업적은 비교하기 어려우며, 빈부 격차가 커지거나 사회적 약자에 대한 배려가 부족해질 수 있다. 또한 경쟁이 과열되어 구성원 간 갈등이 커질 수 있다.

17 다양한 정의관

우리나라에 진출하여 성공적으로 자리잡은 대형 할인점이 있어요. 그곳에서는 피자나 핫도그 등을 파는 푸드코트에서 양파 다지는 기계를 비치해 두고 다진 양파를 무료로 제공하였어요. 하지만 이제는 무제한으로 제공되던 리필 양파 기계가 사라졌는데 그 원인으로 일부 소비자들 중 다진 양파를 빈 용기에 담아 집으로 가지고 가는 사례들이 늘어난 것 때문이라는 지적이 있어요. 일부의 이기심과 남용으로 많은 이들을 위해 제공되던 서비스가 결국 사라져 버린 것이에요.

자유주의적 정의관

우리나라의 웹툰은 최근 새로운 한류를 이끌고 있다는 평가를 받고 있어요. 2019년 9월 한 포털 사이트에서 제공하는 웹툰은 현재 미국과 일본을 포함한 전 세계 100개국에서 만화 부문 매출 1위를 차지하기도 하였다고 해요.

웹툰은 스마트폰에 익숙한 젊은 세대나 청소년에게 인기가 많고 영향력도 매우 커요. 그러다 보니 웹툰의 폭력성이나 선정성을 고발하는 민원들도 늘어나고 있어요. "정부가 심의를 강화해야 한다."는 의견과, 세계적으로 인정받고 있는 웹툰에 규제가 가해지면 지금과 같은 성장을 할 수 없다며 "표현의 자유를 보장해야 한다."는 의견이 대립하고 있는 상황이지요.

공동체의 건전한 가치관을 보호하기 위한 규제가 정의롭다는 의견과 이러한 규제는 개인의 표현의 자유를 침해하여 정의롭지 않다는 의견이

나뉘는 것은 개인의 자유와 공동체의 가치 중 무엇을 더욱 중요시하느냐에 따라 달라질 수 있어요.

개념 쏙 사회 상식

자유의 범위

- **소극적 자유:** 외부로부터의 강제나 방해가 없는 상태
- **적극적 자유:** 자신의 선택과 결정에 따라 목적을 설정하고 그것을 실현할 수 있는 상태

자유주의에 따르면 모든 인간은 존엄하며, 다른 사람이나 사회의 억압과 구속에서 벗어나 자신이 원하는 삶을 살 수 있는 자유와 권리가 있어요.

근대 시민혁명에서 바로 이 자유주의가 강조되었어요. 국가에의 억압과 구속에서 벗어나 개인은 독립적이고 자율적인 존재로서 자신의 삶의 방향과 방식을 결정해야 한다고 보고 있어요. 이러한 자유주의를 최대한 보장하기 위해서 국가는 국방이나 사회 질서 유지 등의 최소한의 역할을 해야 하고 개인의 자유에 대한 통제나 개입을 배제하여야 한다고 보아요.

그렇지만 자유주의를 이기주의와 혼동해서는 안돼요. 이기주의는 자신의 이익을 위해 타인의 자유와 권리를 침해하지만, 자유주의는 개개인이 자유를 누리기 위해서는 서로의 자유를 존중해야 한다고 보고 있어요.

결국 타인의 자유를 침해하지 않는 한, 사회나 국가는 개인이 자신의 신념에 따라 삶을 계획하고 살아갈 수 있도록 공동체에 속한 개인에게 특정한 가치를 강요해서는 안 돼요.

자유주의적 정의관을 주장한 인물로는 롤스(Rawls, J.)와 노직(Nozick, R.)이 대표적이에요. 롤스가 개인의 기본적 자유 보장과 더불어 사회적 약자에 대한 배려를 강조하였다면, 노직은 개인의 자유와 소유에 대한 권리를 최우선으로 보장할 것을 강조하였어요.

공동체주의적 정의관

14~15세기에 전개된 영국과 프랑스의 백 년 전쟁 때 영국의 왕 에드워드 3세는 프랑스 북부의 항구 도시 칼레를 점령하였어요. 그는 모든 시민을 죽이지 않는 대신 여섯 명의 시민만을 처형하겠다고 하였어요. 그러자 상위 부유층, 고위 관료 등 여섯 시민들이 칼레의 시민들을 지키기 위해 나섰고, 이로써 칼레의 모든 시민이 목숨을 건질 수 있었다는 이야기가 전해져요. 공동체를 위한 책임 의식과 희생정신으로 자진하여 나섰던 칼레의 시민들로부터 우리는 공동체주의의 정신을 엿볼 수 있어요.

공동체주의적 정의관은 사회적 존재인 인간은 공동체 속에서 소속감과 안정을 느끼고 또한 공동체가 추구하는 가치에 영향을 받는 존재임을 강조해요.

인간과 공동체는 태어나면서부터 서로에게 영향을 미치며 함께해야 하는 관계이기 때문에 공동체 속에서 개인의 정체성을 형성하며, 또한 삶의 방향성이 제시된다고 보았어요. 그렇기 때문에 자신이 속한 공동체 안에서의 역할과 책임을 충실히 수행하며 개인의 이익만을 중요시 여기는 태도를 버리고 공동체의 발전과 이익을 위해 노력하는 것이 정의롭다고 생각해요.

하지만 공동체주의적 정의관은 국가나 공동체를 위한 개인의 권리와 희생을 강요를 당연시 여기는 전체주의와는 구별되어야 해요.

가미카제 특공대와 IS 자살 테러로 본 전체주의

개인보다 사회나 집단, 국가의 존재 가치가 더 우월하다는 생각으로 집단의 이익을 위해 개인의 자유를 희생해야 한다는 생각이 바로 전체주의예요. 제2차 세계 대전에 나타난 일본의 자살 특공대인 '가미카제 특공대'는 국익을 위해 개인을 희생시킨 전체주의의 대표적 사례예요. 이러한 사례는 오늘날에도 나타나고 있어요. 이슬람 전체주의를 내세운 수니파 급진 무장 세력인 이슬람국가(IS)는 유럽 곳곳에서 각종 테러를 일으키며 악명이 높아요. 특히 IS의 자살 테러 뉴스는 끊이질 않고 들려오고 있어요. 이렇듯 전체주의는 집단에 속한 구성원 개인의 자유권이나 생명권을 가볍게 여기고 집단의 이익만을 우선시하는 잘못된 가치를 보여 주고 있어요.

사진 속 한줄 논술

#공동체주의 #공동체의 책임과 의무 #공동선 실현

Q 칼레의 시민들 이야기를 통해 알 수 있는 정의관은?

▲ 로댕의 '칼레의 시민들'

개인과 공동체의 바람직한 관계

자유주의적 정의관은 개인선(개인의 행복 추구나 자아실현 등 개인이 사적으로 누릴 수 있는 이익)을 중요시하고, 공동체주의적 정의관은 공동선을 중요시해요. 하지만 개인과 공동체 중 어느 한쪽만을 지나치게 중시한다면 결국 서로를 위태롭게 할 수 있어요. 자유주의적 정의관은 개인의 이익과 행복을 추구하다 보면 자연스럽게 공동체의 이익도 실현될 수 있다고 보았어요. 하지만 대형 할인점의 양파 사건을 통해 우리는 제한 없는 개인의 이익 추구는 결과적으로 공동체 전체의 이익을 저해할 수 있음을 확인하였어요. 또한 극단적 이기주의의 출현을 막기도 어려워요.

또한 공동체주의적 정의관은 공동체의 발전과 이익이 결국 그 안에 속한 개인에게도 영향을 주기 때문에 자연스럽게 정의가 실현될 수 있다고 보았어요. 하지만 이 또한 구성원에게 집단의 이익을 강요하고 개인의 자유와 권리를 훼손하는 잘못된 방향으로 흐를 수 있는 위험성이 있어요.

결국 우리는 개인과 공동체 어느 한쪽으로 치우치지 않는 관점을 가질 수 있어야 해요. 개인은 공동체에 대한 의무와 책임을 다하고, 공동체는 개인의 자유와 권리를 보장하여 개인선과 공동선이 조화를 이룰 때 모든 구성원이 행복한 정의로운 사회가 실현될 수 있어요.

개념 쏙 사회 상식

개인선
개인의 행복 추구나 자아실현 등 개인이 사적으로 누릴 수 있는 이익

공동선
특정 개인에게만 유익한 것이 아니라 공동체 구성원 모두에게 유익한 것, 즉 공공의 이익

자료 속 한줄 논술

#정의로운 사회 #개인의 자유 권리 보장 #공동체의 책임 의무
#개인선과 공동선의 조화

Q 헌법을 통해 알 수 있는 개인선과 공동선의 바람직한 관계는?

대한민국 헌법 제23조

① 모든 국민의 재산권은 보장된다. 그 내용과 한계는 법률로 정한다.

② 재산권의 행사는 공공복리에 적합하도록 하여야 한다.

위 헌법에서 우리는 개인의 재산권 행사에서 자유를 보장하는 내용(1항)과 함께 재산권 행사가 공공복리에 적합하도록 제한하는 내용(2항)을 통해 공동체의 의무를 부여하였음을 알 수 있다.

✓내신 필수 체크

1 자유와 권리를 억압하는 모든 사회적 법과 제도에 대하여 부정적 입장을 가진 정의관은?

2 개인의 사회적 책임과 공동체와의 연대를 강조하는 입장의 정의관은?

3 개인과 공동체는 어느 한쪽이 지나치게 중시되는 관계가 아닌, 상호 보완적인 (　　　)를 이루어야 한다.

답 1. 자유주의적 정의관 2. 공동체주의적 정의관 3. 조화

탐구 서·논술

부유세에 대한 찬성과 반대 의견을 자유주의적 정의관과 공동체주의적 정의관을 통해 각각 서술하시오.

자료 1 미국 경제의 이슈가 된 부유세 논란

미국 경제의 이슈가 된 부유세

미국의 백만장자들이 스스로 자신에 부과되는 세금을 인상하라고 목소리를 높이고 있다. 〈뉴욕타임스〉에 따르면 '애국적 백만장자들' 조직의 회장인 모리스 펄은 뉴욕 주 예산 청문회에 출석해 연간 500만 달러(약 56억 원) 이상의 소득을 올리는 가계에 '백만장자세(multimillionaire's tax)'를 도입하자고 제안하였다. 이렇게 거두어들인 세금으로 주택과 기반시설, 학교 등을 위한 재원을 마련하자는 것이다. 지난 1월 말 미국의 한 매체가 발표한 여론 조사 결과에 따르면 미국인들의 70 %가 연 소득 1천만 달러(약 112억 원) 이상 가구에 부유세를 부과해야 한다는 데 찬성하였고, 100만 달러(약 11억 원) 이상의 소득을 올리는 가구에 대한 세율을 인상하자는 주장에도 65 %가 찬성하였다.

자료 2 부유세 찬반 논란

일정액 이상의 자산 또는 소득을 지닌 사람에게 비례적 또는 누진적으로 과세하는 조세 제도로 인도, 아르헨티나, 우루과이 및 유럽의 프랑스, 스페인, 노르웨이, 스웨덴, 핀란드, 스위스, 룩셈부르크, 아이슬란드가 시행한 적이 있거나 현재 시행하고 있다. 소득불평등을 해소하고 양극화 문제를 극복하기 위해 부유세를 도입해야 한다는 주장이 자주 대두되나, 다른 한편에서는 재산의 해외 도피, 기업의 투자의욕 상실, 이중과세 등을 이유로 그 도입을 반대하는 의견도 만만치 않다.

예시답안

개인선의 실현을 강조하는 자유주의적 정의관에서는 과도한 부유세가 스스로 노력하여 얻은 재산에 대한 개인의 권리를 부당하게 침해할 수 있으므로 정의롭지 않다고 평가할 수 있다. 반면 공동선의 실현을 강조하는 공동체주의적 정의관에서는 부유세를 통해 모든 공동체 구성원의 인간다운 삶, 즉 공동선을 증진할 수 있다면 부유세는 공동체에 대한 구성원의 의무로서 정의롭다고 평가할 수 있다.

불평등의 해결과 정의의 실현 18

2016년 미국 대통령 선거에서 패배한 힐러리 클린턴은 트럼프의 당선을 인정하며 "나는 미국의 높고 딱딱한 천장을 깨지 못하였다. 누군가는 언젠가 그 유리 천장을 깨뜨릴 것이다."라고 말하였어요. 여기서 언급한 '유리 천장'은 과연 무엇을 말하는 것일까요?

사회 계층의 양극화

부와 권력, 명예 등은 사회 구성원 각자가 가지고 싶은 만큼 전부 제공될 수 없는 희소한 자원이에요. 이러한 희소한 가치가 불평등하게 분배되어 개인, 집단 및 지역이 서열화되어 있는 현상을 사회적 불평등이라고 해요.

불평등은 어느 정도는 자연스럽게 나타나는 현상으로 볼 수 있지만, 그 정도가 심해지면 구성원 간 사회적 갈등을 초래하고 심각한 사회 문제를 일으킬 수 있어요.

사회 계층은 한 사회 안에서 재산, 직업, 교육 등 여러 기준에 의해 구별되는 위계 집단을 말해요. 어떤 사회 계층에 속하느냐에 따라 자원

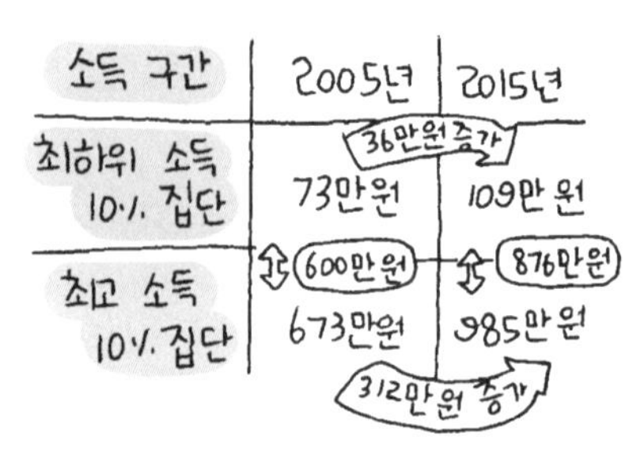

▲ 가구당 월평균 소득(도시, 2인 이상)
(통계청, 2016)

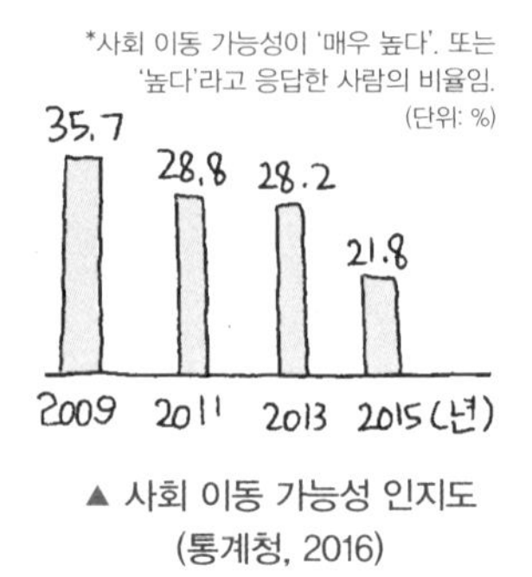

▲ 사회 이동 가능성 인지도
(통계청, 2016)

의 분배가 달라지기도 해요. 학력에 따른 정보에 대한 접근성이 달라지는 것이 그 사례에요.

사회 계층의 양극화는 사회 구성원 간 불평등이 심화되어 중간 계층이 점점 감소하면서 구성원들이 상층과 하층의 양극단으로 쏠리는 현상을 말해요. 사회 계층의 양극화는 사회 발전을 저해하고 계층 간 갈등을 일으켜 사회 통합을 방해할 수 있어요.

우리나라의 경우 중산층의 비율은 1990년대 중반 이후부터 지속적으로 감소하고 있어요. 또 탈락한 중산층이 저소득층으로 편입되며 양극화 현상을 더욱 심화시키고 있어요.

이는 우리나라의 경제 성장 과정에서 나타난 성장 위주의 정책에서 나타난 소득 불평등이 큰 원인으로 지적되고 있어요.

소득 불평등은 교육 기회의 격차 등 다양한 격차로 이어져 부모의 계층이 자녀에게 대물림되는 결과를 낳기도 해요. 오늘날 흔히 사용되는 '금수저', '흙수저'라는 표현은 바로 이러한 상황을 대변하는 표현이라고 할 수 있어요. 결국 개천에서 용이 나기 어려운 이러한 대물림은 사회 계층 이동이 어려워지며 폐쇄적인 사회 구조를 만들 위험성이 있어요.

공간 불평등

공간 불평등은 지역 간에 경제적·사회적·문화적 수준의 차이가 나타나는 현상을 말해요. 보통 개발 도상국들은 정부 주도로 성장 잠재력이 높은 지역을 집중적으로 개발하고, 그 효과가 주변 지역으로 확산되도록 하는 성장 위주의 지역 개발 정책을 채택하고 있어요.

우리나라도 1960년대 이후 보여 주었던 산업화 과정에서 이와 같은 전략을 펼쳤어요. 그 결과 성장 가능성이 큰 수도권과 대도시를 중심으로 산업화가 이루어지며 인구와 산업, 편의 시설 등이 일부 도시로 집중되고, 비수도권과 촌락 지역에서는 지속적인 인구 유출과 경제 침체 현상이 나타났어요.

2019년 9월을 기준으로 서울과 경기, 인천 지역을 일컫는 수도권의 인구가 전체 인구의 50 %를 돌파하였어요. 우리나라 인구 2명 중 1명이 수도권에 살고 있는 셈이에요. 또한 전체 인구의 90 %는 도시에 살고 있으므로 10명 중 1명 정도만 촌락에 살고 있는 것이에요. 이처럼 수도권과 비수도권, 도시와 촌락 간의 불평등은 점점 더 심각하게 나타나고 있어요.

도시 지역 내에서도 공간 불평등이 일어나고 있어요. 쪽방촌이라고 들어 보았나요? 도시는 쾌적한 주거 시설과 편리한 기반 시설로 가득차 있지만 또 다른 한 켠은 다세대 주택을 쪼개 한 사람이 겨우 누울 만한

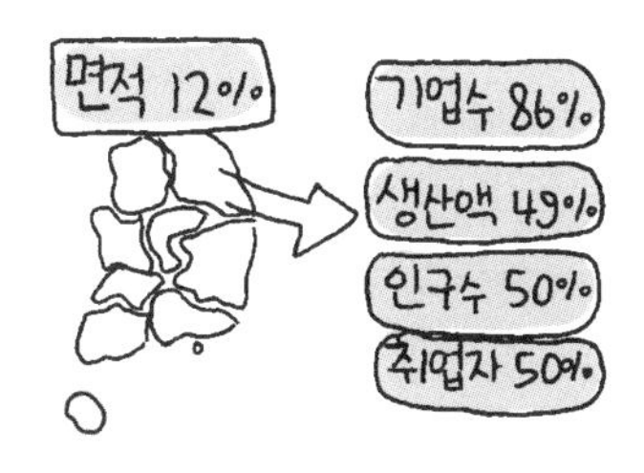

▲ 수도권 집중도(고용노동통계, 2016)

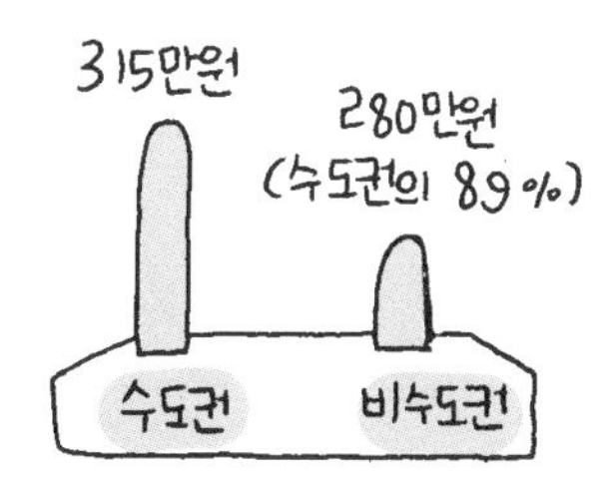

▲ 지역별 평균 임금 수준(고용노동통계, 2016)

2부 인간과 공동체

공간인 1평 남짓 한 쪽방들이 있어요. 보건복지부에 따르면 2016년 기준으로 쪽방에 거주하는 인구는 6192명이라고 해요. 판자촌이나 고시원, 원룸텔 등까지 더하면 자신의 거처를 쪽방으로 인식하는 인구가 무려 7만 4천여 명이라고 해요. 위생 시설의 부족은 물론이며 폭염과 한파, 화재의 위험성 등 기본적인 생존권마저 제대로 보장되지 못하고 있어요. 이러한 공간의 불평등이 해소되지 않는 한 정의로운 사회의 실현 또한 어려워요.

뉴스 속 한줄 논술

#공간 불평등 #의료 시설_공공 서비스 부족

Q 다음과 같은 사회적 불평등을 무엇이라고 하는가?

"보건소에 의사가 없어서 독감 예방 주사도 못 맞는 신도시가 어디에 있나요."

OO시에 거주 중인 김모(34 · 여)씨의 하소연이다. OO시에는 보건소보다 한 단계 낮은 보건지소가 운영 중이다. 독감 주사 접종은 의사의 진료가 필요하다. 그러나 지소에는 상주 의사가 없다. 이곳에서 중구보건소까지는 약 27 ㎞ 떨어져 있으며, 대중교통으로는 1시간이나 걸린다. 주민들은 구에 오랜 기간 상주 의사 채용을 요구해왔다. 원도심과 신도시 간 보건의료 서비스 불평등이 지속되었기 때문이다. OO시는 공중보건의사 부재로 예방 접종을 비롯해 일반진료와 건강증진 프로그램 운영이 불가능한 상황이다.

– 중부일보, 2018. 2. 11. –

사회적 약자에 대한 차별

오늘날 우리 사회에서 크게 문제되고 있는 것 중 하나가 바로 사회적 약자에 대한 차별과 인권 침해예요. 사회적 약자란 경제 수준이나 사회적 지위 등에서 열악한 위치에 있어 사회적으로 배려와 보호의 대상이 되는 개인 또는 집단을 말해요.

우리 사회에는 여성, 노인, 어린이, 장애인, 빈곤층, 북한 이탈 주민, 외국인 노동자, 해외 난민 등 다양한 유형의 사회적 약자들이 존재하며, 이들은 그저 다르다는 이유만으로 부당한 대우와 불합리한 차별을 받고 있어요.

> 공공부문의 여성 대표성을 높이기 위한 정부의 노력으로 여성 고위직의 비중이 꾸준히 늘어난 것으로 조사되었다. 그러나 3급 이상 고위직 공무원 및 군인, 경찰 간부 중 여성의 비율은 여전히 10 %에 미치지 못하고 있다. …… 여성가족부 장관은 "정부는 공공부문 관리직에 여성 참여를 계속 확대하고, 공공부문의 우수사례를 민간부문으로도 확산해 의사결정 영역에 더 많은 여성들이 참여하고 성차별이 해소되도록 노력하겠다"고 말하였다.
>
> – 한국일보, 2019. 10. 7. –

여성은 과거부터 남성에 비해 상대적으로 약자의 위치에 놓여 있었으며, 양성평등 의식이 확산되고 있는 오늘날에도 사회 진출이나 승진 문제에서 여전히 차별을 받고 있어요. 앞에서 말한 유리 천장이라는 용어가 오늘날의 현실에 적용되고 있는 것을 볼 수 있지요. 이러한 차별은 여성이 육아 및 가사 노동에 적합하고 사회 활동에 서툴 것이라는 편견이나, 출산이나 육아로 인한 업무의 공백을 손해로 여기는 사회적 환경 때문에 나타나고 있어요. 개인의 능력이나 업적과 상관없이 이러한 편견이나 사회적 환경으로 발생하는 불평등은 사회 구성원들의 기본적 권리를 침해하는 것이라고 할 수 있어요.

우리나라의 유리 천장 지수

여성의 경제활동 참가율은 계속해서 증가하고 있지만 직장 내 여성 차별 지수를 보여 주는 '유리 천장' 지수는 나아지지 않고 있다. 영국 이코노미스트는 한국의 유리 천장 지수가 2019년에도 100점 만점에 20점대 초반에 불과해 7년 연속 OECD 꼴찌에 머무르고 있다고 발표하였다. OECD 평균 점수인 60점과도 큰 격차가 나타나요. 특히 여성 임금과 기업 내 이사의 비율, 여성 관리자 비율에서 낮은 순위가 나타났다.

– NEWS1 뉴스, 2019. 3. 9. –

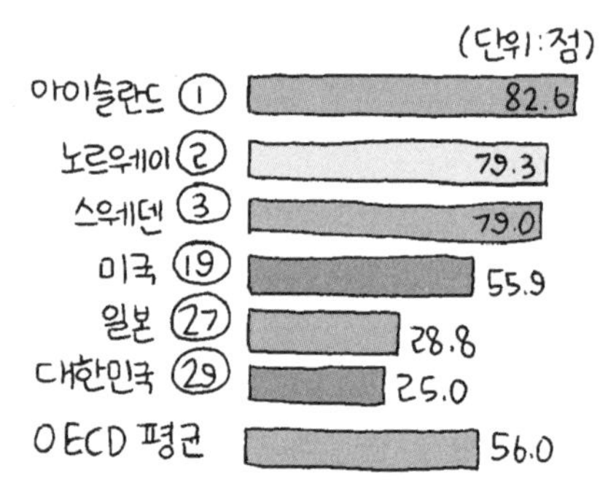

▲ OECD 국가의 유리 천장 지수(영국 이코노미스트, 2016)
*점수가 높을수록 성차별이나 불평등이 없는 상태임

북한 이탈 주민 차별 문제

자유를 찾아, 더 나은 미래를 찾아 북한을 떠나 남한에 정착한 북한 이탈 주민이 3만 명을 넘어섰다. 하지만 한국 사회 적응에 어려움을 호소하는 탈북민은 여전히 많다. …… 가급적 자신의 출신을 밝히지 않게 되었다는 사람들도 있다. 30대 여성 도연수(가명) 씨는 "이제는 말해도 되겠다 싶어 어린이집에서 꽤 친하게 지내던 엄마들에게 북한에서 왔다는 얘기를 했더니 그다음부터 연락이 뜸해졌다."고 털어놨다. 도 씨는 "이렇게 막 친하게 지내다가도 고향이 북한이라고 말하는 순간 '아, 예' 그러면서 돌아서버리는 경우가 많았다."며 "이제는 교회 말고는 북한에서 왔다는 말 자체를 안 하게 되었다."고 하였다.

– 국민일보, 2019. 7. 8. –

정의로운 사회를 위한 다양한 제도와 실천

다양한 불평등 현상은 정의로운 사회로의 발전에 걸림돌이 될 수 있어요. 이를 해결하려면 개인적 노력과 함께 불평등을 개선하는 제도적 장치가 필요해요.

사회 복지 제도는 인간의 존엄성을 보장하고 최소한의 인간다운 삶을 누리도록 사회 계층의 양극화 현상을 완화하고 사회적 약자를 보호해 주는 제도예요.

다양한 사회 복지 제도 가운데 먼저 국민에게 일어날 수 있는 사회적 위험인 질병, 장애, 노령, 실업 등으로부터 공적 보험의 방식으로 대처하는 다양한 사회 보험이 있어요. 고용 보험이나 국민 건강 보험, 국민연금이 대표적이에요.

또한 생활 유지 능력이 없거나 생활이 어려운 저소득층의 빈곤을 해

개념 쏙 사회 상식

사회 복지

사회 구성원들이 질병, 실업, 빈곤, 재해 등 다양한 사회적 위험으로부터 벗어나 행복하고 인간다운 생활을 지킬 수 있도록 지원하여 국민의 삶의 질을 향상시키는 모든 사회적 · 제도적 노력

우리나라의 대표적 사회 복지 제도

사회 보험	공공 부조	사회 서비스
• 국민연금 • 국민 건강 보험 • 고용 보험 • 산업 재해 보상 보험 • 노인 장기 요양 보험	• 국민 기초 생활 보장 제도 • 기초 연금 • 의료 급여	• 노인 돌봄 서비스 • 장애인 활동 지원 • 가사 · 간병 서비스

결하기 위한 국민 기초 생활 보장 제도와 같은 공공 부조가 있어요. 사회 서비스는 도움이 필요한 국민에게 상담, 재활, 돌봄, 복지 시설 이용 등을 제공하는 것을 말해요. 아기를 낳은 산모를 위해 산모 · 신생아 관리사 지원 사업을 제공하거나, 질병으로 거동이 불편한 환자를 위해 간병 방문 지원 사업을 제공하는 등 다양한 사회 서비스가 운영되고 있어요.

사회적 약자에게 다양한 측면에서 직간접적으로 혜택을 제공하는 제도를 적극적 우대 조치라고 해요. 법적 제도적 차원에서 사회적 약자를 우대하여 정의로운 사회를 실현하고자 하는 것으로 '장애인 의무 고용 제도', '기회균등 전형', '여성 할당제' 등이 이에 해당해요.

하지만 부당한 차별을 받는 쪽을 보호하기 위해 마련한 제도나 장치가 오히려 반대편을 차별하게 되는 역차별이 생기지 않도록 주의할 필요가 있어요.

공간 불평등에 따른 문제점을 해결하는 것 또한 정의로운 사회를 실현하기 위한 중요한 숙제예요.

이를 위해 수도권에 집중된 다양한 기능을 지방으로 분산하는 노력이 필요해요. 먼저 주요 공공 기관을 지방으로 이전하거나 수도권에 있는 기업의 지방 이전을 유도하여 지방 도시의 성장을 도울 수 있는 균

자료 쏙 한줄 논술

적극적 우대 조치 # 여성 차별 완화 # 사회적 약자 보호

Q 공직선거법에 다음과 같은 내용을 정해 둔 이유는?

공직선거법 제47조(정당의 후보자 추천)

③ 정당이 비례 대표 국회 의원 선거 및 비례 대표 지방 의회 의원 선거에 후보자를 추천하는 때에는 그 후보자 중 100분의 50 이상을 여성으로 추천하되, 그 후보자 명부의 순위의 매 홀수에는 여성을 추천하여야 한다.

형 개발 정책을 펼치는 것이 중요하지요. 또한 지방 정부와 지역 주민이 중심이 되어 낙후된 지역의 경쟁력을 높일 수 있도록 하는 노력이 필요해요.

지역의 잠재력을 찾아 그 특성을 살릴 수 있는 발전 전략을 추진하는 것도 좋은 방법이에요. 지역의 가치를 알리는 지역 브랜드를 만들거나 지역의 환경과 문화, 생산물을 알리는 지역 축제를 활용하는 등 다양한 지역화 전략들이 있어요.

도시 내부의 공간 불평등 해소를 위해서는 낙후된 지역에 대한 재개발 사업과 공공 임대 주택 마련을 통한 주거 환경 개선 등의 노력을 전개하고 있어요. 쾌적하고 편리한 주거 환경을 위해 다양한 도시 기반 시설을 확충하고 공원을 만드는 등 환경 정비 사업도 함께 진행하고 있지요.

✓ 내신 필수 체크

1 사회적 불평등의 심화로 중간 계층이 점점 감소하면서 구성원들이 상층과 하층의 양 극단으로 쏠리는 현상은?

2 (　　　　　) 현상은 낙후 지역 주민의 생활 수준을 떨어뜨리고, 사회 통합을 저해하여 정의로운 사회를 실현하는 데 장벽이 될 수 있다.

3 장애인 의무 고용 제도는 (　　　　　) 조치에 해당한다.

답 1. 사회 계층의 양극화 2. 공간 불평등 3. 적극적 우대

탐구 서·논술

다음 자료의 제도와 박람회가 시행되는 이유를 사회적 불평등의 종류와 관련하여 서술하시오.

자료 1 장애인 의무 고용 제도

국가 지방자치단체와 상시 근로자 30인 이상을 고용하고 있는 공공기관, 민간 사업장은 장애인을 일정 비율 이상 고용해야 할 의무가 있고 이를 준수하지 않을 경우 100인 이상 사업장부터 부담금을 부과한다. 의무고용률 이상을 고용한 사업주에 대해서는 규모에 상관없이 초과 인원에 대한 장려금을 지급한다.

자료 2 장애인 채용 박람회

예시답안

사회적 약자의 차별 문제 중 장애인 차별을 막기 위해 이루어지는 노력이다. 사회적 약자는 상대적으로 열악한 상황에 놓여 있기 때문에 적극적 우대 조치를 통해 실질적으로 기회의 평등을 누릴 수 있도록 배려하는 것이 필요하다. 그래서 우리나라에서는 장애인 의무 고용 제도를 도입하고 지방 자치 단체별 장애인 채용 박람회를 개최하여 장애인의 고용을 지원하고 있다.

memo

3부_사회 변화와 공존

Ⅶ

문화와 다양성

19 세계의 다양한 문화권

오늘 아침에는 무엇을 먹었나요? 보통 우리나라 식탁에는 김이 모락모락 나는 하얀 쌀밥에 김치가 항상 올라와요. 요즘은 아침으로 빵과 시리얼 등을 먹는 가족도 많지만, 우리 식탁에서 '밥'은 빠질 수 없는 것이에요. 끼니로 먹는 음식이나 요리는 나라마다, 또 지역마다 다양해요. 주로 고기와 빵을 먹는 영국, 밀로 만든 파스타를 먹는 이탈리아, 옥수숫가루를 이용해 만든 토르티야를 먹는 멕시코 등 지역마다 주로 먹는 음식이 다르지요. 이렇듯 음식 문화가 지역마다 다른 이유는 무엇일까요?

문화와 문화권

사람들은 함께 모여 살아가며 공통된 생활 양식을 가지는데 이를 문화라고 불러요. 의식주와 같은 기본적인 생활의 모습에서부터 종교, 언어, 제도와 관습 등 다양한 요소로 구성되고 있어요. 자연환경이 유사하거나 거리가 가까운 지역 간에는 문화적 특성이 유사하게 나타나는 특징이 있는데, 이처럼 다른 지역과 구별되는 문화를 가진 공간적 범위를 문화권이라고 불러요. 문화권은 기후, 지형과 같은 자연환경과 종교, 산업과 같은 인문 환경의 영향을 받아 형성되었어요.

자연환경의 영향을 받아 형성된 문화권

기후나 지형과 같은 자연환경은 의식주와 같은 기본적인 생활 양식에 많은 영향을 끼쳐요. 우선 의복은 기후의 영향을 가장 많이 받아요. 추

▲ 한대 기후 지역의 의복　　▲ 건조 기후 지역의 의복

운 지역에서는 보온이 우수한 털가죽으로 된 옷을 많이 입고, 더운 지역에서는 통풍이 잘되는 얇은 옷을 많이 입어요. 햇볕이 강하고 건조한 사막에서는 온몸을 감싸는 헐렁한 형태의 옷으로 강한 햇볕을 막고 따가운 모래바람으로부터 피부를 보호해요.

지역마다 주식도 다른데, 이것은 자연환경의 영향 때문이에요. 고온 다습한 계절풍 기후의 영향을 받는 하천 주변의 비옥한 평야는 벼농사 발달에 유리하며 쌀을 주식으로 하는 음식 문화가 발달하였어요. 우리나라뿐만 아니라 타이, 일본, 중국, 인도네시아, 베트남 등 여러 나라에서 쌀을 주식으로 하고 있어요. 베트남의 쌀국수 '퍼'는 우리나라에도 이미 많이 알려져 있어요.

건조 기후 지역이나 유럽에서는 고기와 빵을 이용한 음식 문화가 발달하였어요. 빵은 주로 밀로 만드는데 밀은 생육 조건이 까다롭지 않아 건조하고 서늘한 기후에서도 잘 자란다고 해요. 게다가 이러한 기후에는 초원이 많아 가축을 기르기에도 좋아요.

밀 재배가 어려운 춥고 서늘한 기후의 북유럽과 러시아에서는 호밀, 보리, 귀리 등으로 빵을 만들어 먹어요. 남아메리카의 고산 지역은 기후가 서늘해서 감자나 옥수수 재배가 적합해요. 멕시코에서는 아주 오래전부터 옥수숫가루를 얇게 펴서 구운 토르티야라는 빵에 고기나 채소 등을 싸서 먹는 음식 문화가 발달하였어요.

사진 쏙 한줄 논술

#자연 환경의 영향 #기후 #지형 #농업 #목축업

Q 세계 여러 나라의 음식 문화가 다양한 이유는?

▲ 한국의 김치

▲ 캄보디아의 돼지고기를 올린 밥

▲ 중국의 죽

▲ 멕시코의 토르티야

인문 환경의 영향을 받아 형성된 문화권

인간의 활동으로 만들어진 환경인 인문 환경 또한 문화권 형성에 큰 영향을 미쳐요. 특히 종교와 산업은 문화권을 구분하는 데에도 큰 기준이 되고 있어요.

종교는 인간의 가치관에 큰 영향을 미치는 문화 요소예요. 종교에 따라 사회 제도, 생활 양식이 달라지고 주변 경관이 서로 다르게 나타나요.

문화권 형성에 이처럼 영향을 미치는 대표적인 종교에는 크리스트교, 이슬람교, 불교, 힌두교 등이 있어요.

크리스트교는 하나님과 예수님이 라는 절대적 존재에 대한 믿음을 바탕으로 사랑을 실천하는 종교예요. 성당이나 교회에서 예배를 드리고 결혼이나 장례와 같은 의식에서도 종교적인 영향이 많이 나타나요. 그래서 이 지역에서는 교회나 성당 같은 종교 경관을 만날 수 있어요.

▲ 독일의 쾰른 성당

이슬람교는 '알라 외에 다른 신은 없고 무함마드는 그의 사도이다.'라는 신앙 고백, 예배, 자선 활동, 라마단 기간의 단식, 성지 순례라는 다섯 가지 의무를 실천해요. 이슬람교 사원은 둥근 지붕과 첨탑을 가지고 있는 모스크예요. 이슬람교 신자들은 일상생활의 많은 부분에서 경전인 '쿠란'에 따라 생활해요. 돼지 고기와 술을 먹지 않는 것도 이 때문이에요.

불교는 석가모니에 의해 창시된 종교로 개인의 수양을 통한 깨달음을 중시해요. 자비를 강조하고 살생을 금하는 교리에 따라 채식 위주의 식사를 하는 모습을 볼 수 있어요.

힌두교는 인도에서 주로 믿는 민족 종교에요. 여러 신을 섬기는 데 그 중에서도 비슈누, 브라흐마, 시바가 가장 대표적인 신들이에요. 또한

▲ 터키의 술탄 아흐메드 모스크

▲ 타이의 왓 아룬

소를 신성시하여 먹지 않고 갠지스 강을 성스러운 강으로 여겨요. 산업은 인간이 살아가는 데 필요한 재화와 서비스를 생산하는 활동을 말해요. 산업의 발달은 경제성장에 영향을 미치고 그 정도에

▲ 소를 신성시하는 힌두교

따라 1차 산업이 발달한 자연 친화적인 농촌의 경관과 2, 3차 산업이 발달한 현대적이고 인공적인 경관의 도시 경관으로 나누어 볼 수 있어요. 농업이 중심 산업인 지역에서는 많은 노동력이 필요한 농업의 특성상 공동체 문화가 발달한 것을 볼 수 있어요. 그 예로 우리나라는 전통적으로 두레, 향약과 같은 공동체 문화가 발달하였어요. 또한 벼농사를 짓는 지역에서는 쌀로 만든 음식을 먹고, 밀농사를 짓는 지역에서는 밀로 만든 빵을 먹는 것처럼, 해당 지역에서 경작한 작물을 이용한 고유한 음식 문화가 발달해요.

유목이 중심을 이루는 산업인 문화권에서는 주로 이동 생활을 하고 있어요. 몽골의 경우 이동식 가옥인 게르에 거주하며, 기르는 가축의 가죽으로 의복을 만들어 입고, 먹는 음식 또한 가축의 고기나 젖에서

시사 쏙 한줄 논술

수소는 시바 신앙의 상징 # 암소는 지모 여신의 상징

힌두교에서는 왜 소를 신성시할까?

힌두교에서 가장 중요하게 여기는 세 주신이 있어요. 바로 천지 창조의 신 브라마, 파괴의 신 시바, 유지의 신 비슈누예요. 소는 바로 세 주신이 머무는 신성한 생명체로 여겨지고 있어요. 수소는 시바 신앙의 상징이고, 암소는 지모(대지의 어머니) 여신의 상징이자 신이 타고 다니는 교통수단이에요. 그래서 인도에서는 소가 차도를 막아도 소가 피할 때까지 기다리고, 거리를 돌아다니던 소가 부엌에 들어와도 나갈 때까지 계속 기다리는 모습을 볼 수 있어요.

얻은 유제품으로 만들어요. 한편 2, 3차 산업이 주로 발달한 문화권은 교통이 편리하고 생활권이 넓어요. 또한 인구가 많아 건물의 밀집도가 높고 고층 건물이 많지요.

▲ 농업이 발달한 지역 ▲ 유목이 발달한 지역

세계 여러 문화권

세계 문화권은 종교, 민족, 언어, 전통 산업 등의 요소를 복합적으로 고려하여 구분해요. 세계 문화권의 특징으로는 어떤 것들이 있을까요?

동양 문화권은 동부 아시아, 동남아시아, 남부 아시아 일대를 말해요. 계절풍의 영향을 받아 대체로 여름에 기온이 높고 강수량이 풍부해서 벼농사가 발달하였어요. 중국, 우리나라, 일본 등이 포함된 동부 아시아 지역은 유교와 불교의 영향을 많이 받았고, 한자어를 사용하는 특징이 있어요.

동남아시아 지역은 해양과 대륙을 잇는 교통의 요충지로 중국과 인도, 이슬람 문화 등 다양한 문화의 영향을 받은 지역으로 전통 문화와 외래문화, 동서양 문화가 혼합되어 나타나고 있어요. 남부 아시아 지역에는 인도와 그 주변 국가인 파키스탄, 방글라데시, 스리랑카 등이 해당되어요. 외세의 영향으로 민족, 언어, 종교가 다양하게 분포하며 인도에서는 주로 힌두교를 믿고, 주변 국가에서는 이슬람교와 불교 문화가 나타나요.

유럽 문화권은 백인들이 주로 거주하고 가톨릭교, 개신교, 그리스 정교 등 크리스트교를 중심으로 문화가 발달하였어요. 일찍이 영국을 시작으로 일어난 산업 혁명으로 산업화가 발달하였고, 신항로 개척과 식민지 개발을 통해 전 세계로 유럽의 문화를 전파하였어요. 서부 유럽에서는 혼합 농업과 낙농업이 발달하였고 여름이 고온 건조한 남부 유럽은 수목 농업이 발달하였어요.

개념 속 사회 상식

혼합 농업: 농작물 재배와 가축 사육을 유기적으로 결합한 농업 형태

수목 농업: 수목 농업은 덥고 건조한 여름철 기후에 잘 견디는 포도, 올리브, 오렌지, 코르크 등을 재배하는 농업 형태

건조 문화권은 북부 아프리카와 서남아시아 지역에 해당하는 곳으로 연 강수량이 적고 증발량이 많은 건조 기후가 나타나요. 이로 인해 전통적으로 유목 생활을 하거나 오아시스를 중심으로 마을이 형성되었어요. 이들은 대체로 이슬람교를 믿고 아랍어를 사용해요.

아프리카 문화권은 사하라 사막 이남 지역으로 다양한 부족이 분포하고 부족 단위의 공동체 문화와 토속 신앙이 발달하였어요. 대부분 열대기후가 나타나고, 이동식 화전 농업과 함께 식민 지배의 영향으로 플랜테이션 농업이 이루어져요. 플랜테이션 농업은 열대우림 파괴 문제와 같은 환경 문제나 원주민의 식량 재배의 축소로 인한 식량 자급률 감소

와 같은 문제를 지적받고 있어요.

아메리카 문화권은 리오그란데강을 경계로 하여 다시 앵글로아메리카 문화권과 라틴 아메리카 문화권으로 나눌 수 있어요. 유럽인이 진출하면서 이들의 언어와 종교 등이 전파되었고, 세계 각지에서 많은 이주자가 모여들면서 아메리카 대륙에는 다양한 문화가 공존하고 있어요.

앵글로아메리카에는 미국, 캐나다가 속해 있어요. 이 지역은 북서부 유럽의 영향으로 크리스트교를 믿고 영어를 사용해요. 산업이 발달하였고 다양한 인종 구성을 볼 수 있어요. 라틴 아메리카 지역은 과거 남부 유럽의 식민 지배를 받아 에스파냐 어와 포르투갈 어를 사용하는 나라들이 많아요. 원주민인 인디오와 이주해 온 백인, 아프리카 흑인 사이의 혼혈족의 비율이 높고 주로 가톨릭교를 믿어요.

북극 문화권은 최난월 평균 기온이 10 ℃ 이하인 툰드라 기후가 나타나요. 이로 인해 농사를 지을 수 없어 전통적으로 순록을 유목하거나 사냥을 통해 먹을거리를 얻었어요. 네네츠족은 순록을 유목하며 살아가는 생활을 하는 대표적인 민족으로 순록의 가죽을 겹겹이 쌓아 만든 '춤'이라는 이동식 가옥에서 생활해요. 오늘날 북극 지역은 석유 자원의 개발과 함께 현대화되어 가고 있고 이러한 전통 생활 양식도 조금씩 사라져 가고 있어요.

▲ 순록을 유목하며 살아가는 네네츠족

오세아니아 문화권에는 오스트레일리아, 뉴질랜드와 태평양의 많은 섬들이 있어요. 이 지역 또한 과거 유럽인에 의해 개척된 지역이어서 크리스트교를 믿고 영어를 사용하는 서구적인 문화가 나타나요. 하지만 이와 함께 뉴질랜드의 마오리족이나 오스트레일리아의 애버리지니와 같은 독특한 원주민 전통 문화의 특징도 이어지고 있어요.

사진 쏙 한줄 논술

#남부 유럽의 식민 지배 #에스파냐 #포르트갈 #가톨릭교

Q 브라질에서 아래와 같은 모습을 볼 수 있는 이유는?

▲ 브라질 리우데자네이루의 거대 예수상

✓내신 필수 체크

1 의식주, 종교, 민족, 언어, 전통적인 산업 등의 문화 요소가 비슷하게 분포하는 공간적 범위를 일컫는 말은?

2 종교, 언어, 예술, 산업 등의 ( )은 문화 경관뿐만 아니라 주민들의 생활 양식과 사회 제도에 큰 영향을 미친다.

3 전통적으로 유목 및 오아시스 농업을 하고, 주로 아랍어를 사용하며, 이슬람교를 믿는 문화권은?

답 1. 문화권 2. 인문 환경 3. 건조 문화권

탐구 서·논술

자료에 보이는 문화권에 영향을 준 각각의 지역을 쓰고 그로 인해 나타나는 문화의 특징을 서술하시오.

자료 1 아메리카 문화권

아메리카 문화권은 리오그란데강을 경계로 북쪽의 앵글로아메리카 문화권과 남쪽의 라틴 아메리카 문화권으로 구분된다.

자료 2 아메리카 문화권의 문화 경관

▲ 앵글로아메리카 문화권의 미국 뉴욕

▲ 라틴 아메리카 문화권의 브라질 리우 카니발

예시답안

앵글로아메리카 문화권은 영국의 식민 지배를 받아 주로 영어를 사용하고, 개신교를 믿는다. 미국과 캐나다가 이에 해당하며, 현재 세계 최대의 경제 지역으로 성장하였다. 라틴 아메리카 문화권은 리오그란데강 이남 지역으로 중남미 지역에 해당된다. 포르투갈과 에스파냐의 식민 지배를 받아 가톨릭교를 주로 믿고 포르투갈어와 에스파냐어를 사용한다. 원주민과 아프리카인, 유럽인 간의 문화가 융합되어 나타난다.

20 문화 변동과 전통문화의 계승

'킹스맨'이라는 영화의 홍보차 우리나라에 왔던 한 배우는 우리나라의 치킨을 너무 맛있게 먹어서 이후 꿈에 나올 정도였다고 해요. 프라이드치킨은 아메리카 대륙에 정착한 아프리카 흑인 노예들이 백인 주인들이 먹지 않고 버린 날개나 발목 등을 튀겨 먹은 것에서 유래한 음식이에요. 이후 우리나라에도 전파된 프라이드치킨은 이제 우리나라만의 독특한 양념이 더해져 한국식 치킨으로 거듭나고 있어요.

문화 변동의 요인

인간이 환경과의 상호 작용을 통해 만들어 낸 문화는 고정되어 있는 것이 아니라 끊임없이 변화하고 발전해 왔어요. 새로운 문화 요소의 등장으로 사라지기도 하고, 또 서로 결합하여 다른 문화를 만들기도 하는데, 이를 문화 변동이라고 해요. 문화 변동의 요인에는 발명과 발견, 문화 전파가 있어요.

발명과 발견은 문화 변동의 내재적 요인이에요. 그중 발명은 새로운 문화 요소를 만들어 내는 것을 말해요. 예를 들어 자동차의 발명, 컴퓨터의 발명은 교통과 통신의 발달을 이끌어 내었고 우리 문화에 큰 변화를 가져왔어요. 또한 한글의 발명은 우리의 말을 글로 표현할 수 있도록 하여 문자 소통을 가능하게 하였고 지식의 확산을 일으켰어요.

그렇다면 발견은 무엇일까요? 발견은 알려지지 않았던 문화 요소를 찾아내는 것을 말해요. 세계 속에 이미 존재하고 있는 물질이나 생명체를 새롭게 찾아내거나 새로운 법칙을 찾아내는 것이 바로 발견이에요. 예를 들어 불, 바이러스, 전기 등이 인간이 발견해 낸 것이에요.

▲ 발견 ▲ 발명

또 다른 문화 변동의 요인으로는 외부적 요인인 문화 전파가 있어요. 한 사회가 다른 사회와 교류하거나 접촉하는 과정에서 새로운 문화 요소가 전달되어 정착하는 현상이 바로 문화 전파예요.

과거에는 교역이나 전쟁, 식민 지배 등 두 문화의 직접적인 접촉으로

개념 쏙 사회 상식

몽골풍

원나라 간섭기에 고려에서 유행한 몽골의 풍습. '장사치', '벼슬아치' 등 사람을 가리키는 '치'라는 언어, 만두, 설렁탕, 소주와 같은 음식 문화 등이 있다.

고려양

원나라에서 유행한 고려의 풍습. 고려의 의복과, 쌈채소, 전통 한과인 유밀과, 고려청자 등이 있다.

이루어지는 직접 전파가 대부분이었어요. 과거 삼국 시대에 중국과 활발한 교역을 하며 우리나라로 전래된 불교나 고려 시대 원나라의 간섭을 받으며 형성된 몽골풍이나 고려양이 직접 전파에 해당해요.

이후 교통과 통신이 발달하며 인쇄물이나 인터넷 등과 같은 매체를 통해 이루어지는 간접 전파가 등장하면서 문화 전파는 빠른 속도로 문화 변동을 주도하고 있어요. 또한 다른 사회에서 전파된 문화 요소에 자극을 받아 새로운 발명이 일어나는 자극 전파도 있어요. 문자가 없던 아메리카의 체로키족이 백인의 알파벳에 자극을 받아 체로키 문자를 만든 것이 그 예에 해당해요.

문화 변동의 양상

문화 변동의 양상은 문화 동화, 문화 병존, 문화 융합 크게 세 가지 유형으로 나타나요.

문화 동화(A+B=B)

문화 동화는 한 사회의 문화가 다른 사회의 문화로 흡수되거나 소멸되는 경우예요. 라틴 아메리카 지역의 대부분의 나라들은 에스파냐어와 포르투갈어 등 그들을 식민 지배하였던 유럽의 언어를 사용해요. 또한 고유의 토속 신앙을 잃고 가톨릭교를 믿고 있는 것이 바로 문화 동화의 사례예요. 문화 동화는 강한 나라가 약한 나라의 문화를 강제로 규제하거나 자기 나라의 문화에 대한 정체성이 약한 경우 나타나기 쉬워요.

문화 병존은 기존의 문화 요소와 전파된 다른 사회의 문화 요소가 함께 공존하는 현상을 말해요. 그래서 문화 공존이라고도 불러요. 필리핀 사람들은 자국의 고유 언어인 타갈로그어와 식민 지배를 받으며 전파된 미국의 영어를 모두 공용어로 사용해요. 중국 옌벤 조선족 자치주에서 우리나라 풍습과 중국 풍습이 함께 나타나고, 언어도 중국어와 한국어가 함께 사용되는 것 또한 문화 병존 현상이에요.

문화 병존(A+B=A, B)

마지막으로 문화 융합은 기존의 문화 요소와 전파된 다른 사회의 문화 요소가 상호 작용한 결과, 이전의 두 문화와는 다른 새로운 문화가 나타나는 것을 말해요. 멕시코 원주민의 갈색 피부와 그들의 전통 의상에 유럽에서 전파된 가톨릭교의 성모상이 결합된 과달루페 성모상은 문화 융합의 사례를 잘 보여 주고 있어요.

▲ 과달루페 성모상

문화 융합(A+B=C)

불고기 버거에서 찾은 문화 융합

융합을 영어로는 fusion(퓨전)이라고 해요. 퓨전 음식은 세계의 다양한 음식 재료와 조리 방법이 혼합된 요리로, 짬뽕과 스파게티가 결합한 짬뽕 스파게티, 퐁듀 삼겹살 등 메뉴도 다양해요. 그중에서도 가장 사랑받는 대중적인 퓨전 메뉴는 바로 '불고기 햄버거'예요. 우리나라의 전통 음식인 불고기와 미국의 햄버거가 융합된 문화 융합의 모습을 찾아볼 수 있어요. 세계적인 프랜차이즈를 운영하는 M사, B사, L사의 햄버거 기업들이 우리나라 지점에서 모두 불고기 햄버거를 판매하고 있어요.

전통문화의 창조적 계승

전통문화는 오랜 세월 이어져 오며 그 가치를 인정받는 문화를 말해요. 우리의 한복, 한옥, 온돌, 김치, 불고기와 같은 의식주와 관련된 전통문화는 물론 효 사상이나 협동 정신과 같은 문화는 지금까지도 우리 생활의 중요한 부분으로 자리 잡고 있어요. 이러한 전통문화는 사회 구성원 간의 유대를 강화하고 사회 유지와 통합의 역할을 해요. 또한 사회 구성원의 자긍심을 높이고 세계 문화의 다양성을 높이는 데도 기여해요.

오늘날에는 교통 · 통신 수단이 발달하고 세계화가 진행되면서 문화 간의 접촉과 교류가 활발해지고 있어요. 이런 흐름 속에서 우리의 전통문화를 계승하고 발전시키기 위한 노력은 더욱 중요해지고 있어요.

고유의 것을 단순히 재현하고 지켜내는 것에서 그치는 것이 아니라 전통이 지닌 고유한 의미를 재해석하여 시대의 변화에 맞게 재창조하는 노력도 필요해요. 또한 세계화 시대의 활발한 교류 속에서 전파되는 다양한 외래문화를 우리의 전통문화와 함께 공존시킴으로써 문화 다양성을 유지할 수 있도록 해야 해요.

서울의 경복궁이나 창경궁과 같은 고궁에서는 색색의 고운 한복을 입고 다니는 사람들을 쉽게 만날 수 있어요. 우리나라 사람들뿐만 아니라 외국인들까지 남녀노소를 가리지 않고 우리의 한복을 입고 아름다운 고궁을 배경으로 사진을 찍으며 즐거워하지요. 이들이 입은 한복은 전통적인 고유의 한복부터 실용적이고 간편한 생활한복, 화려함을 강조하며 현대적인 디자인이 더해진 한복까지 다양해요. 특히 생활한복의 경우에는 자신의 개성을 살려 평상시에도 입는 사람들이 늘어나고 있어요.

우리나라의 전통 무술인 태권도를 소재로 한 「점프」는 다양한 요소를 더해 외국인들도 공감할 수 있도록 만들어진 공연이에요. 「점프」는 2005~2006년 에든버러 프린지페스티벌 박스오피스 1위에 힘입어 2006~2009년 웨스트엔드 4년 연속 장기공연 전석 매진의 신화를 기록하는 등 한국을 대표하는 한류 문화 콘텐츠로 자리 잡았어요.

이와 같은 노력들은 전통문화의 창조적 계승을 통해 우리 문화의 정체성과 독창성을 유지하고 문화의 다양성과 세계화에 이바지하고 있어요.

개념 쏙 사회 상식

한류(韓流): 한국의 문화가 해외로 전파되어 인기리에 소비되고 있는 현상을 말한다. 1990년대 말부터 아시아에서 붐이 일어나기 시작해서 이제는 전 세계적으로 다양한 분야에서 한국 대중문화에 대한 인기가 높아지고 있다. 특히 아이돌 댄스 그룹의 음악은 K-팝이라고 불리며 빌보드 차트에 오르는 등 세계 음악 팬의 뜨거운 환호를 받고 있다.

✓내신 필수 체크

1 문화 변동은 발명과 발견, 문화 (　　　　)에 의해 나타난다.

2 한 사회의 문화가 다른 사회의 문화로 흡수되거나 대체되는 경우를 (　　　　) 라고 한다.

3 (　　　　)는 과거로부터 이어져 내려오는 문화 요소 중에서 현재까지 그 가치를 인정받고 있는 것이다.

답 **1. 전파 2. 문화 동화 3. 전통문화**

탐구 서·논술

다음 자료에서 나타난 사례들의 문화 변동 양상을 쓰고 그 의미를 각각 서술하시오.

자료 1 2017년 싱가포르의 종교 기념일

싱가포르에서는 모스크를 비롯하여 사찰, 힌두 사원, 교회와 성당 등 다양한 종교 경관을 쉽게 찾아볼 수 있으며, 각 종교의 기념일을 공휴일로 지정하고 있다.

4월 14일 성 금요일(Good Friday)	크리스트교 명절
5월 10일 석가 탄신일(Vesak Day)	불교 명절
6월 25일 하리 라야 푸아사 (Hari Raya Puasa)	이슬람교 명절
9월 1일 하리 라야 하지 (Hari Raya Haji)	이슬람교 명절
10월 18일 디파발리(Deepavali)	힌두교 명절
12월 25일 성탄절(Christmas Day)	크리스트교 명절

자료 2 라틴 아메리카의 음악과 춤

아르헨티나의 탱고, 브라질의 삼바, 쿠바의 살사 등 라틴 아메리카의 음악과 춤은 아프리카의 흑인 리듬과 율동에 유럽이나 미국의 음악이 결합하여 독특한 형태로 발달한 문화이다.

▲ 탱고

▲ 살사

예시답안

자료 1 문화 병존, 기존의 문화 요소와 전파된 다른 사회의 문화 요소가 함께 공존하는 현상을 말한다.

자료 2 문화 융합, 기존의 문화 요소와 전파된 다른 사회의 문화 요소가 상호 작용을 통해 새로운 문화 요소를 만들어 내는 현상을 말한다.

문화 상대주의 21

일반적으로 우리나라에서는 사람을 만나면 가볍게 손을 맞잡고 악수를 해요. 만약 손을 꽉 잡고 강하게 힘을 주면 상대방은 불쾌해할 수 있어요. 그런데 에스파냐에서는 악수를 할 때 손을 약하게 잡거나 악수를 적극적으로 하지 않는 것을 오히려 실례라고 생각한다고 해요.

한편 러시아에서는 악수를 할 때 이름을 먼저 말하고 악수를 청하는 것이 큰 실례라고 해요. 악수를 먼저 한 다음 자기 이름을 말해야 예의를 지키는 것이지요. 악수하는 문화도 나라마다 참 다양해요. 이렇게 서로 다른 다양한 문화를 우리는 어떻게 이해해야 할까요?

문화를 이해하는 태도

세계화와 정보화의 영향으로 멀리 떨어진 다른 사회와도 교류할 기회가 많아지고 있어요. 그런 가운데 서로 다른 문화에 대한 거부감을 느끼거나 더 나아가 갈등을 겪는 경우들도 점점 늘어나고 있어요. 그래서 다른 문화권의 문화를 이해하는 바람직한 태도가 더욱 중요해지고 있어요.

문화를 이해하는 태도의 핵심은 '문화는 우열을 가릴 수 없다'는 것이에요. 문화란 각 사회의 자연환경과 인문 환경에 적응하며 인간이 오랜 시간에 걸쳐 발전시켜 온 것으로 각자 나름의 가치를 지니고 있기 때문이에요.

하지만 문화를 잘못 이해하는 태도를 가지고 있으면 문화에 절대적인 기준을 두고 우열을 가리려고 해요. 이처럼 문화를 평가하는 절대적 기준이 있다고 보고, 그 기준에 비추어서 문화의 선악이나 우열을 가릴 수 있다고 여기는 태도를 문화 절대주의라고 해요. 문화 절대주의에는 자문화 중심주의와 문화 사대주의가 있어요.

자문화 중심주의는 자기 민족의 경험과 전통을 기준으로 상대 문화의 수준을 낮거나 나쁜 것으로 판단하는 태도예요. 과거 남아메리카를 정복한 유럽인들은 아마존강 유역에 나체로 살던 자파테크족을 보고 그들을 미개하다고 여겼어요. 유럽의 선교사들은 자파테크족에게 강제로 옷을 입게 하였지요.

그 결과는 어떠하였을까요? 아마존강 유역은 열대 우림 기후로 아주 덥고 습한 지역이에요. 덥고 습한 기후 지역에서는 옷이 쉽게 땀에 젖고 세균도 번식하기 쉬워요. 결국 많은 사람들이 피부병에 시달려야 하였고, 사회적 지위를 알려주던 문신이 보이지 않아 사회도 혼란스러워졌어요.

몇 해 전 미국 경제신문지 〈포브스〉에서 세계 10대 혐오 음식을 선정해 발표한 일이 있었어요. 말 젖을 숙성시켜 만든 술인 몽골의 마유주나 상어 고기를 발효시켜 만든 아이슬란드의 향토 요리 하칼, 오리 알을 숙성시켜 만든 중국의 송화단 등 선정된 음식들을 보면 대체로 서양인들의 취향이 기준이 되었다는 것을 알 수 있어요.

하지만 이 음식들은 각 나라의 기후나 지형과 같은 자연환경 등의 영향을 받아 만들어진 고유한 음식 문화에서 나온 것이에요. 자신들에게 생소하고 잘 먹지 못한다고 해서 혐오 순위를 매기고, 세계적인 언론을 통해 발표하는 것은 오늘날까지도 만연한 자문화 중심주의의 태도라고 할 수 있어요.

▲ 몽골의 마유주

▲ 중국의 송화단

자문화 중심주의는 다른 민족이나 인종, 문화에 대한 차별을 불러오고 타 문화권과의 갈등을 일으킬 수 있어요. 나아가 다른 문화를 배척함으로써 자문화의 발전 가능성을 막을 수도 있어요.

문화 사대주의는 자문화 중심주의와는 달리 자신의 문화를 부정적으로 평가하고, 다른 특정 사회의 문화를 가치 있고 우수한 것으로 여기는 태도예요. 중국 문화를 '중화'라고 하며 숭상하는 태도를 보인 조선의 사대부들을 예로 들 수 있어요. 세종대왕이 훈민정음을 창제하였을 때 많은 사대부들이 훌륭한 중국의 한자를 두고 우리의 글을 만들어 쓰는 것은 오랑캐와 다를 바 없다며 반대하였다고 해요. 이것은 중국의 문화를 무조건 우수한 것으로 여기는 문화 사대주의의 태도라고 할 수 있어요.

오늘날 우리 주변에서도 문화 사대주의의 사례를 쉽게 찾아볼 수 있어요. 길을 다녀 보면 외국어로 쓰인 간판이나 상표들이 눈에 많이 띄는데, 한글보다 영어 표현을 더 멋있게 여기는 문화 사대주의의 태도가 반영된 것이에요. 이러한 문화 사대주의의 태도를 지니면 자기 문화에 대한 문화적 주체성과 자부심을 잃어버릴 수 있고, 사회 구성원 간의 소속감이나 일체감이 약화될 수 있어요.

지도 속 한줄 논술

#문화 절대주의 #문화 사대주의 #중화사상 #중국 중심 세계관

Q 천하도를 통해 알 수 있는 조선의 문화 이해 태도는?

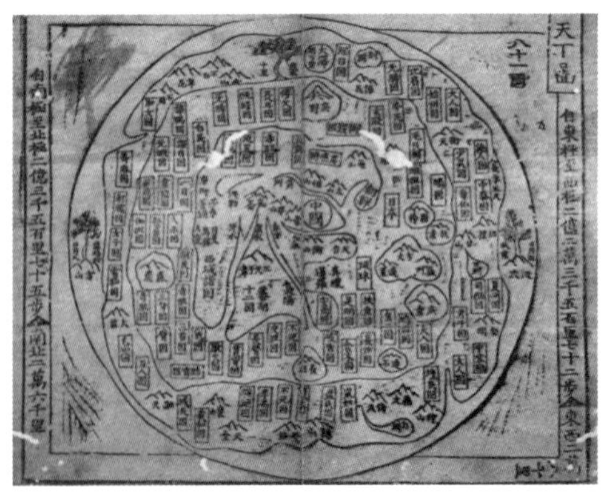

조선 중기 이후 여러 종류가 제작되어 민간에서 사용되었던 지도로, 제작자는 미상이며, 세계를 둥글게 표현하고 천하가 바다로 둘러싸여 있는 형태로 표현되고 있다. 특히 둥근 세계의 중심에 중국이 가장 크게 그려져 있다.

▲ **천하도**(출처: 위키미디어, 규장각)

문화 상대주의는 세계에 존재하는 다양한 문화의 우열을 가릴 수 없다고 보는 관점이에요. 어느 한 사회의 문화를 이해하기 위해 그 문화가 만들어진 사회의 환경과 역사적 맥락을 바라보려 하는 문화 이해의 태도가 바로 문화 상대주의예요.

이러한 문화 이해 태도는 다양한 사회의 다양한 문화를 편견 없이 바라보고 존중할 수 있도록 하여 문화가 평화롭게 공존할 수 있도록 해주어요. 오늘날과 같은 세계화 시대에는 문화 상대주의의 태도를 통해 문화 간의 이해와 소통을 확대하는 것이 중요해요.

이슬람교를 믿는 지역에서는 돼지를 먹지 않아요. "엇! 맛있는 돼지고기의 맛을 모르다니, 참 한심하네!"라고 말하는 사람은 문화를 자문화 중심주의로 이해한 것이에요.

위에서 말한 대로 문화 상대주의를 통해 이 문화를 바라볼까요?

돼지를 먹지 않는 음식 문화는 곧 이슬람교라는 종교의 영향을 받아서 나타났어요. 이슬람교가 창시되고 또 전파된 지역은 대체로 건조한 기후 지역이었어요. 이러한 지역에서는 비가 잘 오지 않아 농사가 어려워서 대부분의 사람들이 유목 생활을 하였어요. 그런데 돼지는 다리가 짧고 오래 걷지 못해요. 게다가 건조 기후 지역의 사막은 한낮 기온이 40℃를 오르내리는 엄청난 열기를 뿜어내는데 땀구멍이 없는 돼지는 체온을 식힐 수가 없어요. 돼지가 물웅덩이나 진흙 또는 자신의 오물 위를 자주 구르는 이유는 스스로 땀을 내어 체온을 낮출 수 없기 때문이에요. 그래서 몸에 수분을 묻히고 증발시키면서 체온을 낮추는 것이지요. 이러한 상황을 고려하였을 때 돼지는 물을 구하기 어려운 건조 기후에서 살기에는 적합한 동물이 아니었어요.

또한 돼지는 잡식성이어서 인간이 먹는 대부분의 음식을 먹을 수 있어요. 농업이 발달하기 어려운 자연환경으로 식량이 부족할 위험이 높은 건조 기후에서는 인간과 식량을 두고 경쟁을 해야 하는 상대인 것이에요.

결국 돼지는 몇몇 부유한 사람들에게는 맛있는 고기를 제공해 주는 축복이겠지만 나머지 대부분의 사람들에게는 그들이 먹을 식량을 축내는 '습성이 불결한 동물'로 여겨졌을 수도 있어요. 이런 상황을 반영하여 이슬람교의 경전인 '쿠란'에서는 돼지를 먹는 것을 엄격하게 금하게 된 것이지요.

자료 속 한줄 논술

#문화 상대주의 #그 사회의 환경과 맥락 #문화에는 우열이 없다

Q 다음 글에 나타난 문화 이해 태도는?

티베트의 전통 장례법 '조장(鳥葬)'

티베트에서는 '조장'이라는 장례 풍습이 있어요. 시신을 독수리 등의 새가 쪼아 먹도록 하는 장례법이에요. 이 '조장'의 모습을 처음 보는 외국인은 무척이나 생소하고 끔찍하다는 느낌을 받을 수도 있지만 이 또한 문화 상대주의의 태도로 바라볼 필요가 있어요. 티베트는 전통적으로 산과 하천을 신성시하여 이를 훼손하며 시신을 땅에 묻는 것을 금기하였어요. 또한 티베트는 춥고 건조하여 나무가 많지 않아 시신을 태울 땔감을 구하기도 어려웠지요. 그리고 그들은 독수리를 신성하게 여기고 숭배하는 전통이 있어서, 독수리가 인육을 먹고 하늘 높이 날면 인간의 영혼도 하늘로 오를 수 있다고 믿었어요. 마지막으로 티베트는 불교의 가르침에 따라 수양과 선행을 실천하는 삶을 추구해요. '조장'은 죽은 후 남은 육체를 맹수에게 먹이는 것이 마지막 선행이라고 믿는 그들의 믿음이 담긴 장례 풍속이에요.

보편 윤리 차원의 문화 성찰

이슬람 사회에서는 요즘도 '명예 살인'이라는 명목으로 살해가 이루어지고 있어요. 가족이나 부족의 명예를 더럽혔다는 이유로 집단의 구성원을 살해하는 행위예요. 이것은 주로 힘이 약한 여성들을 대상으로 이루어지고 있는데, 국제 연합(UN)의 통계 자료에 따르면 한 해에 약 5000명 정도의 이슬람 여성들이 가족에 의한 명예 살인으로 목숨을 잃는다고 해요.

명예 살인, 어느 파키스탄 모델의 죽음

누리 소통망(SNS)에서 양성평등을 주장하며 여성의 정숙을 강요하는 파키스탄 사회에 저항하는 발언으로 주목 받던 한 파키스탄 모델이 그녀의 오빠에게 죽임을 당한 사건이 있었어요.
당시 그녀의 오빠는 "동생이 가족의 명예를 더럽혔다."며 명예살인을 주장하였어요. 명예살인은 일부 이슬람권 국가에서 여성이 성폭행 피해를 입거나 히잡을 쓰지 않고 외부인과 접촉하거나, 정혼자와 결혼을 거부한다는 등의 이유로 남편이나 아버지, 남자 형제에게 살해를 당하는 범죄를 말해요.
그녀의 죽음 이후 이에 대한 비판 여론이 높아지자 파키스탄 정부는 명예살인에 대한 처벌을 강화하는 법안을 통과시켰어요. 하지만 여전히 명예살인은 지속되고 있어요. 또한 파키스탄은 세계 경제 포럼(WEF)에서 2018년 말 발표한 성평등 지수에서 149개국 중 148위를 차지하였어요.

인도에서는 남편이 죽으면 화장할 때 아내를 산 채로 함께 태워 죽이는 '사티'라는 풍습이 있어요. 힌두교의 옛 풍습으로 가장 오래된 사례는 기원후 510년에 행해진 것으로 추정되어요.

1829년 금지령이 내려질 때까지 많은 여성들이 사티로 생명을 빼앗겼어요. 일부 힌두교도들은 그것이 힌두 사회의 전통 가치를 수호하는 방법이라고 믿으며 사티를 지지하기도 해요. 이슬람 사회의 명예 살인과 인도의 사티와 같은 문화도 문화 상대주의로 인정하고 존중해야 할까요?

문화 상대주의는 그 사회의 입장에서 이해하고 존중하는 태도를 통해 각 사회의 문화를 고유한 의미가 있고 가치 있는 것으로 받아들이는 태도예요. 하지만 위의 사례와 같이 인간의 존엄성, 자유와 같은 인류의 보편적 윤리를 무시하는 문화마저 무조건 존중하는 극단적 문화 상대주의로 치우쳐서는 안 돼요.

보편 윤리란 '생명은 소중하다.', '살인을 해서는 안 된다.', '남을 속이지 마라.'와 같이 시대와 장소를 초월하여 모든 인간과 사회에 적용되는 객관적이고 일반적인 도덕 원리를 말해요. 이와 같은 보편 윤리 차원에서의 성찰 없이 어떠한 문화든 무조건 인정하고 존중하는 관점인 극단적 문화 상대주의 태도로는 인간의 존엄성을 비롯한 기본적 인권을 지킬 수 없어요.

문화를 이해하는 올바른 태도는 문화 상대주의를 바탕으로 각 문화의 고유한 가치를 존중하면서도, 보편 윤리의 관점에서 비판적으로 성찰하는 것이에요.

✓내신 필수 체크

1 자기 문화를 기준으로 다른 문화를 부정적으로 평가하는 태도를 무엇이라고 하는가?

2 한 사회의 문화를 그 사회의 환경과 역사적 맥락 속에서 이해하는 태도는?

3 모든 인간과 사회에 적용되는 객관적이고 일반적인 도덕 원리는 무엇인가?

답 1. 자문화 중심주의 2. 문화 상대주의 3. 보편 윤리

탐구 서·논술

다음 자료에 제시된 문화에도 나름의 가치가 있다고 이해하는 문화 이해 태도를 쓰고, 이러한 문화 이해 태도의 비판과 함께 올바른 문화 이해 태도에 대해 서술하시오.

자료 전족

전족은 중국의 송나라 때 시작되어 명 · 청 시대에 유행하였던 풍습으로, 여성의 발을 작게 유지하기 위해 어린 나이 때부터 발을 꽁꽁 동여매어 성장을 멈추게 하는 것이다. 이 때문에 여성들은 정상적으로 자라야 하는 뼈와 근육이 부러지거나 오그라드는 극심한 고통을 겪어야 하였다. 다 큰 성인의 발도 10 cm가 조금 넘는 정도에 그쳤다고 한다.

작은 발은 척추의 기형을 가져와 등이 휘기도 하였고, 제대로 걷거나 뛰는 것도 힘들어 무력감이나 우울증을 겪는 경우도 있었다. 하지만 전족은 미의 기준이었고 전족을 하지 않은 여성들은 결혼을 하기도 어려운 사회 상황 속에서 그러한 고통을 감내해야만 하였다.

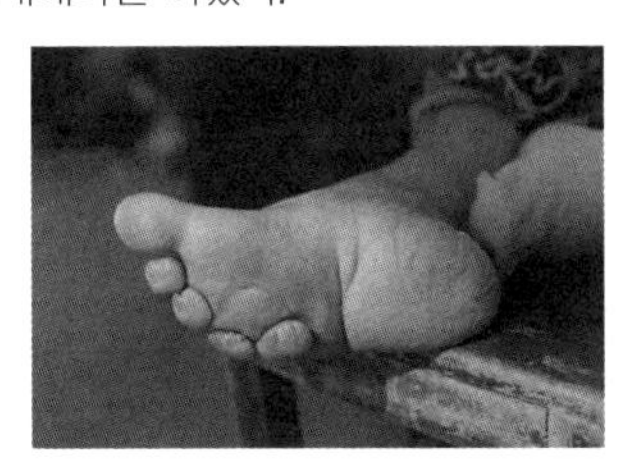

▲ 전족으로 기형이 된 발

예시답안

극단적 상대주의. 극단적 상대주의는 어떤 문화든 무조건 인정하고 포용해야 한다고 바라보는 태도이다. 보편 윤리 차원에서의 성찰 없이 어떤 문화든 무조건 인정하고 존중해야 한다는 관점을 가지면, 사회 구성원의 인간다운 삶을 침해하는 문화에 대해 윤리적으로 비판하고 개선하라는 요구를 하기 어렵다. 그러므로 우리는 다양한 문화의 고유한 의미와 가치를 존중하는 문화 상대주의적 태도를 지니면서, 시대와 장소를 초월하여 언제나 존중되어야 하는 보편 윤리의 차원에서 다른 문화를 성찰하는 태도를 가져야 한다.

22 다문화 사회

우리 친구들은 어디에서 외국인을 많이 만나나요? 텔레비전에서도 많이 볼 수 있고 길에서도 많이 마주치죠? 요즘에는 우리나라도 다문화 사회로 변화하여 다양한 외국 문화가 자리 잡고 있어요. 경기도 안산시 단원구 원곡동에는 다문화 거리를 비롯하여 외국인 주민 센터도 있어요. 때로는 이곳이 외국인가 하는 착각까지 들 정도로 이국적인 모습으로 가득해요. 이외에도 경기도 동두천시 보산역에 위치한 보산동 외국인 관광 특구, 경기도의 평택 국제 중앙 시장, 그리고 이태원까지 우리나라 곳곳에서 다양한 문화를 만날 수 있어요.

다문화 사회로의 변화

인종·언어·문화적 배경이 서로 다른 다양한 집단이 하나의 공동체 안에서 함께 살아가는 사회를 다문화 사회라고 해요. 교통과 통신이 발달하고 세계화로 국제적인 교류가 활발해지면서 다양한 인종과 종교,

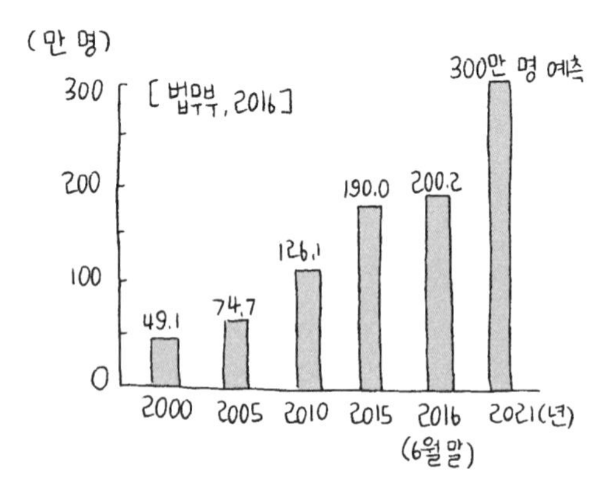

2016년 6월 말, 국내 체류 외국인 200만 명 돌파

▲ 국내 체류 외국인 수의 변화

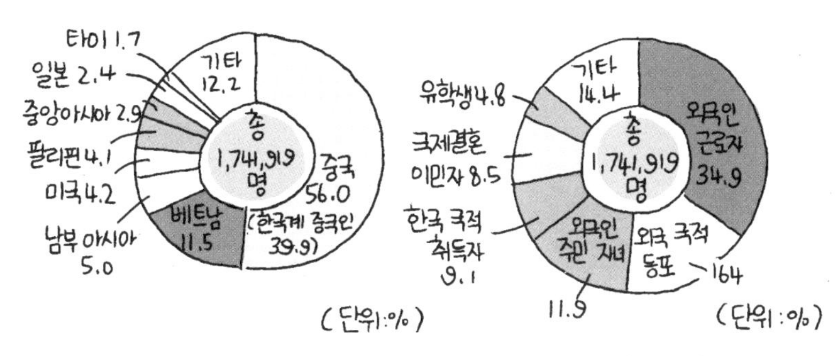

▲ 국내 거주 외국인의 국적별 분포와 국내 거주 외국인의 체류 유형별 분포 (행정 자치부, 2015)

언어 등 서로 다른 문화적 배경을 가진 사람들이 함께 살아가는 다문화 사회의 모습이 확대되고 있어요.

우리나라도 국제결혼 이주민, 외국인 근로자, 북한 이탈 주민의 증가로 다양한 문화가 함께 공존하는 다문화 사회로 변모하였어요. 주변에서 쉽게 세계 각국의 다양한 문화를 접하고 경험할 수 있게 되었는데, 이것은 문화의 다양성이 커지는 것을 뜻해요. 문화적 차이에 대한 이해도를 높이면 문화의 다양성을 존중하게 되고, 새로운 문화가 형성되며, 문화 발전의 기회도 생길 수 있어요.

또한 외국인 근로자들의 유입은 저출산 · 고령화에 따른 노동력 부족 문제를 해소하는 데 기여하였고, 국제결혼 이민자들은 젊은 사람이 적은 농어촌 지역에 활력을 불어넣고 있어요.

하지만 다문화 사회로 빠르게 변화하면서 새로운 문제들도 등장하였어요. 외국인 근로자나 국제결혼 이민자, 다문화 가정의 자녀들은 의사소통이나 문화적 차이에 따른 어려움을 겪고 있어요. 게다가 사회적 편견과 차별 때문에 고통 받기도 하지요.

외국인 근로자의 유입은 내국인과 외국인 근로자가 일자리 경쟁을 하는 문제를 낳기도 해요. 또 이러한 상황들은 결국 다양한 갈등을 만들고 사회적 통합을 저해하는 요소가 되기도 해요.

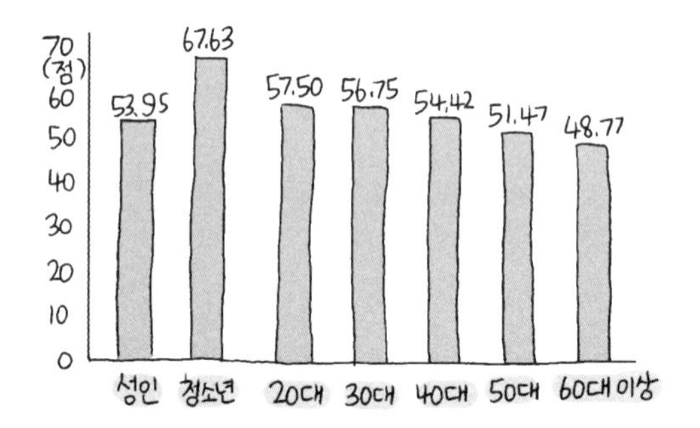

※ 다문화 수용성 지수: 문화 개방성, 고정 관념 및 차별, 세계 시민 행동 등 8개 구성 요소별 점수를 종합해 100점 만점으로 산출함.

▲ 한국인의 다문화 수용성 지수

뉴스 속 한줄 논술

#다문화 사회 #이주 노동자 차별 #임금 차

Q 다음 내용을 통해 알 수 있는 다문화 사회의 문제점은?

"아직도 이주노동자들에게 2016년도 최저임금을 지급하고 있는 사업주들도 있습니다. 며칠 전 경북 영천에서 일하는 이주노동자들에게 사업주가 1년 치 임금을 돈이 아닌 종이 쿠폰으로 지급했다는 부끄러운 소식도 있습니다" 외국인이주노동운동협의회의 'UN세계이주민의날 기념행사'에서 나온 이야기이다. 주한미얀마노동자복지센터 운영위원장은 내국인이 꺼리는 3D(Dirty,Difficult,Dangerous) 업종에 자신의 가족을 위해 묵묵히 일하고 있는 이주노동자들에게 피땀의 대가인 임금을 제대로 주는 사회를 보장하는 인권국가 대한민국으로 빨리 변해야 한다고 강조했다.

– 연합뉴스, 2019. 12. 17. –

다문화 사회의 갈등을 해결하는 방안

다문화 사회에서 일어날 수 있는 다양한 갈등을 해결하고 사회 통합을 이루기 위해서는 다양한 방면에서의 노력이 필요해요.

먼저 개인적 차원에서는 문화에 대한 열린 자세가 중요해요. 나와 다른 문화를 제대로 이해하고 존중하려는 열린 자세로 서로 다른 문화를 받아들일 수 있어야 해요. 앞서 배운 문화 상대주의적 태도를 통해 각자 문화의 가치를 인정하고 존중하는 것이 중요해요.

나는 얼마나 다문화 사회에 맞는 태도를 지녔는지 스스로 체크해 봐요!
아래 홈페이지에서 다문화 마음 지수 테스트를 해볼 수 있어요.
www.ollybolly.org

또한 다른 민족의 문화를 인정하고 포용하는 세계 시민 의식을 가질 수 있어야 해요. 지구촌 구성원 모두를 이웃으로 생각하고 세계 곳곳에서 일어나는 다양한 문제를 함께 해결하려는 세계 시민 의식이 있다면 다문화 사회에서의 갈등은 사라질 거예요.

사회적 차원에서는 다문화 교육을 통해 우리 사회 구성원들의 다문화에 대한 이해를 높이고, 다양한 체험 행사 등을 통해 다양한 문화를 접하고 이해할 수 있는 기회를 만드는 것이 필요해요. 또한 이주민이 편

눈이 큰 친구도 입이 작은 친구도
피부가 까만 친구도
틀린 것이 아니고 다른 것!

견과 차별에서 벗어나 안전하게 우리 사회에 적응할 수 있도록 하는 법적 · 제도적 장치가 마련되어야 해요. 「외국인 근로자의 고용 등에 관한 법률」과 「다문화 가족 지원법」은 이주민들의 권리를 보장하고 이주민들을 편견과 차별로부터 보호하기 위해 만들어진 법이에요.

다문화 가족의 구성원이 안정적인 생활을 영위할 수 있도록 다문화 가족 지원 정책과 같은 사회적 지원도 확대되고 있어요. 이민자에게 한국어 교육이나 임신 · 출산에 관한 의료 서비스 등 다양한 프로그램을 제공하고, 다문화 가정의 학생을 위한 상담과 교육도 지원되고 있어요.

이러한 개인적 차원의 인식 개선과 사회적 차원의 노력이 지속적으로 이루어지면 우리 사회는 보다 더 아름답고 창조적인 다문화 사회로 발전해 나아갈 수 있을 것이에요.

용광로 이론과 샐러드 볼 이론

- **용광로 이론**: 펄펄 끓는 용광로처럼 여러 민족의 다양한 문화를 하나로 녹여 그 사회의 주류 문화에 동화시키고자 하는 관점
- **샐러드 볼 이론**: 샐러드 볼 속의 어우러진 샐러드처럼 국가라는 그릇 안에서 각 문화의 고유한 맛이 나타날 수 있도록 다양한 인종과 문화가 함께 어울리는 문화를 만들자는 관점

✓내신 필수 체크

1 외국인 근로자, 국제결혼 이민자 등의 유입 증가로 우리 사회도(단일 문화, 다문화) 사회가 되었다.

2 농어촌 지역에 외국인 근로자들이 유입되면서 (   ) 감소 문제를 해소할 수 있고 농촌 사회에 활력이 생겼다.

3 다문화 사회의 갈등을 해결하기 위해서는 (   ) 관점에서 다른 문화를 이해하고 소통하는 자세가 필요하다.

답 1. 다문화 2. 노동력 3. 문화 상대주의

탐구 서·논술

이슬람 여성들의 복장에 대한 논란이 유럽 전역에서 나타나고 있다. 이에 대한 자신의 입장을 정리해 서술하시오.

자료 유럽 내 부르카 착용 금지법 논란

유럽 각국이 이슬람식 여성 복장인 '부르카' 금지법을 도입한 가운데 네덜란드도 2019년 8월 1일부터 부르카 착용을 정식으로 금지하였다. 만약 여성이 이를 따르지 않으면 공공장소에 출입이 거부되거나 최소 150유로(약 20만원)의 벌금을 물게 된다. 네덜란드에서는 지난 14년간 부르카 금지법을 둘러싼 논란이 이어져 왔다. 온몸을 가리는 복장 때문에 여성억압의 상징처럼 여겨지지만, 부르카 착용을 금지하는 것 또한 종교의 자유를 박탈하는 또 다른 억압이라는 비판의 목소리도 나왔다. 유럽에서는 지난 2011년 프랑스를 시작으로 오스트리아와 벨기에, 독일, 덴마크가 공공장소에서 얼굴 전체를 가리는 복장을 전면 또는 일부 금지하는 '부르카·니캅 금지법'을 시행하고 있다.

– 연합뉴스, 2019. 8. 1. –

▲ 니캅

▲ 부르카

예시답안

- **규제에 대한 반대 의견:** 부르카와 같은 복장은 이슬람교도 여성이 자신의 종교적 신념을 표현하는 방법일 뿐이다. 옷으로 종교적 신념을 표현하는 것이 문제가 된다면 신부의 예복이나 스님의 승복도 논쟁의 대상이 되어야 한다. 모든 사람은 종교의 자유를 가지기에 이러한 복장을 규제하는 것은 인권 침해이다.
- **규제에 대한 찬성 의견:** 과거 이슬람교가 창시되었던 지역은 건조 기후가 나타나고 강한 햇볕과 모래바람으로부터 몸을 보호하기 위한 용도로서 긴 의상이 나타났지만, 유럽은 자연 환경이 다르다. 여성의 신체를 가리는 이러한 의복은 여성의 사회 활동을 제약하고 인권을 침해할 우려도 있다. 게다가 이슬람 극단주의자들의 잇따른 테러로 국가 안보에 위협을 받고 있는 상황에서는 무조건적인 고수보다는 서로 합의하고 조정할 필요가 있다고 생각한다.

3부_사회 변화와 공존

Ⅷ

세계화와 평화

23 세계화

에스파냐의 부뇰은 인구가 1만 명이 채 되지 않는 작은 마을이지만, 매년 여름이면 전 세계에서 3만여 명의 관광객이 방문한다고 해요. 이 작은 마을은 어떻게 세계의 많은 사람들이 사랑하는 매력적인 관광지가 되었을까요? 바로 토마토 축제 때문이라고 해요. 작은 마을에서 마을 행사로 시작된 토마토 축제는 세계화를 통해 세계인의 축제가 되었어요.

세계화와 지역화

교통수단과 정보 통신 기술의 발달은 전 세계 여러 지역의 공간을 더욱 쉽고 빠르게 연결하며 지역 간 교류를 증가시키고 있어요. 세계 무역 기구(WTO)와 자유 무역 협정(FTA) 등은 국가 간 자유로운 무역 활동을 촉진시키고 상품과 서비스에서 나아가 문화 교류까지도 활발하게 이뤄지는 배경이 되어 주었어요. 이에 따라 지역 간, 국가 간 상호 의존성이 커지고, 국가의 경계를 넘어 세계가 하나로 통합되어 가는 것이 바로 세계화예요.

이러한 흐름 속에서 각 지역 또한 세계 속에서 그들만의 고유한 전통이나 특성을 살려 세계적인 가치를 인정받고 세계화의 주체로 떠오르는 지역화가 동시에 진행되고 있어요.

작은 마을인 부뇰이 토마토 축제를 통해 세계인이 찾는 관광지가 된 것도, 모차르트가 태어난 곳인 오스트리아의 잘츠부르크가 모차르트를 관광 상품화한 것도 지역화의 성공적 사례라고 할 수 있어요.

우리나라에서도 축제를 통해 세계인들의 사랑을 받고 있는 지역들이 많아요. 그중 충청남도 보령은 서해안의 넓은 갯벌을 자산으로 활용해 매년 7월에 대형 머드탕, 머드 슬라이딩, 머드 씨름대회 등과 같은 다양한 프로그램을 운영하는 보령 머드 축제를 개최하고 있어요. 보령 갯벌의 고운 진흙에 원적외선이나 미네랄, 게르마늄, 벤토나이트 등 피부에 좋은 성분들이 많다고 알려지며 해마다 많은 이들이 찾고 있지요.

'가장 지역적인 것이 가장 세계적인 것이다.'라는 말처럼 세계의 여러 지역들은 자기 지역만의 차별화된 가치를 찾아내고 세계의 보편적 가치를 접목하는 다양한 지역화 전략을 펼치며 세계화 시대에 발맞추어 지역의 경쟁력을 갖추기 위해 노력하고 있어요.

브라질을 찾는 관광객 1/3이 리우 카니발 기간에

매년 2월 말에서 3월 초까지 브라질에서 리우 카니발이 열릴 때면 각국의 많은 미디어들이 이를 앞다투어 보도할 정도로 리우 카니발은 세계인들의 사랑을 받고 있는 축제예요.

리우 카니발은 포르투갈에서 건너온 유럽인들의 사순절 축제에서 비롯되었고, 여기에 당시 아메리카 대륙으로 끌려온 흑인 노예들의 전통 타악기 연주와 춤이 합쳐져 오늘날에 이르렀어요.

화려한 복장을 하고 춤을 추며 퍼레이드를 하는데 브라질에서도 국가적으로 매우 중요한 행사이기 때문에 이를 준비하기 위한 삼바 학교가 있을 정도예요. 브라질을 찾는 전체 관광객의 3분의 1에 해당하는 사람들이 이 시기에 맞추어서 올 정도로, 리우 카니발은 성공적인 지역화 사례에 해당해요.

세계화의 영향과 해결해야 할 문제점

세계화는 다양한 측면에서 새로운 변화를 만들어 냈어요. 다국적 기업이 대표적인데, 다국적 기업이란 세계 각 지역에 자회사, 지점, 생산 공장 등을 운영하고, 세계적으로 제품을 생산 · 판매하는 기업을 말해요.

다국적 기업은 본사, 연구소, 생산 공장 등을 국경을 넘어 운영하는 공간적 분업을 통해 생산비를 낮추고 이윤을 최대화할 수 있도록 운영하고 있어요. 대체로 본사와 연구 · 개발 기능을 수행하는 연구소는 정보와 자본이 풍부하고 기술 수준이 높은 선진국에, 생산 공장은 임금이 저렴하고 노동력이 풍부한 개발 도상국에 입지하고 있어요.

다국적 기업의 생산 시설의 입지는 지역 경제에도 큰 영향을 미쳐요. 생산 시설이 들어선 지역은 일자리 창출, 소득 증가, 기술 이전 등의 효과가 나타나요. 그와 함께 동종 산업은 피해를 보기도 하죠. 또한 생산 시설이 빠져나간 지역은 산업 공동화 현상으로 경기 침체가 나타날 수 있어요.

뉴욕, 런던, 도쿄, 파리 등과 같이 전 세계적으로 정치, 경제 등 다양

다국적 기업의 생산 공장 입지 변화

과거 부산은 세계적인 신발 생산지로 1970년대 한국 근로자들은 저렴한 임금과 섬세한 일솜씨를 바탕으로 우수한 제품을 생산하였어요. 하지만 1980년대 후반 이후 임금이 상승하고 제품 생산 비용이 증가하자, 많은 기업들은 중국과 베트남으로 공장을 이전하였고, 이후 부산의 신발 산업은 쇠퇴하고 많은 실업자가 발생하였어요.

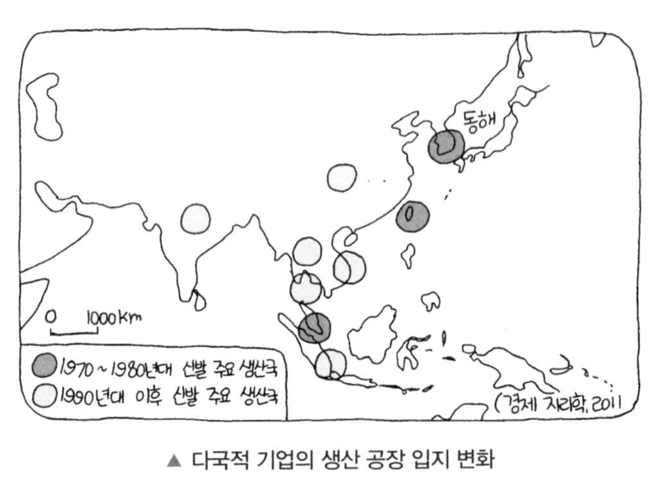

▲ 다국적 기업의 생산 공장 입지 변화

한 측면에서 중심지 역할을 하는 도시를 세계 도시라고 해요. 세계 도시는 발달된 교통·통신 체계를 바탕으로 다국적 기업의 본사, 국제 금융 업무 기능, 생산자 서비스 기능 등이 집중되어 있고, 세계 경제의 의사를 결정하고 있어요.

세계화는 문화 교류에서도 나타났어요. 지역의 문화가 전 세계로 퍼져 나가고 세계의 다양한 문화가 어우러지며 우리의 삶은 더욱 풍요로워졌어요.

하지만 문화의 획일화와 문화 소멸의 문제점도 생겨나고 있어요. 특히 경제, 정치, 문화 부분에서 선진국의 영향력이 강화되며 일상생활이나 대중문화 부분에서 서구 일부 선진국의 문화로 문화 획일화가 나타나고 있어요. 문화가 상품화되고 세계 시장으로 진출하여 그 수요를 확대하는 과정에서 우리는 전 세계 어디에서든 다국적 기업의 햄버거 회사와 커피숍, 쇼핑센터, 거기에 의류, 신발 등의 상품을 쉽게 만날 수 있게 되었지요.

또한 이러한 현상은 약소국이나 원주민의 고유한 문화들이 사라질 위기에 처하게 만들기도 해요. 언어도 한 예인데, 국제 연합 교육 과학 문화 기구(UNESCO)에서는 2009년 『소멸 위기에 처한 언어 지도』를 발행하여 전 세계에 존재하는 6000여 개의 언어 중 대략 2500개의 언어가

사진 속 한줄 논술

#세계 도시 #세계 업무 금융 중심지 #다국적 기업의 본사 #국제 연합 본부

Q 뉴욕과 같은 세계 도시의 특징은?

▲ 미국 뉴욕의 타임스퀘어

소멸 위기에 처하였다고 발표하였어요.

이러한 문제점을 해결하기 위해서는 전 세계인이 세계 시민으로서의 자질을 갖추어 각 문화의 고유한 가치를 존중하고 문화 다양성을 보전하기 위해 노력해야 해요.

세계화에 따른 자유 무역의 확대는 국가 간 빈부 격차 문제를 야기하기도 하였어요. 자유 무역이 확대될수록 무역 구조의 차이나 자본, 기

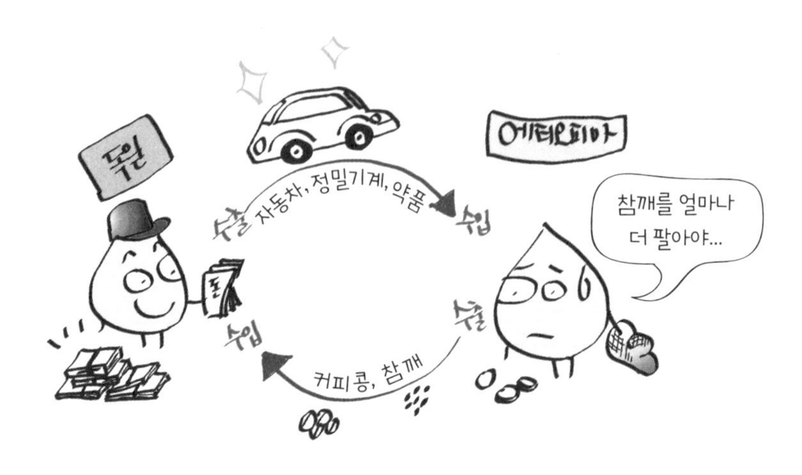

술 등의 차이로 선진국과 개발 도상국의 격차는 점점 더 심화되고 있어요. 이러한 문제를 해결하기 위해 선진국은 공적개발원조를 통해 개발 도상국을 지원하고 있고, 우리나라 또한 한국국제협력단을 통해 개발도상국에 대한 기술 지원과 대외 무상 협력 사업을 추진하고 있어요.

이와 더불어 개발 도상국의 생산자에게 정당한 대가를 지불하는 공정 무역 운동도 진행되고 있어요. 선진국의 수입업자에게 일방적으로 유리한 기존의 무역 방식에서 벗어나 개발 도상국의 생산자에게 혜택이 돌아가도록 하는 무역 방식을 통해 저개발 국가 생산자의 경제적 자립을 돕고, 안전하고 친환경적인 방식으로 상품을 생산하여 소비자에게 공급하는 것이지요.

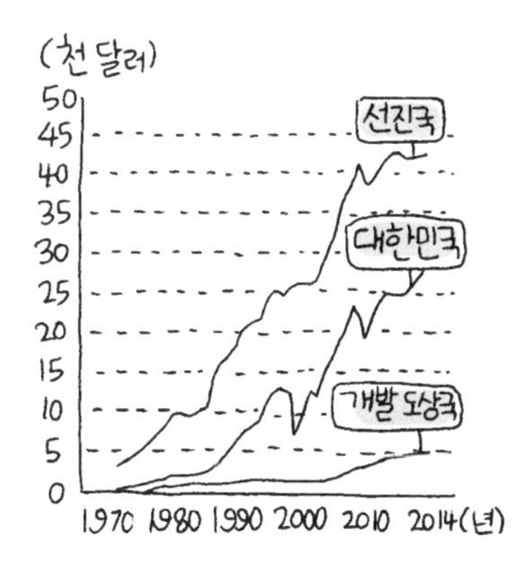

▲ 1인당 국내 총생산의 변화(국제 연합 무역 개발 협의회, 2015)

세계화의 흐름 속에 인간 존엄성과 인권, 자유와 평등의 보장과 같은 보편 윤리가 강조되고 있지만, 특정 사회가 지켜 온 특수 윤리와 부딪혀 생기는 갈등이 증가하고 있어요. 우리는 지구촌의 구성원으로서 세계 시민 의식을 가지고 인류의 보편적 가치를 추구하면서, 사회 간의 충돌과 갈등을 합리적이고 평화적으로 해결하기 위한 방안을 찾아 나가야 해요.

세계 공정 무역 협회의 공정 무역 원칙

- 경제적으로 소외당하고 있는 사람들에게 우선적으로 일자리 제공
- 투명성과 신뢰성을 바탕으로 생산자와 수입자 간의 동등한 관계 확립
- 직거래를 통해 판매가의 15～30 %를 생산자 이윤으로 보장
- 고용과 급여에 있어 남녀동등 대우
- 어린이 노동 반대와 건강한 노동 환경 제공
- 환경친화적인 상품 제조 방식과 자연 원료를 통한 환경 보호

▲ 일반 커피와 공정 무역 커피의 이익 배분 구조

✓내신 필수 체크

1 어느 한 지역에서 발달한 문화가 그 지역을 넘어 세계적인 가치를 인정받는 현상을 (　　　　)라고 한다.

2 (　　　　)은 국경을 넘어 세계 곳곳에서 제품의 생산과 판매 활동을 하는 기업을 말한다.

3 (　　　　)는 국가의 경계를 넘어 세계적인 중심지 역할을 하는 대도시이다.

답 1. 지역화 2. 다국적 기업 3. 세계 도시

탐구 서·논술

다음 자료를 통해 알 수 있는 세계화에 따른 문제점과 그 해결 노력을 서술하시오.

자료 1 세계의 지역별 수출 · 수입액의 차이

자유 무역의 확대로 세계 시장이 개방되며 많은 나라들이 무역을 통한 경제 활동을 활발히 하고 있다. 세계의 수출 · 수입액의 분포를 보면 유럽과 앵글로아메리카, 아시아 지역에 무역량이 집중되어 나타나고 있는 것을 알 수 있다.

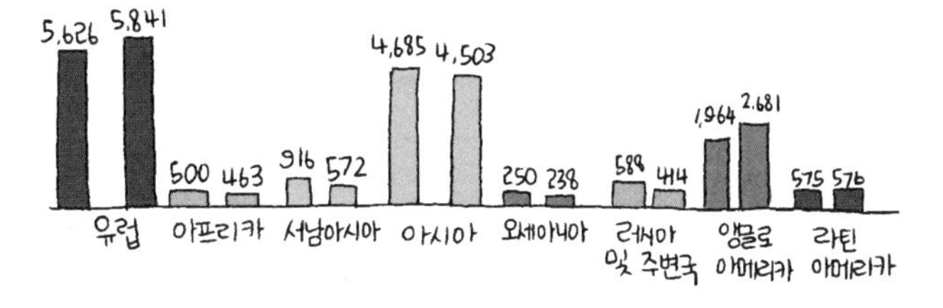

자료 2 인간 개발 지수

인간 개발 지수는 국제 연합 개발 계획에서 세계 모든 국가의 발전 정도를 측정하기 위해 마련한 지표로, 1인당 국민 총소득, 기대 수명과 교육 수준 등을 기준으로 평가한다. 인간 개발 지수가 높은 선진국은 주로 북반구에 있고, 인간 개발 지수가 낮은 개발 도상국은 주로 적도 주변 및 남반구에 있다.

예시답안

세계화가 진행되면서 국가 간 빈부 격차가 심해지고 있다. 자유 무역과 국가 간 분업이 이루어지면서 선진국으로 부가 집중되는 현상이 나타난다. 선진국은 높은 부가 가치를 창출하는 첨단 산업이나 금융 서비스 산업이 발달한 반면, 개발 도상국은 저렴한 제조업이나 농업 부문을 담당하며 무역 구조의 차이로 인한 빈부 격차는 더욱 커지고 있다. 이러한 문제를 해결하기 위해 선진국은 경제 원조나 기술 이전 등 다양한 지원을 통해 개발 도상국이 국제 경쟁력을 갖출 수 있도록 도움을 주어야 한다. 이와 더불어 세계화의 성과가 일부 선진국이나 기업에 지나치게 집중되지 않고 개발 도상국의 생산자에게 정당한 대가가 돌아가도록 하는 공정 무역과 같은 노력을 할 필요가 있다.

24 국제 사회와 평화

2015년 9월 3일, 터키 해안가에서 3세밖에 되지 않은 쿠르디라는 이름의 아이가 익사한 채로 발견되었어요. 이슬람 무장 단체의 위협에서 벗어나기 위해 마지막 실낱 같은 희망을 찾아 보트에 올랐던 쿠르디의 가족은 5세 형과 엄마마저 숨지고 아버지만 살아남았어요. 지금도 시리아에서는 내전이 이어지고 있고 쿠르디 가족과 같은 난민들은 생존을 위해 목숨을 건 탈출을 하고 있어요.

국제 사회의 갈등과 협력

우리가 책을 읽고 있는 이 순간에도 지구촌 곳곳에서는 갈등이 일어나고 있고 있어요. 그리고 이 때문에 고통 받고 있는 사람들도 많아요. 오늘날 지구촌의 갈등은 자원, 영토, 민족, 인종, 종교 등 다양한 원인이 복합적으로 얽혀 쉽게 풀리지 않고 있어요.

특히 오늘날에는 세계화 시대로 국가 간에 상호 의존성이 높아지면서 갈등이 일어난 지역뿐만 아니라 다른 여러 나라와 지역에도 영향을 미치고 있어요.

이러한 국제 갈등은 해당 국가만의 노력으로는 해결하기 어려운 문제이기 때문에 어느 한 국가나 지역의 문제가 아닌 지구촌 전체의 문제로

국제 사회의 특징은 다음과 같아요.

1. 자국의 이익 우선시
2. 힘의 논리 작용
3. 중앙 정부의 부재
4. 국제 협력의 강화

인식하고 해결을 위한 노력도 함께해야 해요.

국제 사회에서 발생하는 여러 갈등은 당사자 간에 대화와 타협을 통해 평화적으로 해결할 수 있어야 해요. 하지만 평화적인 해결이 어려운 경우 국제기구나 국제 비정부 기구가 나서기도 하고, 다양한 국제 협약 등의 국제법을 통해 해결해야 할 때도 있어요.

과거 프랑스와 독일의 관계는 원수지간이 따로 없을 정도로 사이가 좋지 않았어요. 나폴레옹의 프로이센 침략, 1, 2차 세계 대전을 겪으며 깊은 골이 생겼지요. 하지만 1963년 양국 지도자와 정부의 노력으로 맺어진 '엘리제 협약'을 통해 연평균 20만 명 이상의 청소년 교류를 이끌어냈고, 서로의 문화를 이해하기 위해 적극적으로 노력하였어요. 이러한 사례는 국가 갈등 해결의 큰 모범이 되고 있어요.

국가 간 합의로 국가 갈등을 해결한 사례

중국과 러시아가 80년 가까이 영유권 논란을 빚어온 헤이룽강(아무르강)의 헤이샤쯔섬(볼쇼이 우수리스크)을 둘러싼 갈등은 국가 간의 합의로 이 문제를 해결하였어요. 중국의 동쪽 끝에 있어 처음 일출을 맞는 헤이샤쯔섬은 애초 청나라의 영토였으나 1929년 옛 소련에게 넘어갔고 이후 소련이 해체된 후 러시아가 점유하고 있었어요. 중국과 러시아는 이 섬의 국경선 획정을 둘러싸고 40년 동안 협상을 계속하였고 2008년 79년 만에 최종적으로 국경선을 결정하는 협정에 서명을 하며 국경선 분쟁에 종지부를 찍었어요.

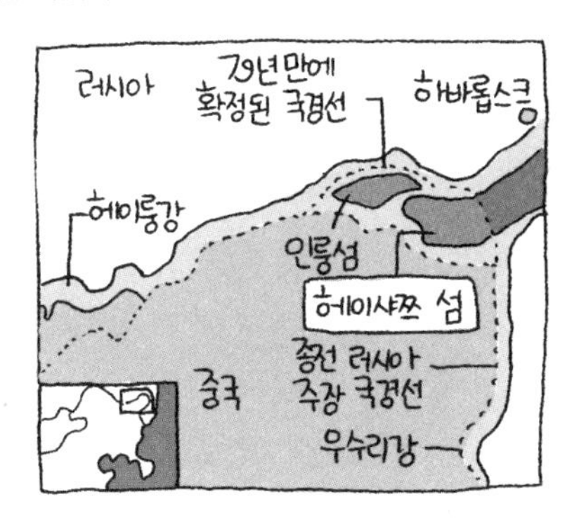

국제 사회의 행위 주체

국제 사회는 국가, 정부 간 국제기구, 국제 비정부 기구 등 다양한 행위 주체가 여러 이해관계를 가지고 서로 영향을 주고받으며 협력하고 갈등하는 모습을 보이고 있어요.

가장 기본적이고 대표적인 국제 사회의 행위 주체는 국가예요. 국가는 일정한 영역과 국민을 바탕으로 주권을 가지고 국제 사회에서 법적 지위를 가지고 공식적인 활동을 할 수 있어요. 외교를 통해 자국의 이익을 평화적으로 실현하거나 정부 간 국제기구에 가입하여 활동하기도 하지요.

▲ **국제 연합 로고** 5대양 6대륙과 평화를 상징하는 올리브 가지

정부 간 국제기구는 각 나라의 정부를 회원으로 하는 국제 사회의 행위 주체예요. 국제 연합(UN), 유럽 연합(EU), 국제 통화 기금(IMF), 경제 협력 개발 기구(OECD) 등이 있어요. 그중 국제 연합은 제2차 세계대전 이후 전쟁을 막고 국제 사회의 평화를 유지하기 위한 목적으로 창설되었어요. 분쟁 지역에 평화 유지군을 파견하거나 산하에 다양한 전문 기구를 두고 국제 협력의 증진을 위해 활동하고 있어요.

개념 속 사회 상식

경제 협력 개발 기구(OECD)

세계 경제의 발전과 무역 촉진을 위해 만들어진 국제 기구. 회원국의 경제 성장과 금융 안정을 추구한다. 우리나라는 1996년에 29번째 회원국으로 가입하였다.

국제 연합의 네 가지 목적은 다음과 같아요.
① 국제 평화와 안보의 유지
② 국가 간 우호 관계의 발전
③ 국제 문제의 해결과 인권 존중의 증진을 위한 협력
④ 국가들의 행위를 조화시키는 중추적 역할의 수행

국제 비정부 기구는 국경을 넘어 활동하는 개인과 민간단체를 회원으로 하는 조직으로 특정 국가나 개인의 이익이 아닌 인류의 공동의 이익을 위해 활동해요. 오늘날 시민 사회의 영향력이 강화되며 국제 비정부 기구의 역할 또한 확대되고 있어요. 그린피스(Greenpeace), 국제 앰네스티(Amnesty International), 국경 없는 의사회, 세이브 더 칠드런(Save the Children) 등이 대표적이에요.

이 밖에 국제 교류가 활발해지며 그 영향력이 커지고 있는 다국적 기업, 강대국의 국가 원수나 국제 연합 사무총장처럼 국제적 영향력이 있

GREENPEACE

▲ **그린피스** 지구 환경 보존과 평화 증진을 위해 활동하는 국제 환경 보호 단체

▲ **국제 앰네스티** 모든 사람이 차별받지 않고 인간다운 권리를 누릴 수 있도록 행동하는 국제 인권 단체

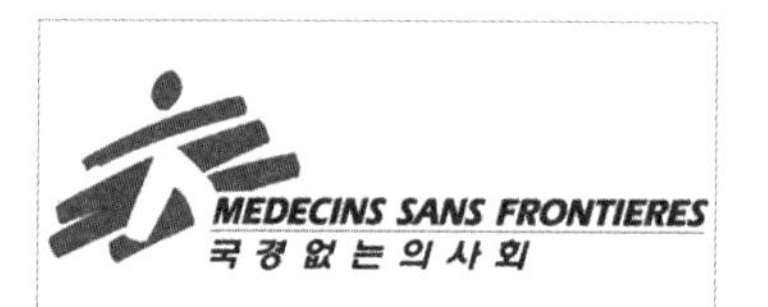

▲ **국경 없는 의사회** 전쟁, 기아, 질병, 자연재해 등으로 고통 받는 전 세계의 사람들을 구호하기 위해 설립한 국제 민간 의료 구호 단체

▲ **세이브 더 칠드런** 제1차 세계 대전 이후 굶주린 어린이들을 위해 설립. 아동의 생존과 보호를 돕고 이를 위한 시민들의 참여를 실현하고자 활동한다.

는 개인, 개별 국가 내의 지방 정부나 소수 인종, 소수 민족 등 국가 내부적 행위체도 국제 사회의 행위 주체로 활동하고 있어요.

국제 평화의 중요성

영화 〈인생은 아름다워〉는 제2차 세계 대전 당시 독일의 나치스에게 끌려가 아우슈비츠 수용소에 갇혀 고통 받은 유대인들이 등장하는 영화예요.

아우슈비츠 수용소에서는 어린아이와 노인 등 강제 노동을 시킬 수 없는 약자들을 가스실에서 처형하였어요. 이런 가운데 주인공인 유대인 아버지는 전쟁놀이를 하는 것이라며 자신의 어린 아들을 안심시키고 수용소에 숨기게 되지요. 본인이 죽게 되는 마지막 순간까지 아들이 안전하기를 바라는 아버지의 모습을 보면 이와 같은 전쟁이 다시는 일어나

지 않기를 바라는 마음이 들어요.

개념 쏙 사회 상식

나치스(Nazis)

아돌프 히틀러가 주도했던 독일의 파시즘 정당으로, 반(反)유대주의, 백색인종 지상주의, 국가주의, 제국주의 및 반(反)사회주의와 반(反)민주주의 사상을 기초로 하여 발생하였다. 제2차 세계 대전을 일으켰다.

하지만 안타깝게도 국제 사회는 여전히 전쟁, 테러 등 물리적 충돌이 끊이질 않고 있어요. 시리아의 내전과 팔레스타인과 이스라엘 간의 분쟁, 이슬람 극단주의 무장 조직들의 끊임없는 테러 등은 수많은 희생을 만들고 있지요. 이러한 상황에서 국제 평화는 인류의 생존과 번영을 위해 중요하고 반드시 이루어야 할 과제예요.

그림 쏙 한줄 논술

#인류의 안전과 생존 #문화 가치 보존 #국제 사회 평화로운 번영 #인류의 삶의 질 향상

Q 피카소의 '게르니카'를 통해 알 수 있는 평화의 중요성은?

에스파냐 내전이 한창 벌어지던 1937년 에스파냐의 작은 마을 게르니카에 나치스가 폭탄을 떨어뜨렸어요. 당시 1500여 명의 민간인이 사망하였지요. 캔버스 왼쪽부터 보면 불이 난 집, 죽은 아이의 시체를 안고 절규하는 여인, 부러진 칼을 쥐고 쓰러진 병사, 광기에 울부짖는 말이나 상처 입은 말, 램프를 들고 쳐다보는 여인, 여자들의 절규, 분해된 시신 등이 담겨져 있어요. 이 그림은 게르니카의 비극뿐 아니라 모든 전쟁의 고통과 아픔을 담아낸 작품으로 평가받고 있어요.

(출처: 위키미디어)

3부 사회 변화와 공존

평화는 소극적 평화와 적극적 평화로 나눌 수 있어요. 소극적 평화는 전쟁이나 테러와 같은 직접적인 물리적 폭력이 사라진 상태를 말해요. 하지만 소극적 평화는 직접적 폭력의 원인이 근본적으로 해결되지 않은 상태이므로 한계가 있어요.

적극적 평화는 직접적 폭력은 물론이고 빈곤, 기아, 각종 억압과 차별, 불평등과 같은 사회 구조나 문화에 의해 발생하는 간접적 폭력의 문제까지 해소한 상태를 말해요.

이러한 적극적 평화 속에서 인간은 인간의 존엄성을 지키고 인간다운 삶을 살아갈 수 있어요.

▲ 소극적 평화를 위한 노력

▲ 적극적 평화를 위한 노력

✓내신 필수 체크

1 국제 사회에서 가장 기본적인 행위 주체는?

2 소극적 평화란 전쟁, 테러 등과 같은 (직접적, 간접적) 폭력이 없는 상태이다.

3 (　　　　)란 제도와 관습, 경제적 상태, 정치나 법률, 개발로 발생하는 억압과 착취 등 간접적으로 일어나는 폭력까지도 사라진 상태를 말한다.

답 1. 국가 2. 직접적 폭력 3. 적극적 평화

탐구 서·논술

자료에 각각 등장한 국제 사회의 행위 주체를 쓰고, 그 역할을 서술하시오.

자료 1

국제연합 식량농업기구(FAO)는 아시아가 기아퇴치를 위해 더 적극적으로 나서야 한다고 촉구했다. FAO가 발표한 보고서에 따르면 아시아 지역에서 4억 9000만 명이 기아에 시달리고 있다. 아시아는 전 세계 기아 인구의 60 %가 밀집된 곳이다. 현재 추세라면 2030년까지 UN이 지속 가능한 개발 목표 중 하나로 삼고 있는 '기아 제로' 달성은 요원하다. – NEWSIS, 2016. 12. 8. –

자료 2

국제사면위원회가 구글과 페이스북을 '인권 침해 조직'이라고 강력히 비판하며 기소장을 제출했다. 위원회가 문제를 삼고 있는 건 이 두 조직이 개인정보를 거대하게 수집하여 광고 사업에 활용하는 것이다. "구글과 페이스북은 자신들의 서비스를 이용하려면 반드시 개인정보를 포기하도록 유도하며, 사용자들은 파우스트식 거래를 할 수밖에 없는 상황이다. 그리고 전 세계의 광장과 같은 역할을 하고 있어 서비스를 포기하는 게 쉬운 일만은 아니다."라며 비판했다. – 보안뉴스, 2019. 11. 21. –

예시답안

- 자료 1 에 등장한 국제 사회의 행위 주체는 국제 연합 산하의 식량 농업 기구로 정부 간 국제기구에 속한다. 정부 간 국제기구는 각 나라의 정부를 구성 단위로 하여 평화 유지나 경제, 사회 협력 등 국제적 목적이나 활동을 위해 두 국가 이상으로 구성된 조직체이다. 그중 국제 연합은 국제 분쟁 지역에 평화 유지군을 파견하여 분쟁 지역의 치안 및 재건 활동 등을 하고, 군비를 축소하기 위한 활동 및 국제 협력 활동 등을 수행하고 있다.
- 자료 2 에 등장한 국제 사회의 행위 주체는 국제 사면 위원회(국제 앰네스티)로 국제 비정부 기구에 해당한다. 국제 비정부 기구는 개인과 민간단체를 회원으로 하는 국제 조직으로 인류 공동의 이익을 위해 다양한 분야에서 활동한다. 그중 국제 사면 위원회는 인권 학대를 종식 및 예방하기 위한 목적으로 설립되었고, 고문 추방, 사형 폐지, 난민 보호, 소년병 동원 반대, 여성 폭력 추방, 양심수 인권 옹호 등의 다양한 활동을 전개하고 있다.

25 한반도와 동아시아의 평화

세계 3대 투자자로 꼽히는 미국의 금융인 짐 로저스는 얼마 전 《세계에서 가장 자극적인 나라》라는 책을 출간하였어요. 짐 로저스가 말한 자극적인 나라는 어디일까요? 바로 한국, 정확히 말하면 '통일 한국'이에요. 그는 앞으로 10~20년간 통일 한국이 세계에서 가장 자극적인, 가장 번영하는 나라가 될 것이라고 이야기하였어요. 한반도에 평화적인 통일이 필요한 이유, 이것만일까요?

남북 분단의 배경

1945년 8월 15일은 우리 민족이 광복을 맞이한 날이에요. 국내외에서 이루어진 지속적인 독립운동과 제2차 세계 대전에서의 일본의 패전 선언으로 그토록 염원하던 광복을 맞이할 수 있었어요. 하지만 미국과 소련은 일본군의 무장 해제를 명분으로 북위 38도선을 경계로 한반도의 남과 북에 각각 군대를 주둔시키고 분할 점령하였어요.

광복 이후 통일 정부를 수립하려고 한 우리의 여러 노력들은 수포로 돌아갔어요. 게다가 남과 북의 대립은 점차 격화되었어요. 미국을 중심으로 한 자본주의 진영과 소련을 중심으로 한 사회주의 진영은 유라시

개념 쏙 사회 상식

냉전(cold war)

제2차 세계 대전 이후 미국을 중심으로 한 자본주의 진영과 소련을 중심으로 한 사회주의 진영이 이념을 중심으로 대립한 것으로, 실질적인 전투가 아닌 경제 · 외교 · 정보 등을 통해 국제적 긴장과 대립 상태를 이룸.

아 대륙과 태평양을 연결하는 지정학적 요충지인 우리나라를 둘러싸고 극명한 이념 대립을 하였어요. 냉전 체제가 시작된 것이지요. 이념 갈등은 우리 민족 안에서도 이어졌고 결국 한반도에는 두 개의 정부가 수립되고 말았어요.

1950년 6월 25일 소련의 지원을 받은 북한의 남침으로 6 · 25 전쟁이 발발하였어요. 이에 대한 대비가 부족하였던 국군은 낙동강 이남까지 후퇴하였어요. 그러나 곧 국제 연합군이 파견되고, 인천 상륙 작전이 성공하여 압록강까지 진격해 올라갈 수 있었어요.

하지만 그 시기에 중화 인민 공화국을 세운 중국 공산당 정부는 북한의 패배가 자국의 안보를 위협한다고 보고 6 · 25 전쟁에 개입하기로 결정하였어요. 엄청난 인원의 중국군이 참전하며 국군과 국제 연합군은 후퇴를 하게 되었고 이후 38도선 부근에서 치열한 공방을 계속하다가 1953년 휴전협정이 체결되었어요.

이렇듯 남북의 분단과 6 · 25 전쟁은 우리 민족뿐만 아니라 강대국들의 서로 다른 이해관계가 맞물려 있었고 결국 전쟁의 가장 큰 피해는 우리 민족에게 돌아왔어요. 수많은 사람이 죽거나 다쳤고, 전쟁고아와 이산가족이 발생하였어요. 각종 산업 시설이 파괴되고 남북 간의 적대감은 더욱 깊어졌지요. 그리고 오랜 시간이 지났지만 여전히 남과 북은 휴전선으로 가로막혀 있어요.

▲ 남북 분단의 배경

3부 사회 변화와 공존

통일의 필요성

남북 분단으로 일어난 문제점은 아주 많아요. 우선 수많은 사람이 가족과의 이별로 고통을 받고 있어요. 분단 이후 70년 가까운 세월이 흘렀어도 이산가족 상봉 신청자 중 절반 이상이 가족의 생사도 확인하지 못하고 운명하였다고 해요. 고령으로 세상을 떠나는 이산가족이 늘고 있는 오늘의 현실에서 이들의 아픔을 해결하는 것은 더는 늦출 수 없는 매우 시급한 과제예요.

게다가 오랜 기간 서로 다른 체제와 이념 속에 살며 서로의 문화가 이질화되었어요. 국방비, 국토 이용의 제한과 같은 분단 비용도 시간이 갈수록 늘고 있지요. 더욱이 언제 일어날지 모르는 전쟁에 대한 두려움과 평화의 위협은 국제적 위상을 떨어뜨리고 있어요.

▼ 남북의 언어 이질화

남한	노크	빙수	거짓말	화장실	도시락
북한	손기척	단얼음	꽝포	위생실	곽밥

통일이 되면 이산가족의 아픔을 치유하고, 우리 민족의 동질성을 회복할 수 있어요. 또한 한반도에 평화를 정착시키고 북한 주민의 인권을 개선함으로써 소극적 평화와 적극적 평화 모두를 이루어 낼 수 있어요.

통일은 민족의 경제적 발전과 번영을 위해서도 필요해요. 미국의 투자자 짐 로저스가 전망하였듯이 통일 한국의 미래는 밝아요. 남북의 단일 시장 형성에 따라 국내 경제가 활성화될 것이며 남한의 기술력, 북한의 노동력 및 천연자원이 결합되면 국가 경쟁력이 향상될 수 있어요. 또한 한반도가 통일되면 지정학적 요충지로서의 이점을 활용하여 유라시아 대륙과 태평양을 연결하는 중심적인 역할을 수행하고, 나아가 세계 경제의 중심지로 동아시아 지역의 번영을 이끌 수 있을 것이에요.

개념 쏙 사회 상식

분단 비용: 남북이 분단되어 있는 동안 지출해야 하는 유 · 무형적 측면의 비용(국방비, 이산가족의 고통, 국토 이용의 제한 등)

통일 비용: 통일 후 남북 간의 격차와 이질적인 요소를 통합하는 데 들어가는 비용

통일 편익: 통일로 얻을 수 있는 경제적 · 비경제적 편익(내수 시장 확대, 전쟁 위험 해소 등)

통일을 위해서는 먼저 남북한 간의 지속적인 교류와 협력을 통해 서로의 이해를 증진하고, 군사적 긴장 상태를 완화하여 신뢰를 회복하는 것이 중요해요. 또한 분단 과정에서 보였듯 한반도 문제에는 여러 국가의 이해관계가 맞물려 있어요. 따라서 한반도의 통일이 국제 사회의 평화 정착과 번영으로 이어질 것이라는 설득을 통해 주변국의 지지와 협력을 얻어 내는 것이 중요해요.

통일 한국의 미래상

구분	한국(2013년)	통일 한국(2060년)
인구	5천만 명(세계 15위)	7천만 명(세계 12위)
국내 총생산	1.4조 달러(세계 12위)	5.5조 달러(세계 10위)
1인당 국내 총생산	2.9만 달러(세계 19위)	7.9만 달러(세계 7위)

북한은 국토의 약 80 %에 광물자원이 광범위하게 분포되어 있고, 북한의 마그네사이트 매장량은 세계 3위, 흑연은 세계 4위, 금은 세계 6위, 아연은 세계 7위, 철광석은 세계 9위에 해당해요. 또한 미래 첨단 제품에 사용되는 주요 희유금속 중 텅스텐, 몰리브덴, 망가니즘, 마그네슘과 코발트, 크로뮴 등도 매장되어 있어요.

동아시아의 역사 갈등과 해결을 위한 노력

우리나라, 중국, 일본은 정치 · 경제 · 문화 등 각 분야에서 긴밀한 관계를 맺고 있지만, 일본의 독도 영유권 주장이나 역사 교과서 왜곡, 중

국의 동북 공정과 같은 역사 갈등을 겪고 있기도 해요.

독도는 울릉도의 부속 도서로 신라 지증왕 때부터 우리 영토가 되었어요. 1905년 일본은 러일 전쟁 중인 한반도 침탈 과정에서 독도를 불법으로 편입하였고, 광복 이후 연합국 최고 사령부에 의해 반환되었지요. 그런데 이후 일본은 한국의 영토임이 분명한 독도에 대해 영유권을 주장하며 분쟁 지역으로 만들려는 시도를 계속하고 있어요.

독도가 우리 땅임을 알려주는 역사적 자료들

팔도총도(1531년): 현존하는 우리나라 옛 지도 중우산도(지금의 독도)가 표기된 가장 오래된 지도. 당시 지도에는 우산도(독도)를 실제와 달리 울릉도의 서쪽에 그렸음.

대일본전도(1877년): 일본이 공식적으로 자국의 영토 전체를 표기해 만든 지도로, 주변 섬들을 포함해 일본 영토를 자세히 그려 놓았지만 독도는 어디에도 없음.

세종실록지리지(1454년): "우산(지금의 독도)과 무릉(지금의 울릉도), 두 섬이 울진현의 정동쪽 바다에 있다. 두 섬은 거리가 멀지 않아 날씨가 맑으면 서로 바라볼 수 있다."

대한 제국 칙령 제41호 제2조(1900년): "(울릉) 군청의 위치는 태하동으로 정하고 구역은 울릉전도와 죽도(지금의 대섬), 석도(지금의 독도)를 관할할 것."

일본에서는 왜곡된 역사의식을 가지고 과거의 침략전쟁을 미화하는 이들이 만든 역사 교과서가 검정 심사에 통과되기도 하였어요. 일제의 식민지 지배와 침략 전쟁을 정당화하고 역사를 왜곡하여 어린 학생들에게 잘못된 역사 인식을 심어주는 모습에 우리나라와 중국은 물론 일본 내부에서도 비판의 목소리가 높아요. 침략 전쟁 중에 식민지 여성을 강제 동원하여 일본군의 성노예로 착취하고 인권 유린을 자행한 일본군 '위안부' 문제나 침략 전쟁을 수행한 A급 전범이 합사되어 있는 야스쿠니 신사 참배 문제도 국제 사회의 비판을 받고 있는 문제들이에요.

한편, 중국은 동북 공정이라는 이름으로 2002년부터 동북3성, 즉 랴오닝성, 지린성, 헤이룽장성의 역사, 지리, 민족에 대한 문제를 집중적으로 연구하기 시작하였어요. 사실상 동북 공정의 목적은 소수 민족을 통합하여 분리 독립을 막고, 현재의 영토를 확고히 하는 것에 있어요. 현재 중국의 국경 안에서 일어난 모든 역사를 중국의 역사로 편입하기 위해 동북 공정이 추진된 것이에요. 일방적인 자료 해석으로 만리장성

#침략 전쟁 수행한 A급 전범의 신격화 #침략 전쟁 정당화
#침략 전쟁 미화

Q 우리나라가 야스쿠니 신사 참배를 반대하는 이유는?

日 정부 "각료들 야스쿠니 참배 간섭할 일 아냐"

일본 군국주의를 상징하는 야스쿠니 신사의 가을제사를 앞두고 일본 정부가 사실상 각료들의 신사 참배를 권장하는 취지의 입장을 내놔 논란이 예상된다. 교도통신에 따르면 일본 정부 부대변인 겸 관방부 장관은 각료들의 야스쿠니 신사 참배 문제에 대한 질문에 "사인 입장으로 참배하는 건 개인의 종교 자유"라며 "정부가 간섭할 일이 아니다"고 답했다. … 야스쿠니 신사는 도쿄 지요다구에 있는 일본 최대 규모의 신사로 도조 히데키 등 제2차 세계 대전 'A급' 전범 14명을 포함해 메이지 유신 이후 일본이 벌인 각종 전쟁에서 사망한 군인 · 민간인 등 246만여 명을 합사해 놓은 곳이다. 이들 합사자는 모두 일왕을 위해 목숨을 바친 일본의 '신'으로 간주되고 있다.

– 뉴스1 코리아, 2019. 10. 8. –

의 동쪽 끝을 옛 고구려와 발해의 영역인 헤이룽장성까지 확장 발표하며, 한반도 북부와 만주에서 활동한 우리의 역사인 고조선, 고구려, 발해 등의 역사를 모두 중국의 지방 역사라며 왜곡하고 있어요.

▲ 중국의 역사 왜곡으로 늘어난 만리장성

이러한 역사 갈등은 동아시아 각국의 교류와 협력에 지장을 초래하여 동아시아의 평화 실현을 저해하고 있어요. 이러한 상황 속에서 한 · 중 · 일의 학자, 교사, 시민들은 공동 역사 교재를 제작하여 일본의 역사 교과서 왜곡에 대응하고 서로의 역사를 올바르게 이해할 수 있는 기반을 마련하려고 노력하고 있어요. 우리나라 정부는 '동북아 역사 재단'을 설립하고 일본과 중국의 역사 왜곡에 대응하는 연구를 지원하고 있어요.

✓내신 필수 체크

1 남북 분단의 국제적 배경으로는 (　　　　) 체제에서 비롯한 미국과 소련의 대립을 들 수 있다.

2 통일 한국은 유라시아 대륙과 (　　　　)을 연결하는 지정학적 요충지로서 동아시아 교류의 중심지로 성장할 수 있다.

3 중국은 (　　　　)을 통해 한반도 북부와 만주에 활동하였던 고조선, 고구려, 발해 등의 역사를 모두 중국의 역사라고 주장하고 있다.

답 1. 냉전 2. 태평양 3. 동북 공정

탐구 서·논술

독일 통일과 관련한 신문 기사를 읽고, 이를 통해 남북 분단의 평화적 통일을 위해 어떤 노력이 필요한지 서술하시오.

자료 1

동독의 마지막 총리였던 한스 모드로 총리는 "통일이 되려면 서로 간에 신뢰가 생겨야 하고, 문제가 있는 부분에서는 화해가 있어야 하고, 대립상태가 몇 세대를 거쳐 계속 유지되어선 안 된다."라고 말하였다. 한반도 화합과 통일에 대한 조언도 덧붙였다. "동계올림픽이나 독일에서 열린 핸드볼 세계선수권대회 단일팀과 같은 작은 걸음을 이어가고 발전시켜야 한다." 이어 한반도에 이해관계를 가진 주변국, 즉 미국과 중국, 일본, 러시아 등이 한반도 평화에 관심을 갖고 협력해야 한다고 강조했다. – KBS NEWS, 2019. 11. 9. –

자료 2

독일 정부가 베를린 장벽 붕괴 30주년을 맞아 통일 이후 상황에 대해 발표한 보고서를 보면 통일 이후 동 · 서독 격차는 크게 줄었다. 90년 통일 당시 동독의 경제 수준은 서독의 43 %에 불과했지만 지난해 75 %까지 따라붙었으며 올해는 더 올라갈 것으로 보인다. 하지만 동독 지역 주민들의 57 %는 실질소득과 구매력 증가에도 불구하고 자신을 '2등 국민'으로 여긴다. 최근 여론조사에서 동독 주민들이 "통일이 성공적"이라고 답한 비율은 38 %에 그쳤다.

– 국민일보, 2019. 11. 8. –

예시답안

독일은 제2차 세계 대전 후 연합국에 의해 강제로 동독과 서독으로 분단되었다. 하지만 서독 정부의 적극적인 통일 의지와 일관된 통일 정책을 바탕으로 동·서독의 교류가 지속되었다. 1980년대 말부터 동독에서 민주화가 추진되는 등 통일의 기운이 무르익는 가운데 서독은 소련에 경제 협력을 약속하고 주변 국가에 외교 공세를 펼치며 1990년 통일을 이루어 냈다. 독일 통일의 사례는 분단 상황에서도 지속적인 교류와 협력이 필요함을 알려주고, 주변국의 협력을 이끌어 내는 외교 정책 또한 중요하다는 것을 알 수 있게 한다. 그와 함께 통일 후 극심한 경제적 후유증을 겪었던 사실을 통해 통일 이후 필요한 통일 비용과 통일 경제에 대한 체계적인 분석과 대책이 있어야 한다는 교훈을 얻을 수 있다.

3부_사회 변화와 공존

IX

미래와 지속 가능한 삶

26 세계의 인구와 인구 문제

우리 친구들의 형제자매는 몇 명인가요? 요즘은 한두 명이 일반적이지만 예전에는 자녀를 많이 낳았어요. 1960년대에 우리나라는 6·25 전쟁이 끝나고 인구가 폭발적으로 증가하였어요. 급격한 인구 증가에 비해 먹고 살기도 힘들 정도로 경제 사정이 좋지 못하였지요. 그러자 정부는 인구 감소를 위한 정책을 실시하였어요. 지금은 이러한 인구 문제가 해결되었을까요?

세계의 인구 변화

세계의 인구는 이미 70억 명을 넘어섰어요. 10억 명의 인구가 70억 명이 되는 데에 약 200년밖에 걸리지 않았을 정도로 전 세계 인구가 빠른 속도로 증가하고 있어요.

인구 분포를 살펴보면 70억 인구의 90%는 북반구에 살고 있고 10% 정도만 남반구에 살고 있어요. 북반구 중에서도 세계 면적의 약 1/5밖에 되지 않는 아시아에 전 세계 인구의 약 60%가 살고 있어요.

이처럼 인구는 전 세계에 고르게 분포하고 있는 것이 아니라 특정 지

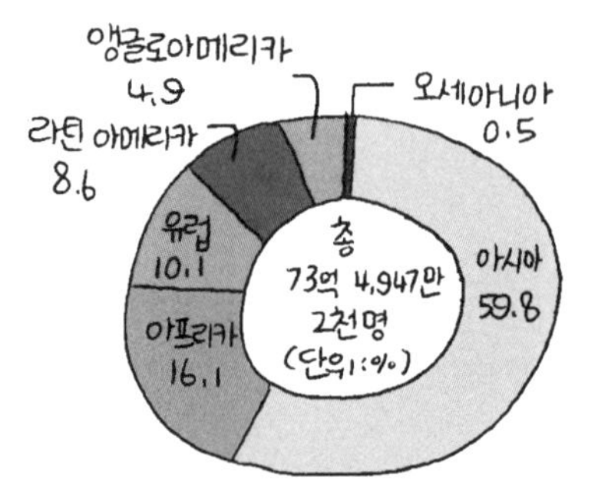

▲ 대륙별 인구 비율(국제 연합, 2015)

▲ 인구 분포에 영향을 주는 요인

▲ 우리 나라의 인구 분포

역에 집중해 있어요. 그 이유는 기후, 지형, 식생, 토양 등의 자연적 조건과 산업, 교통, 문화, 교육과 같은 인문적 조건의 영향이 지역별로 다르기 때문이에요.

벼농사가 발달한 중국, 인도, 동남아시아 지역이나 산업의 발달로 경제가 발전한 북아메리카 지역 등이 인구 밀도가 높고 자연환경이 척박하거나 산업 발달이 더딘 지역은 밀도가 낮게 나타나고 있어요.

우리나라는 산업화와 도시화가 진행되면서 인구 분포에 인문적 조건의 영향이 중요해졌어요. 그래서 수도권과 서울시의 인구 밀도가 높은 반면, 강원도나 촌락 지역의 인구 밀도는 매우 낮게 나타나고 있어요.

나라별로 인구 구조도 다르게 나타나요. 인구 구조란 인구 집단을 연령별, 성별에 따라 분류한 결과로 그 지역의 특성을 반영해요. 연령별 인구 구조는 생산 가능한 인구의 비율을 파악할 수 있는 기준이 되고 국가 발전의 잠재력을 판단하는 데 영향을 미쳐요.

일반적으로 선진국의 경우 노년층의 인구 비중은 크고, 유소년층의 인구 비중이 작게 나타나는 경우가 많아요. 이것은 생활 수준이 높고 의료 기술이 발달하여 사망률은 낮으나 여성의 사회 진출 증가, 자녀에 대한 가치관 변화 등으로 출생률이 낮게 나타나기 때문이에요.

우리나라도 이미 오랫동안 저출산 현상이 나타나고 있어요. 그것도 합계 출산율이 1.3명이 넘지 않는 초저출산 상태이지요. 2015년 세계의 합계 출산율에 관한 조사 자료를 보면 조사 대상국 중 우리나라는 최하위권에 속해 있어요. 그보다 합계 출산율이 낮은 국가들은 작은 섬으로 이루어진 국가들뿐이므로 우리나라의 출산율이 얼마나 낮은지 알 수 있을 거예요.

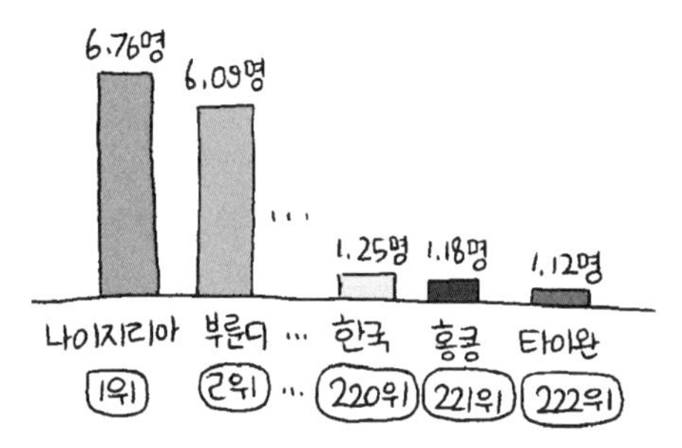

▲ 세계의 합계 출산율(WORLD FACT BOOK, 2015)

오늘날 개발 도상국에서는 인구가 급증하고 있어요. 출생률은 여전히 높은 상황에서 이후 의료 기술이 보급되고, 생활 수준이 향상되며 사망률이 낮아졌기 때문이에요. 여전히 산업의 중심이 1차 산업인 국가들이 대부분이고 많은 노동력을 필요로 하는 특성상 출생률이 줄지 않고 있어요.

오늘날 세계는 교통의 발달과 세계화로 인구의 이동이 활발해졌어요.

생산 연령 인구: 생산 활동을 할 수 있는 15~64세의 청장년층 인구

인구 부양비: 청장년층 인구에 대한 유소년층과 노년층 인구의 비율

지도 쏙 한줄 논술

#개발 도상국에서 선진국으로 #풍부한 일자리 #높은 소득 수준 #정치적 안정

Q 지도에서 알 수 있는 인구 이동의 특징은?

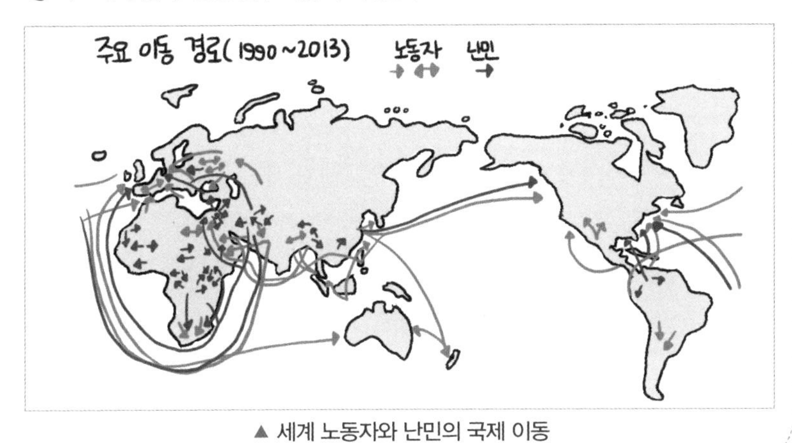

▲ 세계 노동자와 난민의 국제 이동

특히 경제적·정치적 요인에 의한 인구 이동의 모습이 두드러지게 나타나고 있어요. 경제적 이동의 사례로는 개발 도상국에서 임금 수준이 높고 일자리가 풍부한 선진국으로 이동하는 모습이 나타나요. 라틴 아메리카에서 북아메리카로의 이동이나 동남아시아 지역에서 우리나라로의 이동이 바로 경제적 이동의 모습에 해당해요.

정치적 이동은 대부분 전쟁이나 분쟁에 의해 발생하고 있어요. 시리아, 아프가니스탄 등 분쟁이 잦은 서남아시아와 아프리카에서 내전을 피해 이주하는 난민의 이동이 이에 해당해요. 이뿐만 아니라 기후 변화에 따라 삶의 터전을 잃고 이동하는 환경 난민도 발생하고 있어요.

인구 문제의 해결

적절한 인구 규모가 유지되지 못하거나 인구 구조의 균형이 깨지면 사회 발전에 큰 문제가 될 수 있어요. 현재 세계의 인구 성장을 이끄는 지역은 바로 아프리카, 아시아, 라틴아메리카 등의 개발 도상국이에요.

개발 도상국은 사망률이 낮아진 반면 출산율이 여전히 높아 인구 급증에 따른 인구 과잉 문제를 겪고 있어요. 인구 증가 속도에 비해 경제 성장 속도가 느려 인구 부양력이 낮고, 이 때문에 식량 부족, 빈곤, 자원과 식수 부족 등의 문제가 나타나는 것이에요.

중국은 과거 이러한 인구 급증 문제에 대한 대책으로 '한 가구 한 자녀 갖기' 운동을 통해 출산율을 2.1명 이하로 줄였어요. 그와 함께 개방 정책을 펼치며 산업 발전을 꾀해 인구 부양력을 높여 나갔지요. 그러나 2014년 중국의 합계 출산율이 1.4명으로 떨어지자 2015년에는 35년간 이어 온 한 가구 한 자녀 정책을 폐지하고 가구당 두 자녀까지 가질 수 있도록 하는 새 정책을 도입하였어요.

개발 도상국의 인구 문제는 인구 분포로 인한 어려움도 있어요. 사람들이 균형 있는 국토의 발전이 이루어지지 않은 상태에서 일자리를 찾아 일부 도시로 집중하기 때문에 주택 부족, 교통 혼잡, 환경오염 등의 도시 문제가 나타나요. 이러한 개발 도상국의 인구 문제를 해결하기 위해서는 출산 억제 정책과 함께 중소 도시 육성 정책과 촌락의 생활 환경 개선을 위한 노력이 필요해요.

반면 선진국은 출산율이 떨어지고 65세 이상 인구가 차지하는 비율이 높아지는 고령화가 나타나는 저출산 · 고령화 문제가 나타나고 있어요.

인구 부양력

한 나라의 인구가 그 나라의 사용 가능한 자원에 의하여 생활할 수 있는 능력, 지역이 얼마만큼의 인구를 수용할 수 있는 능력을 가지고 있는가를 나타내는 척도

1980년대 인구정책은?

▲ 우리나라의 출산 억제 정책

2000년대 인구정책은?

▲ 우리나라의 출산 장려 정책

저출산 · 고령화 현상은 우리나라도 마찬가지예요. 2018년 기준 합계 출산율이 0.98명, 출생아 수가 32만 명대로 매년 최저 기록을 갈아치우며 심각한 저출산 현상이 나타나고 있어요. 이러한 추세가 계속되면 생산 연령 인구가 감소하여 잠재 성장률이 떨어지고, 노인 부양의 부담을 지는 청장년층의 부담이 커져 세대 간 갈등이 발생할 수 있어요. 이에 대처하기 위해서는 출산 장려 정책과 함께 노인들을 위한 사회 보장 제도의 강화와 일자리 확대, 정년 연장 등의 노력이 필요해요.

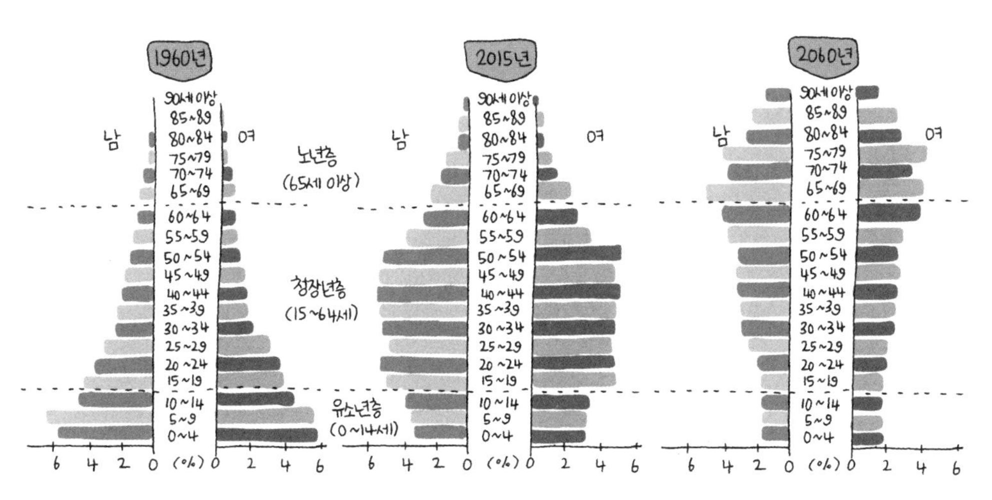

▲ 우리나라 인구 구조의 변화와 예측

가치관 변화를 통한 근본적인 해결도 중요한 부분이에요. 먼저 여성의 일로만 여겼던 출산이나 양육에 대한 부담을 부부 공동의 노력을 통해 해결할 수 있도록 해야 해요. 또한 일과 가정생활 간에 균형을 이룰 수 있는 가족 친화적인 가치관의 확산도 필요해요. 또한 노인 세대를 삶의 경험과 지혜가 축적된 우리 사회 구성원으로 인식하고 존중하는 태도가 필요해요.

저출산 고령 사회 위원회가 추진하는 '다함께 워라밸'

아이함께

임금 삭감 없는 일 1시간 근로단축 추진(최대 2년간 허용)

아빠함께

- 남성 육아휴직 활성화 '아빠 육아휴직 최소 1개월' 사용기업 확산
- 소득대체율 상향(상한 200 → 250만 원)
- 배우자 출산휴가 확대
- 육아휴직 부모 동시 사용 가능

중소기업함께

- 중소기업 출산육아기 고용안정 지원금 인상
- 일생활균형 우수기업 육성
- 워라밸 종합지원서비스 구축, 근로감독 강화

✓내신 필수 체크

1 세계 인구의 약 60 %가 (   )에 거주하고 있다.

2 세계 인구는 대체로 (개발 도상국, 선진국)에서 (개발 도상국, 선진국)으로 이동한다.

3 (개발 도상국, 선진국)은 저출산 · 고령화 현상이 나타나고 있다.

답 1. 아시아 2. 개발 도상국, 선진국 3. 선진국

미리보는

탐구 서·논술

우리나라의 인구 구조 변화를 보고, 앞으로 필요한 인구 문제 해결을 위한 노력에 대해 서술하시오.

자료 1 우리나라 인구 구조의 변화와 예측(257쪽 그래프 참조)

우리나라는 1960년대까지만 해도 출생률이 높아 유소년층의 인구 비중이 컸다. 산업화와 경제 성장이 진행되며 2015년에는 출생률이 낮아져 유소년층의 인구 비중이 급격히 감소하였음을 알 수 있고 2060년에는 이러한 현상이 지속되어 생산 연령 인구 가 감소하고, 노년층 인구 비중은 더욱 커질 것으로 예측된다.

자료 2 우리나라의 잠재 성장률 변화

잠재 성장률이란 한 국가의 경제가 과도한 물가 상승을 유발하지 않고, 자본, 노동, 총요소 생산성 등을 최대한 효율적으로 사용하여 달성할 수 있는 국내 총생산(GDP) 증가율을 말한다.

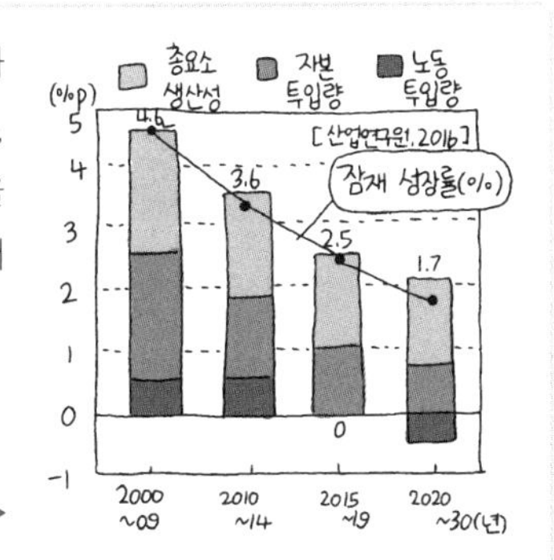

우리나라의 잠재 성장률과 추이 ▶

예시답안

우리나라는 다른 선진국들과 마찬가지로 저출산·고령화 문제가 나타나고 있다. 생산 연령 인구의 감소로 경제 성장이 둔화되고 장기적 경기 침체의 문제가 발생할 수 있고, 세대 간 갈등 문제도 나타날 수 있다. 게다가 고령화의 진행 속도가 다른 선진국들에 비해 급격히 빠르기 때문에 문제는 더욱 심각할 수 있다. 저출산에 대응하기 위해 먼저 임신·출산을 위한 의료비를 지원하는 등 출산 장려 정책이 필요하다. 또한 친가족적 가치관 형성과 양성 평등 인식의 확립이 필요하다. 고령화에 대한 대책으로는 노후의 안정적 소득 보장을 위한 연금 정책과 함께 정년 연장 등의 노력과 노년 인구를 삶의 지혜를 간직한 사회 구성원으로서 존중하는 인식 개선이 필요하다.

27 세계의 자원과 지속 가능한 발전

기술에도 착한 기술이 있을까요? 정답은 '있다'예요. '적정 기술(appropriate technology)'은 선진국에는 그 효용 가치가 작지만, 저개발 국가에는 삶의 질을 향상시켜 주는 기술을 말해요. 저개발 국가를 지원하고 환경을 보호하며 소득을 증대시켜 주는 효과를 만들어 내는 기술이어서 '착하다', '따뜻하다'는 표현을 붙일 수 있는 기술이지요. 생명을 구하는 빨대인 '라이프 스트로'는 세균을 죽이는 필터가 내장되어 있는 휴대용 정수기예요. 오염된 물로 많은 이들이 병들고 죽어가는 저개발 국가에게는 꼭 필요한 적정 기술의 대표적 사례이지요.

자원의 분포와 소비 실태

자원은 자연에서 얻을 수 있는 인간에게 유용한 것으로 기술적으로 활용 가능하고 경제적인 가치가 있는 것을 의미해요. 특히 몇몇 광물 자원과 석유, 석탄, 천연가스와 같은 에너지 자원은 그 양이 유한할 뿐만 아니라 지구상에 고르게 존재하지 않은데, 이것을 편재성이 크다고 말해요. 게다가 산업 발달에 따라 그 수요는 급증하고 있어서 세계 여러 국가들이 확보를 위해 치열하게 경쟁하고 있고 그에 따른 갈등과 분쟁도 증가하고 있는 상황이에요.

석유나 석탄과 같은 에너지 자원은 땅에 묻힌 동식물의 유해가 오랜 세월을 거쳐 화석화되어 생성된 것으로 화석 연료라고도 해요. 몇 억년의 시간이 걸려야 만들어지는 이 화석 연료는 현재 가장 활발히 사용되고 있는 에너지 자원이에요. 매장량에 한계가 있기 때문에 이대로 가다간 결국 고갈되고 말 것이에요. 현재의 채굴 방법과 생산비를 기준으로 현재의 자원 사용량과 매장량을 비교하여 추정한 앞으로의 자원 사용

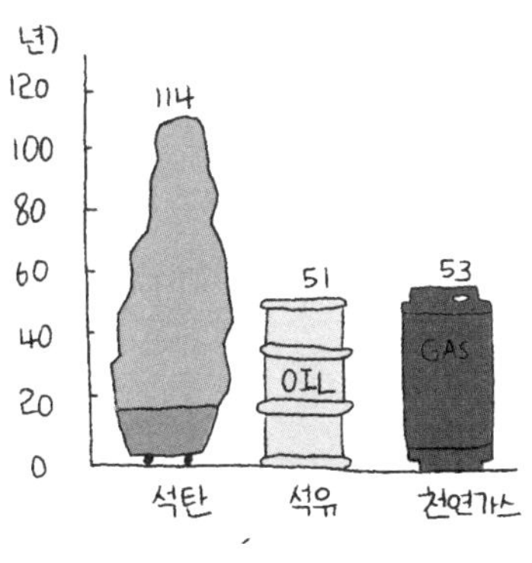

▲ 주요 에너지 자원의 가채 연수

가능 기간을 가채 연수라고 해요. 주요 에너지 자원의 가채 연수를 살펴 보면 자원 고갈의 문제가 얼마나 심각한지 알 수 있어요.

석유를 원유 상태에서 가열하면 그 온도에 따라 분리되어 나오는 성분들이 아스팔트, 경유, 등유, 나프타, 휘발유, LPG(액화 석유 가스)까지 다양해요. 이중 특히 나프타는 플라스틱 제품부터 섬유, 고무, 페인트, 세제 등 일상생활에서 사용하는 거의 모든 것을 만들어 낼 수 있어요.

이처럼 석유는 오늘날에 없어서는 안 될 자원이지만, 과거에는 '쓸모없는 검은 물'이라고 불렸던 시절도 있었어요. 기술의 발달과 함께 가치가 변화한 대표적인 자원이지요.

▲ 자원의 특성

천연가스는 석탄, 석유와 비교하면 연소할 때 대기 오염 물질의 배출이 적은 편이에요. 냉동 액화 기술이 발달하고 수송관(파이프라인)을 더 많이 건설하게 되어 운반과 저장이 편리해져 수요가 크게 늘었어요. 현재는 주로 산업용으로 이용되며, 다른 에너지 자원과 비교하면 가정용이나 상업용으로 많이 이용되고 있어요.

오늘날 에너지 자원의 소비량은 산업화와 함께 폭발적으로 증가하고

지도 속 한줄 논술

#1인당 에너지 소비량 높은 지역 #선진국 #공업이 발달한 국가 #자원 매장량 많은 국가

Q 1인당 에너지 소비량을 통해 알 수 있는 사실은?

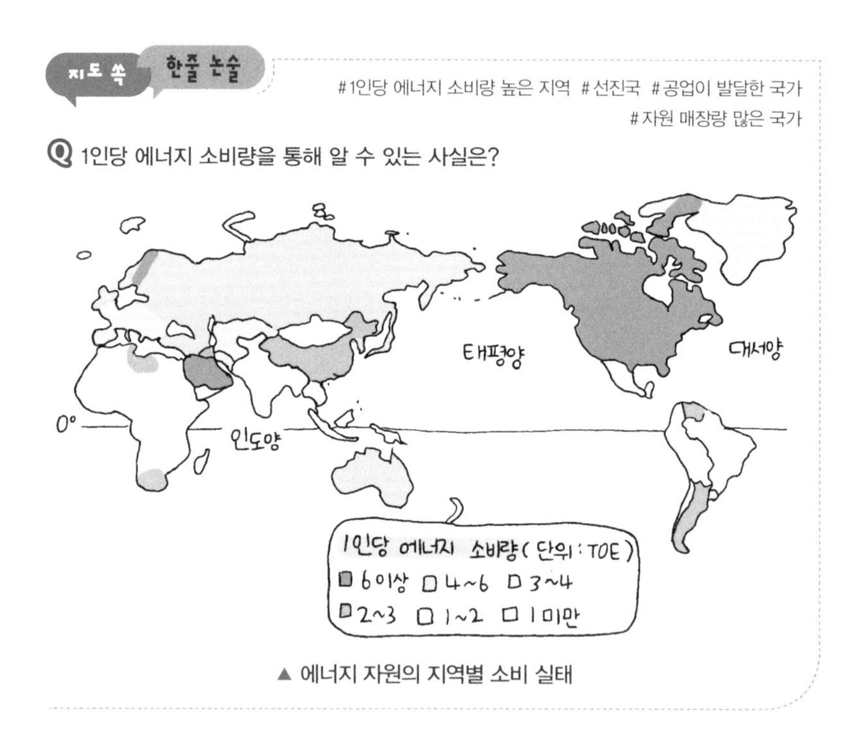

▲ 에너지 자원의 지역별 소비 실태

개념 쏙 사회 상식

자원 민족주의

자원을 보유한 국가가 자원을 자국의 정치적, 경제적 이익을 위해 무기로 이용하는 것. 대표적으로 서남아시아와 아프리카의 산유국들이 만든 석유 수출국 기구(OPEC)의 활동이 있다.

있어요. 매장량이 한정되어 있는 자원의 유한성과 지구상에 편재되어 나타나는 편재성과 맞물려 자원 고갈 및 부족 문제, 자원 확보를 둘러싼 갈등과 분쟁의 문제를 야기하고 있는 상태예요. 게다가 자원을 보유한 국가가 이를 무기화하여 세계에 영향력을 행사하는 자원 민족주의가 등장하며 이로 인한 갈등도 더욱 커지고 있어요.

석유나 석탄은 이를 채굴하는 과정에서 생태계가 파괴되기도 하고, 사용하는 과정에서 이산화 탄소와 같은 온실가스를 다량으로 배출하여 각종 대기 오염, 지구 온난화와 같은 기후 변화를 일으키는 환경문제의 요인이 되고 있어요.

▲ 북극해의 자원 분쟁

화석 에너지 사용과 중국의 대기 오염

중국은 현재 많은 공장이 들어서고 또 차량 통행이 늘어나면서 화석 연료의 사용이 늘어나 엄청난 양의 대기 오염 물질을 배출하고 있어요. 이것이 스모그 현상이나 미세 먼지 등을 일으켜서 마스크 없이는 집 밖을 나서기 무서울 정도이고, 심지어 방독면을 쓰고 외출하는 사람들까지 등장하였어요. 외국 언론사들은 이러한 중국의 현실을 '에어포칼립스'라고 칭하기도 해요. 공기를 뜻하는 '에어'와 종말을 뜻하는 '아포칼립스'의 합성어로 '에어포칼립스는' 결국 대기오염으로 인한 대재앙을 의미하는 신조어예요.

지속 가능한 발전을 위한 노력

사회의 빠른 변화는 계속해서 또 다른 사회 문제들을 양산할 수 있어요. 정보화와 세계화에 따른 문제, 전쟁과 분쟁 문제, 환경 문제, 생명 윤리와 관련된 문제 등이 이에 해당해요.

이 엄청난 과제들을 우리는 어떻게 해결해 나가야 할까요? 해답은 바로 '지속 가능한 발전'에 있어요. '현 세대의 개발 욕구를 충족시키면서도 미래 세대의 개발 능력을 저해하지 않는 개발'이 바로 '지속 가능한 발전'의 의미예요.

이 개념이 최초로 제시된 것은 1987년 브룬트란트 보고서를 통해서예요. 이후 각국은 1992년 브라질의 리우데자네이루에서 '리우 선언'과 그 실천 방안인 '의제21'을 통해 자연과 조화를 이룬 건강한 발전을 위해 구체적인 실천 방안들을 주장하기 시작하였어요.

2001년 유네스코 문화 다양성 선언과 2002년 요하네스버그 선언 등을 거치면서 지속 가능한 발전의 개념은 환경 보호, 경제 성장, 사회 발전과 통합의 3대 과제를 포함하며 더욱 확대되었어요. 그렇다면 지속 가능한 발전을 위해 국가적 · 사회적 차원에서 어떤 노력이 필요할까요?

환경적 차원에서는 자원 고갈과 환경오염을 막기 위해 신 · 재생 에너지를 개발하고 에너지를 효율적으로 사용해야 해요. 정부는 친환경 산업을 육성하고 환경 영향 평가 등을 통해 개발에 앞서 환경을 지키기 위한 장치를 만들어야 하지요.

오늘날 세계 여러 나라는 환경 보호를 위한 국제 환경 협약을 체결하여 환경 보전 활동에 힘쓰고 있어요. 기후 변화 협약을 토대로 시행되는 온실가스 배출권 거래제가 대표적이에요.

경제적 차원에서는 생산자인 기업은 친환경 생산 기술을 통한 친환경 제품을 생산하도록 하고, 생산 과정에서 이산화 탄소의 배출을 줄인 제품의 경우에는 탄소 성적 표지 제도 등을 통해 인증하고 관리할 필요가 있어요.

한편 소비자는 이와 같은 친환경 제품을 사용하여 기업의 친환경 생산을 독려해야 해요. 더불어 생활 속의 에너지 절약 실천도 중요해요. 또한 '에너지 소비 효율 1등급' 제품을 사용하고, 가까운 거리는 자전거나 도보를 이용하고, 쓰지 않는 가전제품의 코드는 뽑아 두는 등의 생활 속 실천은 큰 변화를 만들어 낼 수 있어요.

사회적 차원에서는 인권 의식, 공동체 의식을 함양하고 사회 정의 실현을 위해 노력해야 해요. 지속 가능한 발전은 경제 성장 및 환경 보전과 더불어 사회가 균형 있게 성장하는 포괄적이고 총체적인 성장이라는 점에서 사회 발전과 통합을 위한 노력이 중요해요. 이를 위해 우리 정부는 기초 생활 보장 제도, 주거 및 보건 의료 등에서 다양한 사회 복지 서비스를 시행하고 있어요.

선진국에게는 쓰임새나 경제적 가치가 작지만 저개발 국가에게는 삶의 질을 향상시켜 주는 '적정 기술'이라는 것이 있어요. 남아공의 헨드릭스 형제는 물을 구하기 위해 두세 시간씩 무거운 물통을 이고 다니는

▲ **에너지 소비 효율 등급**: 1~5등급으로 분류하고, 1등급에 가까울수록 에너지가 많이 절약된다. 1등급 제품은 5급에 비해 약 30~40 %의 에너지를 절약할 수 있다.

저개발국의 아이들을 보며 '큐드럼'을 만들어 냈어요. 원형의 통으로 만들어진 이 물통은 가운데 구멍으로 줄을 넣고 끌면 굴려서 이동시킬 수 있게 되어 있어요.

또 볼프강 셰플러는 "기술은 사람을 돕기 위해 만들어지는 것이므로 모두에게 자유롭게 쓰여야 한다."는 신념으로 '셰플러 조리기(태양열 조리기)'를 통해 땔감 등의 연료 없이도 음식을 손쉽게 조리할 수 있도록 하였어요. 연료를 구하기 힘든 나라에서는 나무를 땔감으로 이용하는데 땔감을 구하는 것도 힘들 뿐만 아니라 음식을 만드는 여성들이 연기로 인해 각종 호흡기 질환에 시달리고 있는 것을 개선하기 위해 태양열을 이용한 조리기를 만든 것이에요. 기술 특허도 내지 않았고 누구나 만들 수 있도록 기술을 공개한 이들을 통해 우리는 진정한 세계 시민의 자세를 배울 수 있어요.

◀ **환경성적표지:** 제품 및 서비스의 환경영향을 정확하고 투명하게 공개함으로써 지속적인 환경 개선을 유도하는 제도

◀ **탄소발자국:** 일상 생활용품, 가정용 전기기기 등 모든 제품의 탄소배출량 정보를 공개하고 저탄소 제품의 인증을 통해 시장주도의 저탄소 소비문화 확산에 기여

✓ 내신 필수 체크

1 현재 사용 비중이 가장 큰 에너지 자원은?

2 자원이 일부 지역에 집중적으로 분포하는 특성을 일컫는 말은?

3 현 세대의 개발 욕구를 충족시키면서도 미래 세대의 개발 능력을 저해하지 않는 개발을 뜻하는 표현은?

답 1. 석유 2. 편재성 3. 지속 가능한 발전

탐구 서·논술

자료를 통해 우리나라의 에너지 자원 소비 실태를 알아보고, 이와 관련된 문제점과 대책을 서술하시오.

자료 1 우리나라의 에너지 소비 현황과 구조

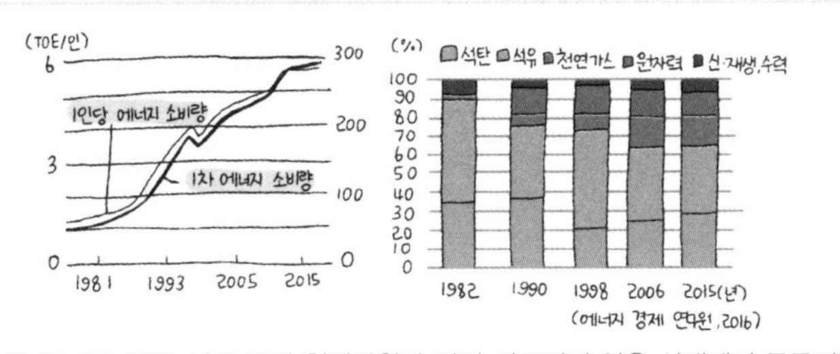

*1차 에너지: 석탄, 석유 등의 천연자원과 같이 가공되지 않은 상태에서 공급되는 에너지

자료 2 우리나라의 에너지 문제

사우디의 핵심 석유 시설이 가동을 멈췄다는 소식에 국제유가는 요동쳤다. 이번 공격으로 사우디의 원유 생산량이 반 토막 나면서 세계 전체 원유공급량이 당장 5% 줄어들 것으로 추산된다. 사우디아라비아는 우리나라의 1위 원유 수입국으로 우리나라 전체 원유 수입량의 약 30 %를 차지하고 있어 휘발유 값 인상과 각종 원자잿값 인상에 대한 우려가 커지고 있다.

– SBS 뉴스, 2019. 9. 16. –

예시답안

우리나라는 원자력과 신·재생 에너지 이용 비중은 낮은 데 비해 석유, 석탄, 천연가스 등 화석 연료의 이용 비중이 높게 나타난다. 그러나 화석 연료의 대부분을 수입하고 있기 때문에 에너지를 구입하기 위한 비용이 많이 들고, 대부분의 원유를 서남아시아 지역에서 수입하고 있어 해당 지역의 정치적·경제적 상황에 따라 안정적인 에너지 자원의 수급이 어려울 수 있다. 이에 대한 대책으로 에너지를 공급하는 국가들과 우호적인 외교 관계를 유지하고, 수입 지역을 다변화할 필요가 있다. 또한 해외 자원 개발 사업에 직접 참여하여 자원을 확보하기 위한 적극적인 노력이 이루어져야 한다. 그와 함께 화석 연료를 대체할 수 있고 환경에 대한 부담이 적은 수소 에너지, 태양 에너지 등의 신·재생 에너지 개발을 위해 노력해야 한다.

28 미래 지구촌

미래를 다룬 영화를 보고 단지 상상의 세계라고 생각했던 많은 것들이 오늘날에 이루어진 것을 볼 수 있어요. 스마트폰, 인터넷을 통한 화상통화, 전기로 가는 자동차, AI의 등장까지 상상이 현실이 된 것들이 많아요.

미래에 우리 사회는 어떻게 변화할까요? 우리가 상상하는 미래의 지구촌 모습을 그려 볼까요?

미래 지구촌의 모습

지구촌 여러 곳의 미래 모습을 상상하여 만든 공상 과학 영화들을 통해 우리는 다양한 미래 사회를 만나볼 수 있어요.

유전 공학의 발달과 함께 생명 연장의 꿈이 실현된 사회를 그린 영화, 전쟁과 분쟁이 빈번히 일어나 결국 황폐해져 버린 지구를 보여 주는 영화, 인간을 닮은 로봇이 인간들과 함께 살아가는 세상을 보여 주는 영화까지 매우 다양해요.

과거의 영화 속 이야기들이 오늘의 현실이 된 것처럼 영화 속 미래의 모습 중에서 어쩌면 진짜 우리의 미래가 될 부분들도 있을 것이에요.

미래는 우리의 노력에 따라 얼마든지 달라질 수 있으므로 더 밝고 긍정적인 미래가 될 수 있도록 이끌어 나갈 필요가 있어요. 이를 위해 미래 지구촌의 모습을 국가 간 관계, 과학 기술의 발전, 생태 환경의 변화 등 다양한 측면에서 통합적으로 예측하여 일어날 수 있는 문제를 미리 파악하고 대비해야 해요.

정치·경제적 갈등과 협력

미래 지구촌은 어떤 모습일까요? 정치적·경제적으로는 협력이 강화되고 상호 의존성이 더욱 높아질 것이에요. 또 세계 평화를 위협하는 핵 안보 문제를 해결하거나 영토나 종교를 둘러싼 분쟁을 줄이기 위한 국제 협력도 이루어질 것으로 기대되어요. 인간의 존엄성과 자유와 같은 보편적 가치들이 확산되고 실현되도록 하는 것도 중요한 일이에요.

한편 미래에는 교류가 많아질수록 국가 간 경쟁이 치열해지고 국가 간 빈부 격차는 더욱 커질 수 있어요. 자유 무역의 확대와 자국의 이익을 최우선을 생각하는 각국의 이기적인 생각은 더 많은 갈등을 만들어

낼 수 있어요. 이러한 갈등들을 합리적이고 평화롭게 해결하기 위해서는 상호 이해와 협력을 바탕으로 지구촌의 다양한 주체들이 여러 문제를 해결하기 위해 노력해야 해요.

과학 기술의 발전에 따른 변화

▲ 인간과 기계의 대결

2016년 3월에 있었던 대한민국의 바둑 챔피언 이세돌 9단과 인공 지능 바둑 프로그램 알파고(AlphaGo)의 바둑 대결을 기억하나요? 당시 기계와 인간의 대결에 전 세계의 관심이 쏟아졌어요.

알파고는 이미 다른 바둑 프로그램들과 총 500회의 대국을 벌여 499회의 승리를 거두었고, 바로 전해에 유럽 바둑대회 3회 우승자인 판후이 2단을 상대로 대국하여 5전 전승을 하였어요. 게다가 알파고는 인공 지능 프로그램이기 때문에 판후이와의 대국 이후 스스로 학습을 통해 대폭 업그레이드된 것으로 알려져 있었어요. 많은 사람들이 경기 전까지 10여 년 동안 바둑 최강자 자리를 지켜왔던 이세돌 9단이 우세할 것이라고 예측하였지만 결과는 알파고의 4:1 승리로 끝났어요.

이와 같이 인류의 기술 개발 속도는 하루가 다르게 발전하고 있어요. 미래 사회에는 인공 지능 로봇, 무인 자동차, 3D 프린터가 상용화될 것이고 옷에 연결된 웨어러블 인터넷을 이용할 수 있는 시대가 올 것이라고 예상하고 있어요. 이러한 과학 기술의 발전은 인간의 삶을 편리하게 하고 작업에 걸리는 시간이나 이동 거리를 단축시켜 인간의 활동 범위를 더욱 확대시킬 것으로 전망되고 있어요.

게다가 우주 항공 산업의 발달로 미래에는 우주 공간 또한 인간의 생활 공간이 될 것이라는 기대도 되고 있어요.

하지만 이에 따른 여러 문제점도 제기되고 있어요. 해외의 한 연구기관에 의하면 2016년 초등학교에 입학한 어린이의 약 65%는 오늘날에는 존재하지 않는 새로운 직업을 얻어 일하게 될 것이라고 해요. 곧 현존하는 많은 일자리들이 사라지거나 로봇으로 대체될 거라고 예상하는 것이지요.

또한 유전 공학의 발달은 식량 생산을 늘리고 인간의 수명을 연장시킬 수 있지만, 인간 복제의 가능성은 인간 존엄성 훼손이라는 윤리적 문제를 일으킬 수 있어요. 따라서 우리는 인간의 삶을 편리하게 해 주는 동시에 인간을 위협할 수 있는 과학 기술의 위험성을 인식하고, 환경 보전과 미래 세대에 대한 책임까지 고려할 수 있는 태도를 가지는 것이 무엇보다 중요해요.

서울에서 부산까지 20분? 하이퍼루프

하이퍼루프(Hyperloop)는 진공 상태의 튜브를 통해 시속 약 1200 km로 달릴 수 있는 초고속 자기 부상 열차예요. 이 속도면 서울에서 부산까지 20분 정도면 갈 수 있어요. 하이퍼루프 개발이 본격화되면서 세계적으로 개발 성과가 나타나고 있어요. 비행기보다 빠른 열차가 도심을 오고가는 미래가 오면 거리와 공간 개념은 더욱 더 중요하지 않게 될 것이에요.

생태 환경의 변화

현재 지구는 인간의 지속적인 자원 소비와 개발, 오염 물질 배출 등으로 생태 환경이 변화하고 자정 능력을 넘어선 환경 오염으로 큰 위기에 처해 있어요. 나아가 이러한 현실이 계속된다면 미래 세대의 삶까지도 위협받을 수 있어요.

미래의 지속 가능한 발전을 위해서는 전 지구적 차원의 협력을 통해 온실가스의 배출을 적정 수준까지 줄여야 해요. 또한 전 세계 생물 종의 절반 이상이 사는 생물 종의 보고인 열대 우림의 파괴를 막아 생물 종 다양성을 유지할 수 있도록 노력해야 해요.

이와 같이 지구촌의 생태 환경 문제는 인간의 활동으로 인해 심화되었기 때문에 윤리적 인식을 바탕으로 책임감을 가지고 전 세계인들이 관심을 두고 협력해야 해요.

지도 속 한줄 논술

#환경보다 개발 우선 #생태계 파괴 #생물종 다양성 감소 #지구 온난화

Q 지도에서 나타난 현상의 원인과 그 문제점은?

▲ 열대 우림 파괴 지도

지구촌의 미래와 나

오늘날 지구촌은 다양한 문제와 어려움을 겪고 있어요. 분쟁과 전쟁, 인권 문제, 환경 문제 등이 끊이지 않는데, 우리의 역사 속에서 이러한 문제들은 과거에도 있어 왔어요.

인류는 과거 신분 차별, 노예 제도, 제국주의 등의 여러 문제를 겪었어요. 지금은 이러한 문제들을 해결하고 지속적으로 인권 의식을 개선하고 힘의 논리가 아닌 평화적 합의와 협력을 통한 문제 해결이 가능한 사회를 만들어 가고 있지요.

지속 가능한 미래를 위해 우리는 지구촌의 구성원임을 인식하고 세계 시민의 의식을 바탕으로 더 나은 세계를 만들어 가기 위한 노력을 계속해야 해요. 세계 시민이란 더불어 살아가는 지구촌을 만들기 위해 공동체 의식을 바탕으로 다양한 지구촌 문제에 관심을 가지고, 그 문제를 해결하기 위해 적극적으로 노력하는 사람을 말해요.

우리는 지구촌이 당면한 빈곤, 인권, 환경, 평화 등의 문제를 인식하고 이것이 인류 공동의 문제라는 인식을 바탕으로 책임 의식을 가져야 해요. 지구촌 문제 해결을 위해 적극 동참하고 실천하려는 노력이 필요한 것이지요. 앞으로 우리의 후손이 행복하게 살아갈 수 있도록, 밝고 평화로운 미래 지구촌을 만들어 가기 위해 더욱 힘써야 해요.

✓내신 필수 체크

1 미래 지구촌은 정치적 · 경제적 문제에 따른 국가 간의 협력과 갈등이 (증가, 감소) 할 것이다.

2 미래 지구촌은 과학 기술의 발전에 따라 인간의 생활 공간이 (축소, 확대)될 것이다.

3 지구촌 구성원으로서 (   )을 가지고 지구촌 문제 해결을 위해 노력해야 한다.

답 1. 증가 2. 확대 3. 세계 시민 의식

3부 사회 변화와 공존

탐구 서·논술

세계 시민 의식 수준을 파악할 수 있는 아래 문항을 통해 스스로를 평가해 보고, 세계 시민으로서 필요한 자세에 대해 서술하시오.

자료 1 나의 세계 시민 점수는?

서울시교육청

질문	그렇다 5점	보통이다 3점	아니다 1점
나는 지구촌이라는 단어를 실감한다.			
우리나라와 세계 여러 나라 사이의 관계가 더욱 돈독해져야 한다고 생각한다.			
외국인 친구와 같은 교실에서 공부한다면 다른 친구와 똑같이 대할 것이다.			
나는 서로 다른 생각을 가진 사람들과 협력하여 문제를 해결하는 것을 좋아한다.			
어떤 나라가 못사는 것은 지구촌 공동의 문제이므로 도와줘야 한다고 생각한다.			
나의 행동이 지구촌에 영향을 미칠 수 있다고 생각한다.			
다른 문화권의 사람들과 스스럼없이 어울릴 수 있다.			
전쟁, 가난, 환경 파괴 등 세계의 문제를 해결하는 일에 참여한 적이 있다. (자원봉사, 기부 등)			
최근 한 달 이내에 일어난 지구촌 이슈를 다른 사람에게 설명할 수 있다.			
지구상의 물이 부족한 것과 나와 관련이 있다고 생각한다.			

*50~40점: 훌륭한 세계 시민입니다! *35~25점: 세계 시민으로 성장하고 있군요.
*20~10점: 세계 시민 의식을 갖기 시작하였군요. *0~5점: 마음을 열고 세계와 소통을 시작해요.

예시답안

국가 간 교류의 증가로 전 세계는 긴밀하게 영향을 주고받고 있다. 이러한 상황 속에서 우리는 세계를 하나의 공동체로 인식하고 우리의 행동이 다른 국가나 전 세계에 영향을 미칠 수 있음을 자각해야 한다. 지구촌 구성원의 한 사람으로서 세계 시민 의식을 가지고 지구촌 문제에 관심을 가져야 한다. 또한 지구촌 문제와 인류 보편적 가치를 올바르게 이해하고 공감과 연대 의식을 가지며, 문화의 차이를 인정하고 차이를 존중하는 자세를 지니도록 노력해야 한다. 갈수록 늘어나는 다양한 지구촌 문제에 대처하기 위해서는 책임 의식을 바탕으로 문제 해결에 적극 동참할 수 있어야 한다.

개념 정리

개인선 개인의 욕구나 가치를 실현할 수 있는 자유나 권리 등과 같이 개별적으로 누릴 수 있는 이익

건조 기후 강수량 500 mm 미만으로 강수량이 적고, 증발량이 강수량보다 많은 기후 지역으로, 연 강수량 250 mm를 기준으로 사막 기후와 스텝 기후로 구분함.

경제 협력 개발 기구(OECD) 회원국들의 협력을 통해 각국의 경제 사회 발전을 위한 정책 방향을 공동으로 모색하고, 세계 경제 문제에 공동으로 대처하기 위한 정부 간 국제기구

고상 가옥 집을 지면에서 띄워 지은 가옥으로, 땅에서 올라오는 열기와 습기, 해충의 피해를 막기 위해 열대 우림 기후 지역에서 주로 짓는 가옥의 형태

공동선 공동체 구성원들이 공유하며, 모두에게 유익한 가치

교외화 대도시로 인구와 산업 및 각종 기능이 집중됨에 따라 발생하는 문제점을 해소하기 위해 주거지나 공장 등이 도시 외곽으로 이주, 확산되는 현상

국가 인권 위원회 모든 개인이 가지는 불가침의 기본적 인권을 보호 · 증진하여 인간으로서의 존엄과 가치를 구현하고 민주적 기본질서 확립을 위한 인권전담 독립 국가기관

국제 연합 제2차 세계 대전이 끝난 직후 1945년에 전쟁을 막고 세계 평화를 지키기 위해 국제 연맹의 정신을 계승하여 설립한 국제기구

기후 변화 협약 화석 연료 사용에 따른 지구 온난화 방지를 위해 1992년 브라질 리우 선언에서 채택한 국제 연합 기본 협약

냉대 기후 최한월 평균 기온이 −3 ℃ 미만, 최난월 평균 기온이 10 ℃ 이상인 기후 지역

노동권 노동자가 노동할 기회, 임금, 근로 시간 등에서 정당한 대우를 받을 권리

노동 3권 근로자들이 자신들의 근로 조건의 향상과 인간다운 생활을 확보하기 위하여 행할 수 있는 단결권, 단체 교섭권, 단체 행동권을 말함.

노인 장기 요양 보험 고령이나 노인성 질병으로 일상생활을 혼자서 수행하기 어려운 사람들에게 장기 요양 급여를 판정 등급에 따라 제공하는 보험

누리 소통망(SNS) 온라인을 통한 가상 공간에서 인간관계를 구축하고 유지하며, 정보를 주고받기 위해 제공되는 서비스

다문화주의 서로 다른 문화를 인정하고 존중하면서 공존하게 하자는 태도나 입장

대공황 1929년 미국의 주가 폭락을 계기로 시작한 전 세계적인 경기 침체

대도시권 특정 대도시를 중심으로 넓은 지역이 하나의 일상적인 도시 생활권으로 포섭되는 지역 범위

도시 재개발 불량 노후 건물이 밀집된 곳이나 도시 기능을 제대로 할 수 없는 지역을 도시의 효율적인 발전을 위해 공공시설을 정비하고 건축물을 개량하는 사업

도시화율 전체 인구 중에서 도시에 거주하는 인구가 차지하는 비율

독과점 시장 독점 시장은 공급자가 하나인 시장이며, 과점 시장은 공급자가 소수인 시장

동북 공정 동북 3성(랴오닝성, 지린성, 헤이룽장성)의 역사, 지리, 민족에 대한 문제를 집중적으로 연구하는 사업

람사르 협약 습지의 보호와 지속 가능한 이용을 위한 노력을 담은 국제 환경 협약

로컬 푸드 소비자의 인근 지역에서 생산 및 공급되는 농산물

무임승차 어떤 재화나 서비스를 소비하여 이득을 보았음에도, 이에 대한 대가를 지급하지 않는 행위

문화 경관 어떤 장소에 특정 문화를 가진 사람들이 오랜 기간 거주하면서 만들어 놓은 지역의 문화적 특성

문화 상대주의 각 문화는 문화의 독특한 환경과 역사적 · 사회적 상황에서 이해해야 한다는 견해로, 문화 간에는 우열을 가릴 수 없다고 보는 입장

문화 정체성 한 문화에 속한 사람들이 공유하는 동질감 또는 자긍심

몬트리올 의정서 오존층 파괴 물질인 프레온 가스의 생산 및 사용을 규제하는 국제 환경 협약

바젤 협약 유해 폐기물의 국가 간 이동 및 처리를 통제하는 내용을 담은 국제 환경 협약

복수 정당제 여러 정당이 자유롭게 활동하게 하여 의견의 다양성, 정권의 평화적 교체 가능성을 보장하는 제도

복지 국가 국민의 복지 증진을 중시하여 국가 기관이 사회 보장 제도, 최저 임금 제도 등과 같은 복지 정책을 펴는 현대 국가

법치주의 국가의 운영이 국회가 제정한 법률에 근거하여 수행되어야 한다는 원리

배당 주식회사에서 회사 경영을 통해 얻은 이익 가운데 일부를 투자 지분에 따라 투자자들에게 나누어 주는 것

사회 계약설 17~18세기 근대 시민 혁명의 사상적 배경이 되었던 이론. 사회 또는 국가는 평등하고 자유로운 구성원들끼리 계약을 맺어 성립하였고, 이때 국가는 구성원의 자연권을 보장하기 위해 존재한다고 봄.

사회 제도 사회 구성원의 욕구를 충족하고 공동체의 문제를 해결하기 위해 만들어진 공식화된 절차 및 규범 체계

생태 도시 환경과 조화를 이루는 도시 체계를 갖춘 도시로서, 환경과 사람이 공생하는 도시

생산 가능 인구 생산 활동을 할 수 있는 15~64세의 청장년층 인구

세계 시민 의식 지구촌 문제를 인식하고 해결하는 데 있어 책임감을 가지며, 세계를 보다 정의롭고 지속 가능한 공동체로 변화시키려는 의식

소비자 주권 자본주의 경제에서 생산물의 종류와 수량을 결정하는 최종적 권한이 소비자에게 있다는 것

슬로 시티 공해 없는 자연 속에서 전통문화와 자연을 잘 보호하면서 느림의 삶을 추구하는 국제 운동

시민 불복종 정부 또는 점령국의 요구 · 명령에 대하여 폭력 등의 적극적인 저항 수단을 취하지 않고 단순히 복종을 거부하는 행위(=소극적 저항)

신도시 기존 대도시에서 인구 과밀과 산업 집중에 따라 나타나는 도시 문제를 해결하고, 쾌적한 환경 내에서 직장과 주거지가 일치되도록 계획된 도시

신자유주의 국가 권력의 시장 개입을 비판하고 시장의 기능과 민간의 자유로운 경제 활동을 중시하는 이론

연대권 집단 간의 연대를 말하므로 집단권이라고도 함. 자결권, 발전의 권리, 평화의 권리, 지속 가능한 환경에 대한 권리 등이 연대권에 속함.

열대 기후 최한월 평균 기온이 18℃ 이상인 기후 지역으로, 적도를 중심으로 남 · 북위 20° 이내의 지역에 나타남.

열섬 현상 도시 지역의 기온이 주변보다 높게 나타나는 현상

온대 기후 최한월 평균 기온이 18~-3℃인 기후 지역으로, 사계절이 뚜렷하고 온난 습윤한 기후. 기온과 강수량의 계절적 차이에 따라 온대 습윤 기후, 온대 동계 건조 기후, 온대 하계 건조 기후 또는 지중해성 기후로 나뉨.

온실가스 지구의 대기를 구성하는 여러 가지 기체 가운데 온실 효과를 일으키는 가스로, 이산화 탄소, 메테인, 아산화 질소, 오존, 염화플루오린화 탄소 등이 있음.

유목 일정한 거처를 정하지 않고 가축을 몰고 물과 목초지를 찾아다니는 목축 방식

윤리적 소비 자신의 소비 행위가 다른 사람, 사회, 환경에 어떤 결과를 가져올지 고려하여 인간과 동물, 자연과 환경을 착취하거나 해를 가하지 않고 윤리적으로 생산된 상품을 구매하는 소비 행위

인(仁) 공자가 주장한 유교의 이념으로 남을 사랑하고 어질게 행동하는 일

인간 소외 현상 인간의 풍요로운 생활을 위해 만든 물질이 오히려 인간을 지배하는 현상

자문화 중심주의 자신의 문화가 가장 우월하고 다른 사회의 문화를 열등한 문화라고 생각하는 태도

자원 민족주의 자원을 보유한 국가들이 이들 자원에 대한 민족적 주권을 주장하고 그 이익을 확보하려는 정책 및 활동

저항권 국민의 기본권을 침해하는 국가 권력의 불법적 행사에 대하여 그 복종을 거부하거나 실력 행사를 통하여 저항할 수 있는 국민의 권리

전자 상거래 인터넷 등 전자적 수단을 이용하여 상품이나 서비스를 사고파는 행위

전자 민주주의 인터넷을 통해 시민이 직접 정치 과정에 참여함으로써 이루어지는 민주주의

정보 사회 사회의 주된 산업 형태인 공업이 주도하는 공업 사회에서 벗어나 정보가 중심이 되어 가치를 창조하는 사회

정보 윤리 정보 사회의 구성원으로서 지켜야 할 올바른 가치관과 행동 양식. 존중, 책임, 정의, 해악 금지를 기본 원칙으로 함.

정주 환경 인간이 일정한 지역에 거주하는 데 필요한 생활 환경으로 자연환경, 인문환경으로 구성됨.

중상주의 상업을 장려하면서 수출은 적극적으로 권장하고, 수입은 극도로 막는 정책

지리 정보 시스템 지역에서 수집한 각종 지리 정보를 수치화하여 컴퓨터에 입력 · 정보 · 처리하고, 이를 사용자의 요구에 따라 다양한 방법으로 분석 · 종합하여 제공하는 정보 처리 시스템

지진 해일 지진이나 화산 활동에 의해 해저에서 지각 변동이 발생할 경우, 갑자기 파도가 크게 일어서 해안을 덮치는 현상

청원권 국민이 국가 기관에 대하여 일정한 사항을 문서로써 진정하는 권리

최저 임금제 국가가 노사 간의 임금 결정 과정에 개입하여 임금의 최저 수준을 정하고, 사용자에게 그 이상의 임금을 지급하도록 법으로 강제함으로써 저임금 근로자를 보호하는 제도

통일 비용 통일을 위해 서로 다른 체제와 제도 그리고 주민의 삶을 통합하는 과정에서 부담하는 경제적 · 비경제적 비용의 총체

통일 편익 통일로 얻을 수 있는 경제적 편익과 비경제적 편익

특화 각국이 자기 국가에서 생산하기에 유리한 상품을 전문적으로 생산하여 경쟁력을 갖추는 것

편익 선택을 통해 얻게 되는 이익으로서 물질적 · 금전적 이익, 즐거움, 성취감과 같은 비금전적 이익을 말함.

플랜테이션 서구 열강이 16~17세기 식민지의 농업 개척 과정에서 도입한 기업적인 농업 경영 방식으로, 원주민의 값싼 노동력을 바탕으로 본국의 자본과 기술을 도입하여 상품 작물을 대규모로 경작함.

포트폴리오 위험을 줄이고 수익을 극대화하기 위한 분산 투자 방법이나 그렇게 분산하여 투자한 자산의 집합

한대 기후 최난월 평균 기온이 10℃ 미만인 기후 지역으로, 최난월 평균 기온이 0~10℃인 툰드라 기후와 연중 기온이 0℃ 미만인 빙설 기후로 나뉨.

화력 발전 연료 등에서 얻은 열에너지를 기계적 에너지로 교환하고 그것을 동력으로 하여 발전기를 돌려 전력을 얻는 방식

환경 영향 평가 대규모 개발 사업이 환경에 어떤 영향을 미치는지 사전 조사하고 평가하는 제도

헌법 소원 심판 공권력에 의하여 헌법상 보장된 국민의 기본권이 침해된 경우에 헌법 재판소에 제소하여 그 침해된 기본권의 구제를 청구하는 제도

미리 끝내는
통합사회 개념 레시피

1판 1쇄 펴냄 | 2020년 1월 20일

지은이 | 유소진
발행인 | 김병준
편 집 | 이호정 · 이근영 · 김경찬
기 획 | EBS MEDIA
마케팅 | 정현우
본문 삽화 | 유소진 · 김재희
표지디자인 | 이순연
본문디자인 | 종이비행기
발행처 | 상상아카데미

등록 | 2010. 3. 11. 제313-2010-77호
주소 | 경기도 파주시 회동길 37-42 파주출판도시
전화 | 031-955-1337(편집), 031-955-1321(영업)
팩스 | 031-955-1322
전자우편 | main@sangsangaca.com
홈페이지 | http://sangsangaca.com

ISBN 979-11-85402-29-1 43300